T&P BOOKS

I0168797

SUECO

VOCABULÁRIO

PALAVRAS MAIS ÚTEIS

PORTUGUÊS
SUECO

Para alargar o seu léxico e apurar
as suas competências linguísticas

9000 palavras

Vocabulário Português-Sueco - 9000 palavras
Por Andrey Taranov

Os vocabulários da T&P Books destinam-se a ajudar a aprender, a memorizar, e a rever palavras estrangeiras. O dicionário é dividido em temas, cobrindo todas as principais esferas de atividades quotidianas, negócios, ciência, cultura, etc.

O processo de aprendizagem, utilizando os dicionários baseados em temáticas da T&P Books dá-lhe as seguintes vantagens:

* Informação de origem corretamente agrupada predetermina o sucesso em fases subsequentes da memorização de palavras
* Disponibilização de palavras derivadas da mesma raiz, o que permite a memorização de unidades de texto (em vez de palavras separadas)
* Pequenas unidades de palavras facilitam o processo de estabelecimento de vínculos associativos necessários para a consolidação do vocabulário
* O nível de conhecimento da língua pode ser estimado pelo número de palavras aprendidas

T&P Books Publishing
www.tpbooks.com

ISBN: 978-1-78400-871-0

Este livro também está disponível em formato E-book.
Por favor visite www.tpbooks.com ou as principais livrarias on-line.

VOCABULÁRIO SUECO
palavras mais úteis

Os vocabulários da T&P Books destinam-se a ajudar a aprender, a memorizar, e a rever palavras estrangeiras. O vocabulário contém mais de 9000 palavras de uso comum organizadas tematicamente.

O vocabulário contém as palavras mais comummente usadas
Recomendado como adicional para qualquer curso de línguas
Satisfaz as necessidades dos iniciados e dos alunos avançados de línguas estrangeiras
Conveniente para o uso diário, sessões de revisão e atividades de auto-teste
Permite avaliar o seu vocabulário

Características especias do vocabulário

* As palavras estão organizadas de acordo com o seu significado, e não por ordem alfabética
* As palavras são apresentadas em três colunas para facilitar os processos de revisão e auto-teste
* As palavras compostas são divididas em pequenos blocos para facilitar o processo de aprendizagem
* O vocabulário oferece uma transcrição simples e adequada de cada palavra estrangeira

O vocabulário contém 256 tópicos incluindo:

Conceitos básicos, Números, Cores, Meses, Estações do ano, Unidades de medida, Roupas & Acessórios, Alimentos & Nutrição, Restaurante, Membros da Família, Parentes, Caráter, Sentimentos, Emoções, Doenças, Cidade, Passeios, Compras, Dinheiro, Casa, Lar, Escritório, Trabalho no Escritório, Importação & Exportação, Marketing, Pesquisa de Emprego, Desportos, Educação, Computador, Internet, Ferramentas, Natureza, Países, Nacionalidades e muito mais ...

TABELA DE CONTEÚDOS

GUIA DE PRONUNCIAÇÃO

Letra	Exemplo Sueco	Alfabeto fonético T&P	Exemplo Português
Aa	bada	[ɑ], [ɑ:]	amar
Bb	tabell	[b]	barril
Cc [1]	licens	[s]	sanita
Cc [2]	container	[k]	kiwi
Dd	andra	[d]	dentista
Ee	efter	[e]	metal
Ff	flera	[f]	safári
Gg [3]	gömma	[j]	géiser
Gg [4]	truga	[g]	gosto
Hh	handla	[h]	[h] aspirada
Ii	tillhöra	[i:], [ɪ]	cair
Jj	jaga	[j]	géiser
Kk [5]	keramisk	[ɕ]	shiatsu
Kk [6]	frisk	[k]	kiwi
Ll	tal	[l]	libra
Mm	medalj	[m]	magnólia
Nn	panik	[n]	natureza
Oo	tolv	[ɔ]	emboço
Pp	plommon	[p]	presente
Qq	squash	[k]	kiwi
Rr	spelregler	[r]	riscar
Ss	spara	[s]	sanita
Tt	tillhöra	[t]	tulipa
Uu	ungefär	[u], [ʉ:]	coelho
Vv	overall	[v]	fava
Ww [7]	kiwi	[w]	página web
Xx	sax	[ks]	perplexo
Yy	manikyr	[y], [y:]	trabalho
Zz	zoolog	[s]	sanita
Åå	sångare	[ə]	milagre
Ää	tandläkare	[æ]	semana
Öö	kompositör	[ø]	orgulhoso

Combinações de letras

Ss [8]	sjösjuka	[ʃ]	mês
sk [9]	skicka	[ʃ]	mês
s [10]	först	[ʃ]	mês
Jj [11]	djärv	[j]	géiser
Lj [12]	ljus	[j]	géiser

11

Letra	Exemplo Sueco	Alfabeto fonético T&P	Exemplo Português
kj, tj	kjol	[ɕ]	shiatsu
ng	omkring	[ŋ]	alcançar

Comentários

* **kj** pronuncia-se como
** **ng** transfere um som nasal
[1] antes de **e, i, y**
[2] noutras situações
[3] antes de **e, i, ä, ö**
[4] noutras situações
[5] antes de **e, i, ä, ö**
[6] noutras situações
[7] em estrangeirismos
[8] em **sj, skj, stj**
[9] antes de **e, i, y, ä, ö** acentuados
[10] na combinação **rs**
[11] em **dj, hj, gj, kj**
[12] no início de palavras

ABREVIATURAS
usadas no vocabulário

Abreviaturas do Português

adj	-	adjetivo
adv	-	advérbio
anim.	-	animado
conj.	-	conjunção
desp.	-	desporto
etc.	-	etecetra
ex.	-	por exemplo
f	-	nome feminino
f pl	-	feminino plural
fem.	-	feminino
inanim.	-	inanimado
m	-	nome masculino
m pl	-	masculino plural
m, f	-	masculino, feminino
masc.	-	masculino
mat.	-	matemática
mil.	-	militar
pl	-	plural
prep.	-	preposição
pron.	-	pronome
sb.	-	sobre
sing.	-	singular
v aux	-	verbo auxiliar
vi	-	verbo intransitivo
vi, vt	-	verbo intransitivo, transitivo
vr	-	verbo reflexivo
vt	-	verbo transitivo

Abreviaturas do Sueco

pl	-	plural

Artigos do Sueco

den	-	género comum
det	-	neutro

| **en** | - | género comum |
| **ett** | - | neutro |

CONCEITOS BÁSICOS

Conceitos básicos. Parte 1

1. Pronomes

eu	jag	['ja:]
tu	du	[dʉ:]
ele	han	['han]
ela	hon	['hʊn]
ele, ela (neutro)	det, den	[dɛ], [dɛn]
nós	vi	['vi]
vocês	ni	['ni]
eles, elas	de	[de:]

2. Cumprimentos. Saudações. Despedidas

Olá!	Hej!	['hɛj]
Bom dia! (formal)	Hej! Hallå!	['hɛj], [ha'lʲo:]
Bom dia! (de manhã)	God morgon!	[ˌgʊd 'mɔrgɔn]
Boa tarde!	God dag!	[ˌgʊd 'dag]
Boa noite!	God kväll!	[ˌgʊd 'kvɛlʲ]
cumprimentar (vt)	att hälsa	[at 'hɛlʲsa]
Olá!	Hej!	['hɛj]
saudação (f)	hälsning (en)	['hɛlʲsniŋ]
saudar (vt)	att hälsa	[at 'hɛlʲsa]
Como vai?	Hur står det till?	[hʉr sto: de 'tilʲ]
Como vais?	Hur är det?	[hʉr ɛr 'de:]
O que há de novo?	Vad är nytt?	[vad æ:r 'nʏt]
Adeus! (formal)	Adjö! Hej då!	[a'jø:], [hɛj'do:]
Até à vista! (informal)	Hej då!	[hɛj'do:]
Até breve!	Vi ses!	[vi ses]
Adeus!	Adjö! Farväl!	[a'jø:], [far'vɛ:lʲ]
despedir-se (vr)	att säga adjö	[at 'sɛ:ja a'jø:]
Até logo!	Hej då!	[hɛj'do:]
Obrigado! -a!	Tack!	['tak]
Muito obrigado! -a!	Tack så mycket!	['tak sɔ 'mʏkə]
De nada	Varsågod	['va:ʂɔ:gʊd]
Não tem de quê	Ingen orsak!	['iŋən 'ʊ:ʂak]
De nada	Ingen orsak!	['iŋən 'ʊ:ʂak]
Desculpa!	Ursäkta, ...	['ʉ:ˌsɛkta ...]
Desculpe!	Ursäkta mig, ...	['ʉ:ˌsɛkta mɛj ...]

desculpar (vt)	att ursäkta	[at 'ʉːˌsɛkta]
desculpar-se (vr)	att ursäkta sig	[at 'ʉːˌsɛkta sɛj]
As minhas desculpas	Jag ber om ursäkt	[ja ber ɔm 'ʉːˌsɛkt]
Desculpe!	Förlåt!	[fœ:'ǀloːt]
perdoar (vt)	att förlåta	[at 'fœːˌǀloːta]
Não faz mal	Det gör inget	[dɛ jør 'iŋet]
por favor	snälla	['snɛla]

Não se esqueça!	Glöm inte!	['glʲøːm 'intə]
Certamente! Claro!	Naturligtvis!	[na'tʉrligvis]
Claro que não!	Självklart inte!	['ɧɛlʲvklʲaʈ 'intə]
Está bem! De acordo!	OK! Jag håller med.	[ɔ'kej] , [ja 'hoːlʲer me]
Basta!	Det räcker!	[dɛ 'rɛkə]

3. Como se dirigir a alguém

Desculpe	Ursäkta, ...	['ʉːˌsɛkta ...]
(para chamar a atenção)		
senhor	herr	['hɛr]
senhora	frun	['frʉːn]
rapariga	fröken	['frøːkən]
rapaz	unge man	['uŋə ˌman]
menino	pojke	['pɔjkə]
menina	flicka	['flika]

4. Números cardinais. Parte 1

zero	noll	['nɔlʲ]
um	ett	[ɛt]
dois	två	['tvoː]
três	tre	['treː]
quatro	fyra	['fyra]

cinco	fem	['fem]
seis	sex	['sɛks]
sete	sju	['ɧʉː]
oito	åtta	['ota]
nove	nio	['niːʊ]

dez	tio	['tiːʊ]
onze	elva	['ɛlʲva]
doze	tolv	['tɔlʲv]
treze	tretton	['trɛtton]
catorze	fjorton	['fjʉːʈon]

quinze	femton	['fɛmton]
dezasseis	sexton	['sɛkston]
dezassete	sjutton	['ɧʉːtton]
dezoito	arton	['aːʈon]
dezanove	nitton	['niːtton]
vinte	tjugo	['ɕʉgʊ]
vinte e um	tjugoett	['ɕʉgʊˌɛt]

| vinte e dois | tjugotvå | ['ɕʉɡʉ‚tvoː] |
| vinte e três | tjugotre | ['ɕʉɡʉ‚treː] |

trinta	trettio	['trɛttiʉ]
trinta e um	trettioett	['trɛttiʉ‚ɛt]
trinta e dois	trettiotvå	['trɛttiʉ‚tvoː]
trinta e três	trettiotre	['trɛttiʉ‚treː]

quarenta	fyrtio	['fœːʈiʉ]
quarenta e um	fyrtioett	['fœːʈiʉ‚ɛt]
quarenta e dois	fyrtiotvå	['fœːʈiʉ‚tvoː]
quarenta e três	fyrtiotre	['fœːʈiʉ‚treː]

cinquenta	femtio	['fɛmtiʉ]
cinquenta e um	femtioett	['fɛmtiʉ‚ɛt]
cinquenta e dois	femtiotvå	['fɛmtiʉ‚tvoː]
cinquenta e três	femtiotre	['fɛmtiʉ‚treː]

sessenta	sextio	['sɛkstiʉ]
sessenta e um	sextioett	['sɛkstiʉ‚ɛt]
sessenta e dois	sextiotvå	['sɛkstiʉ‚tvoː]
sessenta e três	sextiotre	['sɛkstiʉ‚treː]

setenta	sjuttio	['ɧuttiʉ]
setenta e um	sjuttioett	['ɧuttiʉ‚ɛt]
setenta e dois	sjuttiotvå	['ɧuttiʉ‚tvoː]
setenta e três	sjuttiotre	['ɧuttiʉ‚treː]

oitenta	åttio	['ottiʉ]
oitenta e um	åttioett	['ottiʉ'ɛt]
oitenta e dois	åttiotvå	['ottiʉ‚tvoː]
oitenta e três	åttiotre	['ottiʉ‚treː]

noventa	nittio	['nittiʉ]
noventa e um	nittioett	['nittiʉ‚ɛt]
noventa e dois	nittiotvå	['nittiʉ‚tvoː]
noventa e três	nittiotre	['nittiʉ‚treː]

5. Números cardinais. Parte 2

cem	hundra (ett)	['hundra]
duzentos	tvåhundra	['tvoː‚hundra]
trezentos	trehundra	['tre‚hundra]
quatrocentos	fyrahundra	['fyra‚hundra]
quinhentos	femhundra	['fem‚hundra]

seiscentos	sexhundra	['sɛks‚hundra]
setecentos	sjuhundra	['ɧʉː‚hundra]
oitocentos	åttahundra	['ota‚hundra]
novecentos	niohundra	['niʉ‚hundra]

mil	tusen (ett)	['tʉːsən]
dois mil	tvåtusen	['tvoː‚tʉːsən]
De quem são ...?	tretusen	['treː‚tʉːsən]

17

dez mil	tiotusen	['tiːʊˌtɵːsən]
cem mil	hundratusen	['hundraˌtɵːsən]
um milhão	miljon (en)	[mi'ljʊn]
mil milhões	miljard (en)	[mi'ljaːɖ]

6. Números ordinais

primeiro	första	['fœːʂta]
segundo	andra	['andra]
terceiro	tredje	['trɛdjə]
quarto	fjärde	['fjæːɖə]
quinto	femte	['fɛmtə]

sexto	sjätte	['ɧæːtə]
sétimo	sjunde	['ɧundə]
oitavo	åttonde	['ottɔndə]
nono	nionde	['niːˌʊndə]
décimo	tionde	['tiːˌɔndə]

7. Números. Frações

fração (f)	bråk (ett)	['broːk]
um meio	en halv	[en 'halʲv]
um terço	en tredjedel	[en 'trɛdjəˌdelʲ]
um quarto	en fjärdedel	[en 'fjæːɖeˌdelʲ]

um oitavo	en åttondedel	[en 'otɔndeˌdelʲ]
um décimo	en tiondedel	[en 'tiːɔndeˌdelʲ]
dois terços	två tredjedelar	['tvoː 'trɛdjeˌdelʲar]
três quartos	tre fjärdedelar	[tre: 'fjæːɖeˌdelʲar]

8. Números. Operações básicas

subtração (f)	subtraktion (en)	[subtrak'ɧʊn]
subtrair (vi, vt)	att subtrahera	[at subtra'hera]
divisão (f)	division (en)	[divi'ɧʊn]
dividir (vt)	att dividera	[at divi'dera]

adição (f)	addition (en)	[adi'ɧʊn]
somar (vt)	att addera	[at a'deːra]
adicionar (vt)	att addera	[at a'deːra]
multiplicação (f)	multiplikation (en)	[mɵlʲtiplika'ɧʊn]
multiplicar (vt)	att multiplicera	[at mulʲtipli'sera]

9. Números. Diversos

| algarismo, dígito (m) | siffra (en) | ['sifra] |
| número (m) | tal (ett) | ['talʲ] |

numeral (m)	räkneord (ett)	['rɛknɛˌuːd]
menos (m)	minus (ett)	['minus]
mais (m)	plus (ett)	['plus]
fórmula (f)	formel (en)	['formɛlʲ]

cálculo (m)	beräkning (en)	[be'rɛkniŋ]
contar (vt)	att räkna	[at 'rɛkna]
calcular (vt)	att beräkna	[at be'rɛkna]
comparar (vt)	att jämföra	[at 'jɛmˌføra]

| Quanto? | Hur mycket? | [hur 'mʏkə] |
| Quantos? -as? | Hur många? | [hur 'mɔŋa] |

soma (f)	summa (en)	['suma]
resultado (m)	resultat (ett)	[resulʲ'tat]
resto (m)	rest (en)	['rɛst]

alguns, algumas ...	flera	['flʲera]
poucos, -as (~ pessoas)	få, inte många	['foː], ['intə ˌmɔŋa]
um pouco (~ de vinho)	lite	['litə]
resto (m)	det övriga	[dɛ øv'riga]
um e meio	halvannan	[halʲ'vanan]
dúzia (f)	dussin (ett)	['dusin]

ao meio	i hälften	[i 'hɛlʲftən]
em partes iguais	jämnt	['jɛmnt]
metade (f)	halva (en)	['halʲˌva]
vez (f)	gång (en)	['gɔŋ]

10. Os verbos mais importantes. Parte 1

abrir (vt)	att öppna	[at 'øpna]
acabar, terminar (vt)	att sluta	[at 'sluːta]
aconselhar (vt)	att råda	[at 'roːda]
adivinhar (vt)	att gissa	[at 'jisa]
advertir (vt)	att varna	[at 'vaːŋa]

ajudar (vt)	att hjälpa	[at 'jɛlʲpa]
almoçar (vi)	att äta lunch	[at 'ɛːta ˌlunɕ]
alugar (~ um apartamento)	att hyra	[at 'hyra]
amar (vt)	att älska	[at 'ɛlʲska]
ameaçar (vt)	att hota	[at 'huta]

anotar (escrever)	att skriva ner	[at 'skriva ner]
apanhar (vt)	att fånga	[at 'fɔŋa]
apressar-se (vr)	att skynda sig	[at 'ɧynda sɛj]
arrepender-se (vr)	att beklaga	[at be'klʲaga]
assinar (vt)	att underteckna	[at 'undəˌtɛkna]

atirar, disparar (vi)	att skjuta	[at 'ɧuːta]
brincar (vi)	att skämta, att skoja	[at 'ɧɛmta], [at 'skoja]
brincar, jogar (crianças)	att leka	[at 'lʲeka]
buscar (vt)	att söka ...	[at 'søːka ...]
caçar (vi)	att jaga	[at 'jaga]

19

cair (vi)	att falla	[at 'falʲa]
cavar (vt)	att gräva	[at 'grɛ:va]
cessar (vt)	att sluta	[at 'slʉ:ta]
chamar (~ por socorro)	att tillkalla	[at 'tilʲˌkalʲa]
chegar (vi)	att ankomma	[at 'aŋˌkɔma]
chorar (vi)	att gråta	[at 'gro:ta]

começar (vt)	att begynna	[at be'jina]
comparar (vt)	att jämföra	[at 'jɛmˌføra]
compreender (vt)	att förstå	[at fœ:'ʂto:]
concordar (vi)	att samtycka	[at 'samˌtvka]
confiar (vt)	att lita på	[at 'lita pɔ]

confundir (equivocar-se)	att förväxla	[at før'vɛkslʲa]
conhecer (vt)	att känna	[at 'ɕɛna]
contar (fazer contas)	att räkna	[at 'rɛkna]
contar com (esperar)	att räkna med ...	[at 'rɛkna me ...]
continuar (vt)	att fortsätta	[at 'fʊtˌsæta]

controlar (vt)	att kontrollera	[at kɔntrɔ'lʲera]
convidar (vt)	att inbjuda, att invitera	[at in'bjʉ:da], [at invi'tera]
correr (vi)	att löpa, att springa	[at 'lʲø:pa], [at 'spriŋa]
criar (vt)	att skapa	[at 'skapa]
custar (vt)	att kosta	[at 'kɔsta]

11. Os verbos mais importantes. Parte 2

dar (vt)	att ge	[at je:]
dar uma dica	att ge en vink	[at je: en 'viŋk]
decorar (enfeitar)	att pryda	[at 'pryda]
defender (vt)	att försvara	[at fœ:'ʂvara]
deixar cair (vt)	att tappa	[at 'tapa]

descer (para baixo)	att gå ned	[at 'go: ˌned]
desculpar (vt)	att ursäkta	[at 'ʉ:ˌʂɛkta]
desculpar-se (vr)	att ursäkta sig	[at 'ʉ:ˌʂɛkta sɛj]
dirigir (~ uma empresa)	att styra, att leda	[at 'styra], [at 'lʲeda]
discutir (notícias, etc.)	att diskutera	[at diskʉ'tera]
dizer (vt)	att säga	[at 'sɛ:ja]

duvidar (vt)	att tvivla	[at 'tvivlʲa]
encontrar (achar)	att finna	[at 'fina]
enganar (vt)	att fuska	[at 'fʊska]
entrar (na sala, etc.)	att komma in	[at 'kɔma 'in]
enviar (uma carta)	att skicka	[at 'ɧika]
errar (equivocar-se)	att göra fel	[at 'jø:ra ˌfelʲ]
escolher (vt)	att välja	[at 'vɛlja]
esconder (vt)	att gömma	[at 'jœma]
escrever (vt)	att skriva	[at 'skriva]
esperar (o autocarro, etc.)	att vänta	[at 'vɛnta]

esquecer (vt)	att glömma	[at 'glʲœma]
estudar (vt)	att studera	[at stu'dera]
exigir (vt)	att kräva	[at 'krɛ:va]

existir (vi)	att existera	[at ɛksi'stera]
explicar (vt)	att förklara	[at før'klʲara]
falar (vi)	att tala	[at 'talʲa]
faltar (clases, etc.)	att missa	[at 'misa]
fazer (vt)	att göra	[at 'jø:ra]
ficar em silêncio	att tiga	[at 'tiga]
gabar-se, jactar-se (vr)	att skryta	[at 'skryta]

gostar (apreciar)	att gilla	[at 'jilʲa]
gritar (vi)	att skrika	[at 'skrika]
guardar (cartas, etc.)	att behålla	[at be'ho:lʲa]
informar (vt)	att informera	[at infɔr'mera]
insistir (vi)	att insistera	[at insi'stera]

insultar (vt)	att förolämpa	[at 'førʊˌlʲɛmpa]
interessar-se (vr)	att intressera sig	[at intrɛ'sera sɛj]
ir (a pé)	att gå	[at 'go:]
ir nadar	att bada	[at 'bada]
jantar (vi)	att äta kvällsmat	[at 'ɛ:ta 'kvɛlʲsˌmat]

12. Os verbos mais importantes. Parte 3

ler (vt)	att läsa	[at 'lʲɛ:sa]
libertar (cidade, etc.)	att befria	[at be'fria]
matar (vt)	att döda, att mörda	[at 'dø:da], [at 'mø:ḑa]
mencionar (vt)	att omnämna	[at 'ɔmˌnɛmna]
mostrar (vt)	att visa	[at 'visa]

mudar (modificar)	att ändra	[at 'ɛndra]
nadar (vi)	att cimma	[at 'sima]
negar-se a ...	att vägra	[at 'vɛgraj]
objetar (vt)	att invända	[at 'inˌvɛnda]

observar (vt)	att observera	[at ɔbsɛr'vera]
ordenar (mil.)	att beordra	[at be'o:ḑra]
ouvir (vt)	att höra	[at 'hø:ra]
pagar (vt)	att betala	[at be'talʲa]
parar (vi)	att stanna	[at 'stana]

participar (vi)	att delta	[at 'dɛlʲta]
pedir (comida)	att beställa	[at be'stɛlʲa]
pedir (um favor, etc.)	att be	[at 'be:]
pegar (tomar)	att ta	[at ta]
pensar (vt)	att tänka	[at 'tɛŋka]

perceber (ver)	att märka	[at 'mæ:rka]
perdoar (vt)	att förlåta	[at 'fœ:ˌlʲo:ta]
perguntar (vt)	att fråga	[at 'fro:ga]
permitir (vt)	att tillåta	[at 'tilʲo:ta]
pertencer a ...	att tillhöra ...	[at 'tilʲˌhø:ra ...]

planear (vt)	att planera	[at plʲa'nera]
poder (vi)	att kunna	[at 'kuna]
possuir (vt)	att besitta, att äga	[at be'sita], [at 'ɛ:ga]

| preferir (vt) | att föredra | [at 'førədra] |
| preparar (vt) | att laga | [at 'lːaga] |

prever (vt)	att förutse	[at 'førɯt‚sə]
prometer (vt)	att lova	[at 'lːova]
pronunciar (vt)	att uttala	[at 'ɯt‚talːa]
propor (vt)	att föreslå	[at 'førə‚slːoː]
punir (castigar)	att straffa	[at 'strafa]

13. Os verbos mais importantes. Parte 4

quebrar (vt)	att bryta	[at 'bryta]
queixar-se (vr)	att klaga	[at 'klːaga]
querer (desejar)	att vilja	[at 'vilja]
recomendar (vt)	att rekommendera	[at rekɔmən'dera]
repetir (dizer outra vez)	att upprepa	[at 'uprepa]

repreender (vt)	att skälla	[at 'ɧɛlːa]
reservar (~ um quarto)	att reservera	[at resɛr'vera]
responder (vt)	att svara	[at 'svara]
rezar, orar (vi)	att be	[at 'beː]
rir (vi)	att skratta	[at 'skrata]

roubar (vt)	att stjäla	[at 'ɧɛːlːa]
saber (vt)	att veta	[at 'veta]
sair (~ de casa)	att gå ut	[at 'goː ɯt]
salvar (vt)	att rädda	[at 'rɛda]
seguir ...	att följa efter ...	[at 'følja 'ɛftər ...]

sentar-se (vr)	att sätta sig	[at 'sæta sɛj]
ser necessário	att vara behövd	[at 'vara be'høːvd]
ser, estar	att vara	[at 'vara]
significar (vt)	att betyda	[at be'tyda]

sorrir (vi)	att småle	[at 'smoːlːe]
subestimar (vt)	att underskatta	[at 'undə‚skata]
surpreender-se (vr)	att bli förvånad	[at bli før'voːnad]
tentar (vt)	att pröva	[at 'prøːva]

ter (vt)	att ha	[at 'ha]
ter fome	att vara hungrig	[at 'vara 'huŋrig]
ter medo	att frukta	[at 'frɯkta]
ter sede	att vara törstig	[at 'vara 'tøːʂtig]

tocar (com as mãos)	att röra	[at 'røːra]
tomar o pequeno-almoço	att äta frukost	[at 'ɛːta 'frɯːkɔst]
trabalhar (vi)	att arbeta	[at 'ar‚beta]
traduzir (vt)	att översätta	[at 'øːvə‚sæta]
unir (vt)	att förena	[at 'førena]

vender (vt)	att sälja	[at 'sɛlja]
ver (vt)	att se	[at 'seː]
virar (ex. ~ à direita)	att svänga	[at 'svɛŋa]
voar (vi)	att flyga	[at 'flːyga]

14. Cores

cor (f)	färg (en)	['fæ:rj]
matiz (m)	nyans (en)	[ny'ans]
tom (m)	färgton (en)	['fæ:rj͵tʉn]
arco-íris (m)	regnbåge (en)	['rɛgn͵bo:gə]

branco	vit	['vit]
preto	svart	['sva:t]
cinzento	grå	['gro:]

verde	grön	['grø:n]
amarelo	gul	['gʉ:lʲ]
vermelho	röd	['rø:d]

azul	blå	['blʲo:]
azul claro	ljusblå	['jʉ:s͵blʲo:]
rosa	rosa	['rɔsa]
laranja	orange	[ɔ'ranʃ]
violeta	violett	[viʉ'lʲet]
castanho	brun	['brʉ:n]

| dourado | guld- | ['gulʲd-] |
| prateado | silver- | ['silʲvər-] |

bege	beige	['bɛʃ]
creme	cremefärgad	['krɛ:m͵fæ:rjad]
turquesa	turkos	[tur'ko:s]
vermelho cereja	körsbärsröd	['ɕø:ʂbæ:ʂ͵rø:d]
lilás	lila	['lilʲa]
carmesim	karmosinröd	[kar'mosin͵rø:d]

claro	ljus	['jʉ:s]
escuro	mörk	['mœ:rk]
vivo	klar	['klʲar]

de cor	färg-	['fæ:rj-]
a cores	färg-	['fæ:rj-]
preto e branco	svartvit	['sva:t͵vit]
unicolor	enfärgad	['ɛn͵fæ:rjad]
multicor	mångfärgad	['mɔŋ͵fæ:rjad]

15. Questões

Quem?	Vem?	['vem]
Que?	Vad?	['vad]
Onde?	Var?	['var]
Para onde?	Vart?	['va:t]
De onde?	Varifrån?	['varifro:n]
Quando?	När?	['næ:r]
Para quê?	Varför?	['va:fø:r]
Porquê?	Varför?	['va:fø:r]
Para quê?	För vad?	['før vad]

Como?	Hur?	['hʉ:r]
Qual?	Vilken?	['vilˈkən]
Qual? (entre dois ou mais)	Vilken?	['vilˈkən]

A quem?	Till vem?	[tilˈ 'vem]
Sobre quem?	Om vem?	[ɔm 'vem]
Do quê?	Om vad?	[ɔm 'vad]
Com quem?	Med vem?	[me 'vem]

Quantos? -as?	Hur många?	[hʉr 'mɔŋa]
Quanto?	Hur mycket?	[hʉr 'mʏkə]
De quem? (masc.)	Vems?	['vɛms]

16. Preposições

com (prep.)	med	['me]
sem (prep.)	utan	['ʉtan]
a, para (exprime lugar)	till	['tilˈ]
sobre (ex. falar ~)	om	['ɔm]
antes de ...	för, inför	['fø:r], ['infø:r]
diante de ...	framför	['framfø:r]

sob (debaixo de)	under	['undər]
sobre (em cima de)	över	['ø:vər]
sobre (~ a mesa)	på	[pɔ]
de (vir ~ Lisboa)	från	['frɔn]
de (feito ~ pedra)	av	[av]

| dentro de (~ dez minutos) | om | ['ɔm] |
| por cima de ... | över | ['ø:vər] |

17. Palavras funcionais. Advérbios. Parte 1

Onde?	Var?	['var]
aqui	här	['hæ:r]
lá, ali	där	['dæ:r]

| em algum lugar | någonstans | ['no:gɔnˌstans] |
| em lugar nenhum | ingenstans | ['iŋənˌstans] |

| ao pé de ... | vid | ['vid] |
| ao pé da janela | vid fönstret | [vid 'fœnstrət] |

Para onde?	Vart?	['va:t]
para cá	hit	['hit]
para lá	dit	['dit]
daqui	härifrån	['hæ:riˌfro:n]
de lá, dali	därifrån	['dæ:riˌfro:n]

perto	nära	['næ:ra]
longe	långt	['lˈɔŋt]
perto de ...	nära	['næ:ra]

ao lado de	i närheten	[i 'næ:r‚hetən]
perto, não fica longe	inte långt	['intə 'lʲɔŋt]
esquerdo	vänster	['vɛnstər]
à esquerda	till vänster	[tilʲ 'vɛnstər]
para esquerda	till vänster	[tilʲ 'vɛnstər]
direito	höger	['hø:gər]
à direita	till höger	[tilʲ 'hø:gər]
para direita	till höger	[tilʲ 'hø:gər]
à frente	framtill	['framtilʲ]
da frente	främre	['frɛmrə]
em frente (para a frente)	framåt	['framo:t]
atrás de ...	bakom, baktill	['bakɔm], ['bak'tilʲ]
por detrás (vir ~)	bakifrån	['baki‚fro:n]
para trás	tillbaka	[tilʲ'baka]
meio (m), metade (f)	mitt (en)	['mit]
no meio	i mitten	[i 'mitən]
de lado	från sidan	[frɔn 'sidan]
em todo lugar	överallt	['ø:vər‚alʲt]
ao redor (olhar ~)	runt omkring	[runt ɔm'kriŋ]
de dentro	inifrån	['ini‚fro:n]
para algum lugar	någonstans	['no:gɔn‚stans]
diretamente	rakt, rakt fram	['rakt], ['rakt fram]
de volta	tillbaka	[tilʲ'baka]
de algum lugar	från var som helst	[frɔn va sɔm 'hɛlʲst]
de um lugar	från någonstans	[frɔn 'no:gɔn‚stans]
em primeiro lugar	för det första	['før de 'fœ:ʂta]
em segundo lugar	för det andra	['før de 'andra]
em terceiro lugar	för det tredje	['før de 'trɛdjə]
de repente	plötsligt	['plʲøtslit]
no início	i början	[i 'bœrjan]
pela primeira vez	för första gången	['før 'fœ:ʂta 'gɔŋən]
muito antes de ...	långt innan ...	['lʲɔŋt 'inan ...]
de novo, novamente	på nytt	[pɔ 'nʏt]
para sempre	för gott	[før 'gɔt]
nunca	aldrig	['alʲdrig]
de novo	igen	['ijɛn]
agora	nu	['nʉ:]
frequentemente	ofta	['ɔfta]
então	då	['do:]
urgentemente	brådskande	['brɔ‚skandə]
usualmente	vanligtvis	['van‚litvis]
a propósito, ...	förresten ...	[fœ:'rɛstən ...]
é possível	möjligen	['mœjligən]
provavelmente	sannolikt	[sanʉ'likt]

25

talvez	kanske	['kanŋə]
além disso, ...	dessutom ...	[des'ʉːtʊm ...]
por isso ...	därför ...	['dæːfør ...]
apesar de ...	i trots av ...	[i 'trɔts av ...]
graças a ...	tack vare ...	['tak ˌvarə ...]

que (pron.)	vad	['vad]
que (conj.)	att	[at]
algo	något	['noːgɔt]
alguma coisa	något	['noːgɔt]
nada	ingenting	['iŋəntiŋ]

quem	vem	['vem]
alguém (~ teve uma ideia ...)	någon	['noːgɔn]
alguém	någon	['noːgɔn]

ninguém	ingen	['iŋən]
para lugar nenhum	ingenstans	['iŋənˌstans]
de ninguém	ingens	['iŋəns]
de alguém	någons	['noːgɔns]

tão	så	['soː]
também (gostaria ~ de ...)	också	['ɔksoː]
também (~ eu)	också	['ɔksoː]

18. Palavras funcionais. Advérbios. Parte 2

Porquê?	Varför?	['vaːføːr]
por alguma razão	av någon anledning	[av 'noːgɔn 'anˌlʲedniŋ]
porque ...	därför att ...	['dæːfør at ...]
por qualquer razão	av någon anledning	[av 'noːgɔn 'anˌlʲedniŋ]

e (tu ~ eu)	och	['ɔ]
ou (ser ~ não ser)	eller	['ɛlʲer]
mas (porém)	men	['men]
para (~ a minha mãe)	för, till	['føːr]

demasiado, muito	för, alltför	['føːr], ['alʲtføːr]
só, somente	bara, endast	['bara], ['ɛndast]
exatamente	precis, exakt	[prɛ'sis], [ɛk'sakt]
cerca de (~ 10 kg)	cirka	['sirka]

aproximadamente	ungefär	['uŋəˌfæːr]
aproximado	ungefärlig	['uŋəˌfæːlʲig]
quase	nästan	['nɛstan]
resto (m)	rest (en)	['rɛst]

o outro (segundo)	den andra	[dɛn 'andra]
outro	andre	['andrə]
cada	var	['var]
qualquer	vilken som helst	['vilʲkən sɔm 'hɛlʲst]
muito	mycken, mycket	['mʏkən], ['mʏkə]
muitas pessoas	många	['mɔŋa]
todos	alla	['alʲa]

em troca de ...	i gengäld för ...	[i 'jɛŋɛld ‚før ...]
em troca	i utbyte	[i 'ʉt‚bytə]
à mão	för hand	[før 'hand]
pouco provável	knappast	['knapast]

provavelmente	sannolikt	[sanʊ'likt]
de propósito	med flit, avsiktligt	[me flit], ['avsiktlit]
por acidente	tillfälligtvis	['tilʲfolitvis]

muito	mycket	['mʏkə]
por exemplo	till exempel	[tilʲ ɛk'sɛmpəl]
entre	mellan	['mɛlʲan]
entre (no meio de)	bland	['blʲand]
tanto	så mycket	[sɔ 'mʏkə]
especialmente	särskilt	['sæːˌʂilʲt]

Conceitos básicos. Parte 2

19. Opostos

rico	rik	['rik]
pobre	fattig	['fatig]
doente	sjuk	['ɧʉːk]
são	frisk	['frisk]
grande	stor	['stʊr]
pequeno	liten	['litən]
rapidamente	fort, snabbt	[fʊːt], ['snabt]
lentamente	långsamt	['lɔŋˌsamt]
rápido	snabb	['snab]
lento	långsam	['lɔŋˌsam]
alegre	glad	['glʲad]
triste	sorgmodig	['sɔrjˌmʊdig]
juntos	tillsammans	[tilʲ'samans]
separadamente	separat	[sepa'rat]
em voz alta (ler ~)	högt	['hœgt]
para si (em silêncio)	för sig själv	[før ˌsɛj 'ɧɛlʲv]
alto	hög	['høːg]
baixo	låg	['lʲoːg]
profundo	djup	['jʉːp]
pouco fundo	grund	['grʉnd]
sim	ja	['ja]
não	nej	['nɛj]
distante (no espaço)	fjärran	['fʲæːran]
próximo	nära	['næːra]
longe	långt	['lʲɔŋt]
perto	i närheten	[i 'næːrˌhetən]
longo	lång	['lʲɔŋ]
curto	kort	['kɔːt]
bom, bondoso	god	['gʊd]
mau	ond	['ʊnd]
casado	gift	['jift]

solteiro	ogift	[uː'jift]
proibir (vt)	att förbjuda	[at før'bjɵːda]
permitir (vt)	att tillåta	[at 'tilʲoːta]
fim (m)	slut (ett)	['slɵːt]
começo (m)	början (en)	['bœrjan]
esquerdo	vänster	['vɛnstər]
direito	höger	['høːgər]
primeiro	först	[fœːʂt]
último	sista	['sista]
crime (m)	brott (ett)	['brɔt]
castigo (m)	straff (ett)	['straf]
ordenar (vt)	att beordra	[at be'oːdra]
obedecer (vt)	att underordna sig	[at 'undər,ɔːdna sɛj]
reto	rak, rakt	['rak], ['rakt]
curvo	krokig	['krɵkig]
paraíso (m)	paradis (ett)	['para,dis]
inferno (m)	helvete (ett)	['hɛlʲvetə]
nascer (vi)	att födas	[at 'føːdas]
morrer (vi)	att dö	[at 'døː]
forte	stark	['stark]
fraco, débil	svag	['svag]
idoso	gammal	['gamalʲ]
jovem	ung	['uŋ]
velho	gammal	['gamalʲ]
novo	ny	['ny]
duro	hård	['hoːɖ]
mole	mjuk	['mjɵːk]
tépido	varm	['varm]
frio	kall	['kalʲ]
gordo	tjock	['ɕøk]
magro	mager	['magər]
estreito	smal	['smalʲ]
largo	bred	['bred]
bom	bra	['brɔː]
mau	dålig	['doːlig]
valente	tapper	['tapər]
cobarde	feg	['feg]

29

20. Dias da semana

segunda-feira (f)	måndag (en)	['mɔn,dag]
terça-feira (f)	tisdag (en)	['tis,dag]
quarta-feira (f)	onsdag (en)	['ʊns,dag]
quinta-feira (f)	torsdag (en)	['tuːʂ,dag]
sexta-feira (f)	fredag (en)	['fre,dag]
sábado (m)	lördag (en)	['lʲøːdag]
domingo (m)	söndag (en)	['sœn,dag]

hoje	i dag	[i 'dag]
amanhã	i morgon	[i 'mɔrgɔn]
depois de amanhã	i övermorgon	[i 'øːvə,mɔrgɔn]
ontem	i går	[i 'goːr]
anteontem	i förrgår	[i 'fœːr,goːr]

dia (m)	dag (en)	['dag]
dia (m) de trabalho	arbetsdag (en)	['arbets,dag]
feriado (m)	helgdag (en)	['hɛlj,dag]
dia (m) de folga	ledig dag (en)	['lʲedig ,dag]
fim (m) de semana	helg, veckohelg (en)	[hɛlj], ['vɛkɔ,hɛlj]

o dia todo	hela dagen	['helʲa 'dagen]
no dia seguinte	nästa dag	['nɛsta ,dag]
há dois dias	för två dagar sedan	[før ,tvoː 'dagar 'sedan]
na véspera	dagen innan	['dagen 'inan]
diário	daglig	['daglig]
todos os dias	varje dag	['varjə dag]

semana (f)	vecka (en)	['vɛka]
na semana passada	förra veckan	['fœːra 'vɛkan]
na próxima semana	i nästa vecka	[i 'nɛsta 'vɛka]
semanal	vecko-	['vɛkɔ-]
cada semana	varje vecka	['varjə 'vɛka]
duas vezes por semana	två gångar i veckan	[tvoː 'gɔŋar i 'vɛkan]
cada terça-feira	varje tisdag	['varjə ,tisdag]

21. Horas. Dia e noite

manhã (f)	morgon (en)	['mɔrgɔn]
de manhã	på morgonen	[pɔ 'mɔrgɔnən]
meio-dia (m)	middag (en)	['mid,dag]
à tarde	på eftermiddagen	[pɔ 'ɛftə,midagən]

noite (f)	kväll (en)	[kvɛlʲ]
à noite (noitinha)	på kvällen	[pɔ 'kvɛlʲen]
noite (f)	natt (en)	['nat]
à noite	om natten	[ɔm 'natən]
meia-noite (f)	midnatt (en)	['mid,nat]

segundo (m)	sekund (en)	[se'kund]
minuto (m)	minut (en)	[mi'nʉːt]
hora (f)	timme (en)	['timə]

meia hora (f)	halvtimme (en)	['halʲvˌtimə]
quarto (m) de hora	kvart (en)	['kvaːt]
quinze minutos	femton minuter	['fɛmtɔn mi'nʉːtər]
vinte e quatro horas	dygn (ett)	['dʏgn]

nascer (m) do sol	soluppgång (en)	['sʉlʲ ˌup'gɔŋ]
amanhecer (m)	gryning (en)	['gryniŋ]
madrugada (f)	tidig morgon (en)	['tidig 'mɔrgɔn]
pôr do sol (m)	solnedgång (en)	['sʉlʲ 'nedˌgɔŋ]

de madrugada	tidigt på morgonen	['tidit pɔ 'mɔrgɔnən]
hoje de manhã	i morse	[i 'mɔːʂə]
amanhã de manhã	i morgon bitti	[i 'mɔrgɔn 'biti]

hoje à tarde	i eftermiddag	[i 'ɛftəˌmidag]
à tarde	på eftermiddagen	[pɔ 'ɛftəˌmidagən]
amanhã à tarde	i morgon eftermiddag	[i 'mɔrgɔn 'ɛftəˌmidag]

| hoje à noite | i kväll | [i 'kvɛlʲ] |
| amanhã à noite | i morgon kväll | [i 'mɔrgɔn 'kvɛlʲ] |

às três horas em ponto	precis klockan tre	[prɛ'sis 'klʲɔkan treː]
por volta das quatro	vid fyratiden	[vid 'fyraˌtidən]
às doze	vid klockan tolv	[vid 'klʲɔkan 'tɔlʲv]

dentro de vinte minutos	om tjugo minuter	[ɔm 'ɕʉgɔ mi'nʉːtər]
dentro duma hora	om en timme	[ɔm en 'timə]
a tempo	i tid	[i 'tid]

menos um quarto	kvart i …	['kvaːt i …]
durante uma hora	inom en timme	['inɔm en 'timə]
a cada quinze minutos	varje kvart	['varjə kvaːt]
as vinte e quatro horas	dygnet runt	['dʏŋnet ˌrunt]

22. Meses. Estações

janeiro (m)	januari	['januˌari]
fevereiro (m)	februari	[fɛbrʉ'ari]
março (m)	mars	['maːʂ]
abril (m)	april	[a'prilʲ]
maio (m)	maj	['maj]
junho (m)	juni	['juːni]

julho (m)	juli	['juːli]
agosto (m)	augusti	[au'gusti]
setembro (m)	september	[sɛp'tɛmbər]
outubro (m)	oktober	[ɔk'tʉbər]
novembro (m)	november	[nɔ'vɛmbər]
dezembro (m)	december	[de'sɛmbər]

primavera (f)	vår (en)	['voːr]
na primavera	på våren	[pɔ 'voːrən]
primaveril	vår-	['voːr-]
verão (m)	sommar (en)	['sɔmar]

31

no verão	på sommaren	[pɔ 'sɔmarən]
de verão	sommar-	['sɔmar-]

outono (m)	höst (en)	['høst]
no outono	på hösten	[pɔ 'høstən]
outonal	höst-	['høst-]

inverno (m)	vinter (en)	['vintər]
no inverno	på vintern	[pɔ 'vintərn]
de inverno	vinter-	['vintər-]
mês (m)	månad (en)	['moːnad]
este mês	den här månaden	[dɛn hæːr 'moːnadən]
no próximo mês	nästa månad	['nɛsta 'moːnad]
no mês passado	förra månaden	['fœːra 'moːnadən]

há um mês	för en månad sedan	['før en 'moːnad 'sedan]
dentro de um mês	om en månad	[ɔm en 'moːnad]
dentro de dois meses	om två månader	[ɔm tvoː 'moːnadər]
todo o mês	en hel månad	[en helʲ 'moːnad]
um mês inteiro	hela månaden	['helʲa 'moːnadən]

mensal	månatlig	[mo'natlig]
mensalmente	månatligen	[mo'natligən]
cada mês	varje månad	['varjə ˌmoːnad]
duas vezes por mês	två gånger i månaden	[tvoː: 'gɔŋər i 'moːnadən]

ano (m)	år (ett)	['oːr]
este ano	i år	[i 'oːr]
no próximo ano	nästa år	['nɛsta ˌoːr]
no ano passado	i fjol, förra året	[i 'fjulʲ], ['fœːra 'oːret]
há um ano	för ett år sedan	['før et 'oːr 'sedan]
dentro dum ano	om ett år	[ɔm et 'oːr]
dentro de 2 anos	om två år	[ɔm tvoː 'oːr]
todo o ano	ett helt år	[ɛt helʲt 'oːr]
um ano inteiro	hela året	['helʲa 'oːret]

cada ano	varje år	['varjə 'oːr]
anual	årlig	['oː[ig]
anualmente	årligen	['oː[igən]
quatro vezes por ano	fyra gånger om året	['fyra 'gɔŋər ɔm 'oːret]

data (~ de hoje)	datum (ett)	['datum]
data (ex. ~ de nascimento)	datum (ett)	['datum]
calendário (m)	almanacka (en)	['alʲmanaka]

meio ano	halvår (ett)	['halʲvˌoːr]
seis meses	halvår (ett)	['halʲvˌoːr]
estação (f)	årstid (en)	['oːʂˌtid]
século (m)	sekel (ett)	['sekəlʲ]

23. Tempo. Diversos

tempo (m)	tid (en)	['tid]
momento (m)	ögonblick (ett)	['øːgɔnˌblik]

instante (m)	ögonblick (ett)	['ø:gɔn‚blik]
instantâneo	ögonblicklig	['ø:gɔn‚bliklig]
lapso (m) de tempo	tidsavsnitt (ett)	['tids‚avsnit]
vida (f)	liv (ett)	['liv]
eternidade (f)	evighet (en)	['evig‚het]

época (f)	epok (en)	[ɛ'pɔ:k]
era (f)	era (en)	['era]
ciclo (m)	cykel (en)	['sykəlʲ]
período (m)	period (en)	[peri'ʊd]
prazo (m)	tid, period (en)	['tid], [peri'ʊd]

futuro (m)	framtid (en)	['fram‚tid]
futuro	framtida	['fram‚tida]
da próxima vez	nästa gång	['nɛsta ‚gɔŋ]
passado (m)	det förflutna	[dɛ 'før‚flʉ:tna]
passado	förra	['fœ:ra]
na vez passada	förra gången	['fœ:ra 'gɔŋən]
mais tarde	senare	['senarə]
depois	efter	['ɛftər]
atualmente	nuförtiden	['nʉ:‚før'tidən]
agora	nu	['nʉ:]
imediatamente	omedelbart	[ʊ:'medəlʲ‚ba:t]
em breve, brevemente	snart	['sna:t]
de antemão	i förväg	[i 'før‚vɛ:g]

há muito tempo	längesedan	['lʲɛŋə‚sedan]
há pouco tempo	nyligen	['nyligən]
destino (m)	öde (ett)	['ø:də]
recordações (f pl)	minnen (pl)	['minən]
arquivo (m)	arkiv (ett)	[ar'kiv]
durante ...	under ...	['undər ...]
durante muito tempo	länge	['lʲɛŋə]
pouco tempo	inte länge	['intə 'lʲɛŋə]
cedo (levantar-se ~)	tidigt	['tidit]
tarde (deitar-se ~)	sent	['sɛnt]

para sempre	för alltid	['før 'alʲtid]
começar (vt)	att börja	[at 'bœrja]
adiar (vt)	att skjuta upp	[at 'ɧʉ:ta up]

simultaneamente	samtidigt	['sam‚tidit]
permanentemente	alltid, ständigt	['alʲtid], ['stɛndit]
constante (ruído, etc.)	konstant	[kɔn'stant]
temporário	tillfällig, temporär	['tilʲ‚folig], [tempo'rɛr]

às vezes	ibland	['iblʲand]
raramente	sällan	['sɛlʲan]
frequentemente	ofta	['ɔfta]

24. Linhas e formas

| quadrado (m) | kvadrat (en) | [kva'drat] |
| quadrado | kvadratisk | [kva'dratisk] |

círculo (m)	cirkel (en)	['sirkəlʲ]
redondo	rund	['rund]
triângulo (m)	triangel (en)	['triˌaŋəlʲ]
triangular	triangulär	[triaŋu'lʲæ:r]

oval (f)	oval (en)	[ʊ'valʲ]
oval	oval	[ʊ'valʲ]
retângulo (m)	rektangel (en)	['rɛkˌtaŋəlʲ]
retangular	rätvinklig	['rɛtˌviŋklig]

pirâmide (f)	pyramid (en)	[pyra'mid]
rombo, losango (m)	romb (en)	['rɔmb]
trapézio (m)	trapets (en)	[tra'pets]
cubo (m)	kub (en)	['kʉ:b]
prisma (m)	prisma (en)	['prisma]

circunferência (f)	omkrets (en)	['ɔmˌkrɛts]
esfera (f)	sfär (en)	['sfæ:r]
globo (m)	klot (ett)	['klʲɔt]
diâmetro (m)	diameter (en)	['diaˌmetər]
raio (m)	radie (en)	['radiə]
perímetro (m)	perimeter (en)	[peri'metər]
centro (m)	medelpunkt (en)	['medəlʲˌpuŋkt]

horizontal	horisontal	[hʊrisɔn'talʲ]
vertical	lodrät, lod-	['lʲodˌrɛt], ['lʲod-]
paralela (f)	parallell (en)	[para'lʲɛlʲ]
paralelo	parallell	[para'lʲɛlʲ]

linha (f)	linje (en)	['linjə]
traço (m)	linje (en)	['linjə]
reta (f)	rät linje (en)	[rɛ:t 'linjə]
curva (f)	kurva (en)	['kurva]
fino (linha ~a)	tunn	['tun]
contorno (m)	kontur (en)	[kɔn'tʉ:r]

interseção (f)	skärningspunkt (en)	['ɧærniŋsˌpunkt]
ângulo (m) reto	rät vinkel (en)	[rɛ:t 'viŋkəlʲ]
segmento (m)	segment (ett)	[seg'mɛnt]
setor (m)	sektor (en)	['sektʊr]
lado (de um triângulo, etc.)	sida (en)	['sida]
ângulo (m)	vinkel (en)	['viŋkəlʲ]

25. Unidades de medida

peso (m)	vikt (en)	['vikt]
comprimento (m)	längd (en)	[lʲɛŋd]
largura (f)	bredd (en)	['brɛd]
altura (f)	höjd (en)	['hœjd]
profundidade (f)	djup (ett)	['jʉ:p]
volume (m)	volym (en)	[vɔ'lʲym]
área (f)	yta, areal (en)	['yta], [are'alʲ]
grama (m)	gram (ett)	['gram]
miligrama (m)	milligram (ett)	['miliˌgram]

quilograma (m)	kilogram (ett)	[çilʲɔ'gram]
tonelada (f)	ton (en)	['tʊn]
libra (453,6 gramas)	skålpund (ett)	['sko:lʲ‚pund]
onça (f)	uns (ett)	['uns]

metro (m)	meter (en)	['metər]
milímetro (m)	millimeter (en)	['mili‚metər]
centímetro (m)	centimeter (en)	[sɛnti'metər]
quilómetro (m)	kilometer (en)	[çilʲɔ'metər]
milha (f)	mil (en)	['milʲ]

polegada (f)	tum (en)	['tum]
pé (304,74 mm)	fot (en)	['fʊt]
jarda (914,383 mm)	yard (en)	['ja:d]

| metro (m) quadrado | kvadratmeter (en) | [kva'drat‚metər] |
| hectare (m) | hektar (ett) | [hɛk'tar] |

litro (m)	liter (en)	['litər]
grau (m)	grad (en)	['grad]
volt (m)	volt (en)	['vɔlʲt]
ampere (m)	ampere (en)	[am'pɛr]
cavalo-vapor (m)	hästkraft (en)	['hɛst‚kraft]

quantidade (f)	mängd, kvantitet (en)	['mɛŋt], [kwanti'tet]
um pouco de ...	få ..., inte många ...	['fo: ...], ['intə 'mɔŋa ...]
metade (f)	hälft (en)	['hɛlʲft]
dúzia (f)	dussin (ett)	['dusin]
peça (f)	stycke (ett)	['stʏkə]

| dimensão (f) | storlek (en) | ['stʊ:lʲek] |
| escala (f) | skala (en) | ['skalʲa] |

mínimo	minimal	[mini'malʲ]
menor, mais pequeno	minst	['minst]
médio	medel	['medəlʲ]
máximo	maximal	[maksi'malʲ]
maior, mais grande	störst	['stø:ʂt]

26. Recipientes

boião (m) de vidro	glasburk (en)	['glʲas‚burk]
lata (~ de cerveja)	burk (en)	['burk]
balde (m)	hink (en)	['hiŋk]
barril (m)	tunna (en)	['tuna]

bacia (~ de plástico)	tvättfat (ett)	['tvæt‚fat]
tanque (m)	tank (en)	['taŋk]
cantil (m) de bolso	plunta, fickflaska (en)	['plʊnta], ['fik‚flʲaska]
bidão (m) de gasolina	dunk (en)	['du:ŋk]
cisterna (f)	tank (en)	['taŋk]

| caneca (f) | mugg (en) | ['mug] |
| chávena (f) | kopp (en) | ['kop] |

35

pires (m)	tefat (ett)	['te‚fat]
copo (m)	glas (ett)	['glʲas]
taça (f) de vinho	vinglas (ett)	['vin‚glʲas]
panela, caçarola (f)	kastrull, gryta (en)	[ka'strulʲ], ['gryta]

| garrafa (f) | flaska (en) | ['flʲaska] |
| gargalo (m) | flaskhals (en) | ['flʲask‚halʲs] |

jarro, garrafa (f)	karaff (en)	[ka'raf]
jarro (m) de barro	kanna (en) med handtag	['kana me 'han‚tag]
recipiente (m)	behållare (en)	[be'ho:[ʲarə]
pote (m)	kruka (en)	['kruka]
vaso (m)	vas (en)	['vas]

frasco (~ de perfume)	flakong (en)	[flʲa'kɔŋ]
frasquinho (ex. ~ de iodo)	flaska (en)	['flʲaska]
tubo (~ de pasta dentífrica)	tub (en)	['tu:b]

saca (ex. ~ de açúcar)	säck (en)	['sɛk]
saco (~ de plástico)	påse (en)	['po:sə]
maço (m)	paket (ett)	[pa'ket]

caixa (~ de sapatos, etc.)	ask (en)	['ask]
caixa (~ de madeira)	låda (en)	['lʲo:da]
cesta (f)	korg (en)	['kɔrj]

27. Materiais

material (m)	material (ett)	[mate'rjalʲ]
madeira (f)	trä (ett)	['trɛ:]
de madeira	trä-	['trɛ:-]

| vidro (m) | glas (ett) | ['glʲas] |
| de vidro | av glas, glas- | [av glʲas], [glʲas-] |

| pedra (f) | sten (en) | ['sten] |
| de pedra | sten- | ['sten-] |

| plástico (m) | plast (en) | ['plʲast] |
| de plástico | plast- | [plʲast-] |

| borracha (f) | gummi (ett) | ['gumi] |
| de borracha | gummi- | ['gumi-] |

| tecido, pano (m) | tyg (ett) | ['tyg] |
| de tecido | tyg- | ['tyg-] |

| papel (m) | papper (ett) | ['papər] |
| de papel | papper- | ['papər-] |

cartão (m)	papp, kartong (en)	['pap], [ka:'tɔŋ]
de cartão	papp-, kartong-	['pap-], [ka:'tɔŋ-]
polietileno (m)	polyetylen (en)	['polyɛty‚lʲen]
celofane (m)	cellofan (en)	[sɛlʲu'fan]

| linóleo (m) | linoleum (ett) | [li'noleum] |
| contraplacado (m) | kryssfaner (ett) | ['krys,fa'nɛ:r] |

porcelana (f)	porslin (ett)	[pɔ:'ʂlin]
de porcelana	av porslin	[av pɔ:'ʂlin]
barro (f)	lera (en)	['lʲera]
de barro	ler-	['lʲer-]
cerâmica (f)	keramik (en)	[çera'mik]
de cerâmica	keramisk	[çe'ramisk]

28. Metais

metal (m)	metall (en)	[me'talʲ]
metálico	metall-	[me'talʲ-]
liga (f)	legering (en)	[lʲe'ge:riŋ]

ouro (m)	guld (ett)	['gulʲd]
de ouro	guld-	['gulʲd-]
prata (f)	silver (ett)	['silʲvər]
de prata	silver-	['silʲvər-]

ferro (m)	järn (ett)	['jæ:ɳ]
de ferro	järn-	['jæ:ɳ-]
aço (m)	stål (ett)	['sto:lʲ]
de aço	stål-	['sto:lʲ-]
cobre (m)	koppar (en)	['kopar]
de cobre	koppar-	['kopar-]

alumínio (m)	aluminium (ett)	[alʉ'mi:nium]
de alumínio	aluminium-	[alʉ'mi:nium-]
bronze (m)	brons (en)	['brɔns]
de bronze	brons-	['brɔns-]

latão (m)	mässing (en)	['mɛsiŋ]
níquel (m)	nickel (ett)	['nikəlʲ]
platina (f)	platina (en)	['plʲatina]
mercúrio (m)	kvicksilver (ett)	['kvik,silʲvər]
estanho (m)	tenn (ett)	['tɛn]
chumbo (m)	bly (ett)	['blʲy]
zinco (m)	zink (en)	['siŋk]

O SER HUMANO

O ser humano. O corpo

29. Humanos. Conceitos básicos

ser (m) humano	människa (en)	['mɛniŋa]
homem (m)	man (en)	['man]
mulher (f)	kvinna (en)	['kvina]
criança (f)	barn (ett)	['baːŋ]
menina (f)	flicka (en)	['flika]
menino (m)	pojke (en)	['pɔjkə]
adolescente (m)	tonåring (en)	[to'noːriŋ]
velho (m)	gammal man (en)	['gamalʲ ˌman]
velha, anciã (f)	gumma (en)	['guma]

30. Anatomia humana

organismo (m)	organism (en)	[ɔrga'nism]
coração (m)	hjärta (ett)	['jæːʈa]
sangue (m)	blod (ett)	['blʲʊd]
artéria (f)	artär (en)	[a'ʈæːr]
veia (f)	ven (en)	['veːn]
cérebro (m)	hjärna (en)	['jæːŋa]
nervo (m)	nerv (en)	['nɛrv]
nervos (m pl)	nerver (pl)	['nɛrvər]
vértebra (f)	ryggkota (en)	['rʏgˌkota]
coluna (f) vertebral	ryggrad (en)	['rʏgˌrad]
estômago (m)	magsäck (en)	['magˌsɛk]
intestinos (m pl)	tarmar, inälvor (pl)	['tarmar], [inɛlʲʲvʊr]
intestino (m)	tarm (en)	['tarm]
fígado (m)	lever (en)	['lʲevər]
rim (m)	njure (en)	['njʉːrə]
osso (m)	ben (ett)	['beːn]
esqueleto (m)	skelett (ett)	[ske'lʲet]
costela (f)	revben (ett)	['revˌbeːn]
crânio (m)	skalle (en)	['skalʲe]
músculo (m)	muskel (en)	['muskəlʲ]
bíceps (m)	biceps (en)	['bisɛps]
tríceps (m)	triceps (en)	['trisɛps]
tendão (m)	sena (en)	['seːna]
articulação (f)	led (en)	['lʲed]

pulmões (m pl)	lungor (pl)	['lɵŋʊr]
órgãos (m pl) genitais	könsorganen (pl)	['çœns ɔr'ganən]
pele (f)	hud (en)	['hʉ:d]

31. Cabeça

cabeça (f)	huvud (ett)	['hʉ:vɵd]
cara (f)	ansikte (ett)	['ansiktə]
nariz (m)	näsa (en)	['nɛ:sa]
boca (f)	mun (en)	['mu:n]

olho (m)	öga (ett)	['ø:ga]
olhos (m pl)	ögon (pl)	['ø:gɔn]
pupila (f)	pupill (en)	[pʉ'pilʲ]
sobrancelha (f)	ögonbryn (ett)	['ø:gɔn‚bryn]
pestana (f)	ögonfrans (en)	['ø:gɔn‚frans]
pálpebra (f)	ögonlock (ett)	['ø:gɔn‚lʲɔk]

língua (f)	tunga (en)	['tuŋa]
dente (m)	tand (en)	['tand]
lábios (m pl)	läppar (pl)	['lʲɛpar]
maçãs (f pl) do rosto	kindben (pl)	['çind‚be:n]
gengiva (f)	tandkött (ett)	['tand‚çœt]
palato (m)	gom (en)	['gʊm]

narinas (f pl)	näsborrar (pl)	['nɛ:s‚bɔrar]
queixo (m)	haka (en)	['haka]
mandíbula (f)	käke (en)	['çɛ:kə]
bochecha (f)	kind (en)	['çind]

testa (f)	panna (en)	['pana]
têmpora (f)	tinning (en)	['tiniŋ]
orelha (f)	öra (ett)	['ø:ra]
nuca (f)	nacke (en)	['nakə]
pescoço (m)	hals (en)	['halʲs]
garganta (f)	strupe, hals (en)	['strʉpə], ['halʲs]

cabelos (m pl)	hår (pl)	['ho:r]
penteado (m)	frisyr (en)	[fri'syr]
corte (m) de cabelo	klippning (en)	['klipniŋ]
peruca (f)	peruk (en)	[pe'rʉ:k]

bigode (m)	mustasch (en)	[mʉ'sta:ʃ]
barba (f)	skägg (ett)	['ɧɛg]
usar, ter (~ barba, etc.)	att ha	[at 'ha]
trança (f)	fläta (en)	['flʲɛ:ta]
suíças (f pl)	polisonger (pl)	[pɔli'sɔŋər]

ruivo	rödhårig	['rø:d‚ho:rig]
grisalho	grå	['gro:]
calvo	skallig	['skalig]
calva (f)	flint (en)	['flint]
rabo-de-cavalo (m)	hästsvans (en)	['hɛst‚svans]
franja (f)	lugg, pannlugg (en)	[lɵg], ['pan‚lɵg]

39

32. Corpo humano

mão (f)	hand (en)	['hand]
braço (m)	arm (en)	['arm]
dedo (m)	finger (ett)	['fiŋər]
dedo (m) do pé	tå (en)	['to:]
polegar (m)	tumme (en)	['tumə]
dedo (m) mindinho	lillfinger (ett)	['lilˌfiŋər]
unha (f)	nagel (en)	['nagəlʲ]
punho (m)	knytnäve (en)	['knytˌnɛ:və]
palma (f) da mão	handflata (en)	['handˌflʲata]
pulso (m)	handled (en)	['handˌlʲed]
antebraço (m)	underarm (en)	['undərˌarm]
cotovelo (m)	armbåge (en)	['armˌbo:gə]
ombro (m)	skuldra (en)	['skulʲdra]
perna (f)	ben (ett)	['be:n]
pé (m)	fot (en)	['fut]
joelho (m)	knä (ett)	['knɛ:]
barriga (f) da perna	vad (ett)	['vad]
anca (f)	höft (en)	['hœft]
calcanhar (m)	häl (en)	['hɛ:lʲ]
corpo (m)	kropp (en)	['krɔp]
barriga (f)	mage (en)	['magə]
peito (m)	bröst (ett)	['brœst]
seio (m)	bröst (ett)	['brœst]
lado (m)	sida (en)	['sida]
costas (f pl)	rygg (en)	['ryg]
região (f) lombar	ländrygg (en)	['lʲɛndˌryg]
cintura (f)	midja (en)	['midja]
umbigo (m)	navel (en)	['navəlʲ]
nádegas (f pl)	stjärtar, skinkor (pl)	['hjæ:ˌtar], ['hiŋkur]
traseiro (m)	bak (en)	['bak]
sinal (m)	leverfläck (ett)	['lʲevərˌflɛk]
sinal (m) de nascença	födelsemärke (ett)	['fø:dəlʲsəˌmæ:rkə]
tatuagem (f)	tatuering (en)	[tatu'eriŋ]
cicatriz (f)	ärr (ett)	['ær]

Vestuário & Acessórios

33. Roupa exterior. Casacos

roupa (f)	kläder (pl)	['klʲɛ:dər]
roupa (f) exterior	ytterkläder	['ytə,klʲɛ:dər]
roupa (f) de inverno	vinterkläder (pl)	['vintə,klʲɛ:dər]
sobretudo (m)	rock, kappa (en)	['rɔk], ['kapa]
casaco (m) de peles	päls (en)	['pɛlʲs]
casaco curto (m) de peles	pälsjacka (en)	['pɛlʲs,jaka]
casaco (m) acolchoado	dunjacka (en)	['dʉ:n,jaka]
casaco, blusão (m)	jacka (en)	['jaka]
impermeável (m)	regnrock (en)	['rɛgn,rɔk]
impermeável	vattentät	['vatən,tɛt]

34. Vestuário de homem & mulher

camisa (f)	skjorta (en)	['ɧu:ʈa]
calças (f pl)	byxor (pl)	['byksʊr]
calças (f pl) de ganga	jeans (en)	['jins]
casaco (m) de fato	kavaj (en)	[ka'vaj]
fato (m)	kostym (en)	[kɔs'tym]
vestido (ex. ~ vermelho)	klänning (en)	['klʲɛniŋ]
saia (f)	kjol (en)	['çø:lʲ]
blusa (f)	blus (en)	['blʉ:s]
casaco (m) de malha	stickad tröja (en)	['stikad 'trøja]
casaco, blazer (m)	dräktjacka, kavaj (en)	['drɛkt 'jaka], ['kavaj]
T-shirt, camiseta (f)	T-shirt (en)	['ti:ʃɔ:ʈ]
calções (Bermudas, etc.)	shorts (en)	['ʃɔ:ʈs]
fato (m) de treino	träningsoverall (en)	['trɛ:niŋs ɔve'rɔ:lʲ]
roupão (m) de banho	morgonrock (en)	['mɔrgɔn,rɔk]
pijama (m)	pyjamas (en)	[py'jamas]
suéter (m)	sweater, tröja (en)	['svitər], ['trøja]
pulôver (m)	pullover (en)	[pu'lʲɔ:vər]
colete (m)	väst (en)	['vɛst]
fraque (m)	frack (en)	['frak]
smoking (m)	smoking (en)	['smɔkiŋ]
uniforme (m)	uniform (en)	[uni'fɔrm]
roupa (f) de trabalho	arbetskläder (pl)	['arbets,klʲɛ:dər]
fato-macaco (m)	overall (en)	['ɔve,rɔ:lʲ]
bata (~ branca, etc.)	rock (en)	['rɔk]

41

35. Vestuário. Roupa interior

roupa (f) interior	underkläder (pl)	['undə‚klʲɛ:dər]
cuecas boxer (f pl)	underbyxor (pl)	['undə‚byksʊr]
cuecas (f pl)	trosor (pl)	['trʊsʊr]
camisola (f) interior	undertröja (en)	['undə‚trøja]
peúgas (f pl)	sockor (pl)	['sɔkʊr]

camisa (f) de noite	nattlinne (ett)	['nat‚linə]
sutiã (m)	behå (en)	[be'ho:]
meias longas (f pl)	knästrumpor (pl)	['knɛ:‚strumpʊr]
meia-calça (f)	strumpbyxor (pl)	['strump‚byksʊr]
meias (f pl)	strumpor (pl)	['strumpʊr]
fato (m) de banho	baddräkt (en)	['bad‚drɛkt]

36. Adereços de cabeça

chapéu (m)	hatt (en)	['hat]
chapéu (m) de feltro	hatt (en)	['hat]
boné (m) de beisebol	baseballkeps (en)	['bejsbɔlʲ keps]
boné (m)	keps (en)	['keps]

boina (f)	basker (en)	['baskər]
capuz (m)	luva, kapuschong (en)	['lʉ:va], [kapʉ'ŋɔ:ŋ]
panamá (m)	panamahatt (en)	['panama‚hat]
gorro (m) de malha	luva (en)	['lʉ:va]

lenço (m)	sjalett (en)	[ɧa'lʲet]
chapéu (m) de mulher	hatt (en)	['hat]

capacete (m) de proteção	hjälm (en)	['jɛlʲm]
bibico (m)	båtmössa (en)	['bɔt‚mœsa]
capacete (m)	hjälm (en)	['jɛlʲm]

chapéu-coco (m)	plommonstop (ett)	['plʲʊmɔn‚stʊp]
chapéu (m) alto	hög hatt, cylinder (en)	['hø:g ‚hat], [sy'lindər]

37. Calçado

calçado (m)	skodon (pl)	['skʊdʊn]
botinas (f pl)	skor (pl)	['skʊr]
sapatos (de salto alto, etc.)	damskor (pl)	['dam‚skʊr]
botas (f pl)	stövlar (pl)	['støvlʲar]
pantufas (f pl)	tofflor (pl)	['tɔflʲʊr]

ténis (m pl)	tennisskor (pl)	['tɛnis‚skʊr]
sapatilhas (f pl)	canvas skor (pl)	['kanvas ‚skʊr]
sandálias (f pl)	sandaler (pl)	[san'dalʲer]

sapateiro (m)	skomakare (en)	['skʊ‚makarə]
salto (m)	klack (en)	['klʲak]

par (m)	par (ett)	['par]
atacador (m)	skosnöre (ett)	['skʊˌsnøːrə]
apertar os atacadores	att snöra	[at 'snøːra]
calçadeira (f)	skohorn (ett)	['skʊˌhʊːn]
graxa (f) para calçado	skokräm (en)	['skʊˌkrɛm]

38. Têxtil. Tecidos

algodão (m)	bomull (en)	['bʊˌmulʲ]
de algodão	bomull-	['bʊˌmulʲ-]
linho (m)	lin (ett)	['lin]
de linho	lin	['lin]

seda (f)	siden (ett)	['sidən]
de seda	siden-	['sidən-]
lã (f)	ull (en)	['ulʲ]
de lã	ull-	['ulʲ-]

veludo (m)	sammet (en)	['samet]
camurça (f)	mocka (en)	['mɔka]
bombazina (f)	manchester (en)	['manˌɕestər]

náilon (m)	nylon (ett)	[ny'lʲɔn]
de náilon	nylon-	[ny'lʲɔn-]
poliéster (m)	polyester (en)	[polʲy'ɛstər]
de poliéster	polyester-	[polʲy'ɛstər-]

couro (m)	läder, skinn (ett)	['lʲɛːdər], ['ɧin]
de couro	läder-, av läder	['lʲɛːdər-], [av 'lʲɛːdər]
pele (f)	päls (en)	['pɛlʲs]
de peles, de pele	päls-	['pɛlʲs-]

39. Acessórios pessoais

luvas (f pl)	handskar (pl)	['hanskar]
mitenes (f pl)	vantar (pl)	['vantar]
cachecol (m)	halsduk (en)	['halʲsˌduːk]

óculos (m pl)	glasögon (pl)	['glʲasˌøːgɔn]
armação (f) de óculos	båge (en)	['boːgə]
guarda-chuva (m)	paraply (ett)	[para'plʲy]
bengala (f)	käpp (en)	['ɕɛp]
escova (f) para o cabelo	hårborste (en)	['hoːrˌbɔːʂtə]
leque (m)	solfjäder (en)	['sʊlʲˌfjɛːdər]

gravata (f)	slips (en)	['slips]
gravata-borboleta (f)	fluga (en)	['flʉːga]
suspensórios (m pl)	hängslen (pl)	['hɛŋslʲən]
lenço (m)	näsduk (en)	['nɛsˌdʉk]

| pente (m) | kam (en) | ['kam] |
| travessão (m) | hårklämma (ett) | ['hoːrˌklʲɛma] |

| gancho (m) de cabelo | hårnål (en) | ['ho:ˌŋo:lʲ] |
| fivela (f) | spänne (ett) | ['spɛnə] |

| cinto (m) | bälte (ett) | ['bɛlʲtə] |
| correia (f) | rem (en) | ['rem] |

mala (f)	väska (en)	['vɛska]
mala (f) de senhora	damväska (en)	['damˌvɛska]
mochila (f)	ryggsäck (en)	['rɤgˌsɛk]

40. Vestuário. Diversos

moda (f)	mode (ett)	['mʊdə]
na moda	modern	[mʊ'dɛ:ɳ]
estilista (m)	modedesigner (en)	['mʊdə de'sajnər]

colarinho (m), gola (f)	krage (en)	['kragə]
bolso (m)	ficka (en)	['fika]
de bolso	fick-	['fik-]
manga (f)	ärm (en)	['æ:rm]
alcinha (f)	hängband (ett)	['hɛŋ band]
braguilha (f)	gylf (en)	['gylʲf]

fecho (m) de correr	blixtlås (ett)	['blikstˌlʲo:s]
fecho (m), colchete (m)	knäppning (en)	['knɛpniŋ]
botão (m)	knapp (en)	['knap]
casa (f) de botão	knapphål (ett)	['knapˌho:lʲ]
soltar-se (vr)	att lossna	[at 'lʲosna]

coser, costurar (vi)	att sy	[at sy]
bordar (vt)	att brodera	[at brʊ'dera]
bordado (m)	broderi (ett)	[brʊde'ri:]
agulha (f)	synål (en)	['syˌno:lʲ]
fio (m)	tråd (en)	['tro:d]
costura (f)	söm (en)	['sø:m]

sujar-se (vr)	att smutsa ned sig	[at 'smutsa ned sɛj]
mancha (f)	fläck (en)	['flʲɛk]
engelhar-se (vr)	att bli skrynklig	[at bli 'skrɤŋklig]
rasgar (vt)	att riva	[at 'riva]
traça (f)	mal (en)	['malʲ]

41. Cuidados pessoais. Cosméticos

pasta (f) de dentes	tandkräm (en)	['tandˌkrɛm]
escova (f) de dentes	tandborste (en)	['tandˌbo:ʂtə]
escovar os dentes	att borsta tänderna	[at 'bo:ʂta 'tɛndɛ:ɳa]

máquina (f) de barbear	hyvel (en)	['hyvəlʲ]
creme (m) de barbear	rakkräm (en)	['rakˌkrɛm]
barbear-se (vr)	att raka sig	[at 'raka sɛj]
sabonete (m)	tvål (en)	['tvo:lʲ]

champô (m)	schampo (ett)	['ʃam‚pʊ]
tesoura (f)	sax (en)	['saks]
lima (f) de unhas	nagelfil (en)	['nagəlʲ‚filʲ]
corta-unhas (m)	nageltång (en)	['nagəlʲ‚tɔŋ]
pinça (f)	pincett (en)	[pin'sɛt]

cosméticos (m pl)	kosmetika (en)	[kɔs'mɛtika]
máscara (f) facial	ansiktsmask (en)	[an'sikts‚mask]
manicura (f)	manikyr (en)	[mani'kyr]
fazer a manicura	att få manikyr	[at fo: mani'kyr]
pedicure (f)	pedikyr (en)	[pedi'kyr]

mala (f) de maquilhagem	kosmetikväska (en)	[kɔsmɛ'tik‚vɛska]
pó (m)	puder (ett)	['pʉ‚dər]
caixa (f) de pó	puderdosa (en)	['pʉ:dɛ‚do:sa]
blush (m)	rouge (ett)	['ru:ʃ]

perfume (m)	parfym (en)	[par'fym]
água (f) de toilette	eau de toilette (en)	['ɔ:detua‚lʲet]
loção (f)	rakvatten (ett)	['rak‚vatən]
água-de-colónia (f)	eau de cologne (en)	['ɔ:deko‚lʲoŋʲ]

sombra (f) de olhos	ögonskugga (en)	['ø:gɔn‚skuga]
lápis (m) delineador	ögonpenna (en)	['ø:gɔn‚pɛna]
máscara (f), rímel (m)	mascara (en)	[ma'skara]

batom (m)	läppstift (ett)	['lʲɛp‚stift]
verniz (m) de unhas	nagellack (ett)	['nagəlʲ‚lʲak]
laca (f) para cabelos	hårspray (en)	['ho:r‚sprɛj]
desodorizante (m)	deodorant (en)	[deʊdʊ'rant]

creme (m)	kräm (en)	['krɛm]
creme (m) de rosto	ansiktskräm (en)	[an'sikts‚krɛm]
creme (m) de mãos	handkräm (en)	['hand‚krɛm]
creme (m) antirrugas	anti-rynkor kräm (en)	['anti‚rʏŋkʊr 'krɛm]
creme (m) de dia	dagkräm (en)	['dag‚krɛm]
creme (m) de noite	nattkräm (en)	['nat‚krɛm]
de dia	dag-	['dag-]
da noite	natt-	['nat-]

tampão (m)	tampong (en)	[tam'pɔŋ]
papel (m) higiénico	toalettpapper (ett)	[tʊa'lʲet‚papər]
secador (m) elétrico	hårtork (en)	['ho:‚tʊrk]

42. Joalheria

joias (f pl)	smycken (pl)	['smʏkən]
precioso	ädel-	['ɛ:dəl-]
marca (f) de contraste	stämpel (en)	['stɛmpəlʲ]

anel (m)	ring (en)	['riŋ]
aliança (f)	vigselring (en)	['vigsəlʲ‚riŋ]
pulseira (f)	armband (ett)	['arm‚band]
brincos (m pl)	örhängen (pl)	['ø:r‚hɛŋən]

colar (m)	halsband (ett)	['halˡsˌband]
coroa (f)	krona (en)	['krʊna]
colar (m) de contas	halsband (ett)	['halˡsˌband]

diamante (m)	diamant (en)	[dia'mant]
esmeralda (f)	smaragd (en)	[sma'ragd]
rubi (m)	rubin (en)	[rʉ'biːn]
safira (f)	safir (en)	[sa'fir]
pérola (f)	pärlor (pl)	['pæːɭˡʊːr]
âmbar (m)	rav, bärnsten (en)	['rav], ['bæːnʃtən]

43. Relógios de pulso. Relógios

relógio (m) de pulso	armbandsur (ett)	['armbandsˌʉːr]
mostrador (m)	urtavla (en)	['ʉːˌtavlˡa]
ponteiro (m)	visare (en)	['visarə]
bracelete (f) em aço	armband (ett)	['armˌband]
bracelete (f) em couro	armband (ett)	['armˌband]

pilha (f)	batteri (ett)	[batɛ'riː]
descarregar-se	att bli urladdad	[at bli 'ʉːˌlˡadad]
trocar a pilha	att byta batteri	[at 'byta batɛ'riː]
estar adiantado	att gå för fort	[at 'goː før 'foːʈ]
estar atrasado	att gå för långsamt	[at 'goː før 'lˡɔŋˌsamt]

relógio (m) de parede	väggklocka (en)	['vɛgˌklˡɔka]
ampulheta (f)	sandklocka (en)	['sandˌklˡɔka]
relógio (m) de sol	solklocka (en)	['sʊlˡˌklˡɔka]
despertador (m)	väckarklocka (en)	['vɛkarˌklˡɔka]
relojoeiro (m)	urmakare (en)	['ʉrˌmakarə]
reparar (vt)	att reparera	[at repa'rera]

T&P Books. Vocabulário Português-Sueco - 9000 palavras

Alimentação. Nutrição

44. Comida

carne (f)	kött (ett)	['ɕœt]
galinha (f)	höna (en)	['høːna]
frango (m)	kyckling (en)	['ɕyklɪŋ]
pato (m)	anka (en)	['aŋka]
ganso (m)	gås (en)	['goːs]
caça (f)	vilt (ett)	['vilʲt]
peru (m)	kalkon (en)	[kalʲˈkʊn]

carne (f) de porco	fläsk (ett)	['flʲɛsk]
carne (f) de vitela	kalvkött (en)	['kalʲv,ɕœt]
carne (f) de carneiro	lammkött (ett)	['lʲam,ɕœt]
carne (f) de vaca	oxkött, nötkött (ett)	['ʊks,ɕœt], ['nøːt,ɕœt]
carne (f) de coelho	kanin (en)	[ka'nin]

chouriço, salsichão (m)	korv (en)	['kɔrv]
salsicha (f)	wienerkorv (en)	['viŋɛr,kɔrv]
bacon (m)	bacon (ett)	['bɛjkɔn]
fiambre (f)	skinka (en)	['ɧiŋka]
presunto (m)	skinka (en)	['ɧiŋka]

patê (m)	paté (en)	[pa'te]
fígado (m)	lever (en)	['lʲevər]
carne (f) moída	kotttars (en)	['ɡʊʊlʲ,fæ.ʂ]
língua (f)	tunga (en)	['tuŋa]

ovo (m)	ägg (ett)	['ɛg]
ovos (m pl)	ägg (pl)	['ɛg]
clara (f) do ovo	äggvita (en)	['ɛg,viːta]
gema (f) do ovo	äggula (en)	['ɛg,ʉːlʲa]

peixe (m)	fisk (en)	['fisk]
mariscos (m pl)	fisk och skaldjur	['fisk ɔ 'skalʲjʉːr]
crustáceos (m pl)	kräftdjur (pl)	['krɛftjuːr]
caviar (m)	kaviar (en)	['kav,jar]

caranguejo (m)	krabba (en)	['kraba]
camarão (m)	räka (en)	['rɛːka]
ostra (f)	ostron (ett)	['ʊstrʊn]
lagosta (f)	languster (en)	[lʲaŋ'gustər]
polvo (m)	bläckfisk (en)	['blʲɛk,fisk]
lula (f)	bläckfisk (en)	['blʲɛk,fisk]

esturjão (m)	stör (en)	['støːr]
salmão (m)	lax (en)	['lʲaks]
halibute (m)	hälleflundra (en)	['hɛlʲe,flʊndra]
bacalhau (m)	torsk (en)	['tɔːʂk]

47

cavala, sarda (f)	makrill (en)	['makril']
atum (m)	tonfisk (en)	['tʊn‚fisk]
enguia (f)	ål (en)	['oːl']
truta (f)	öring (en)	['øːriŋ]
sardinha (f)	sardin (en)	[saːˈdiːn]
lúcio (m)	gädda (en)	['jɛda]
arenque (m)	sill (en)	['sil']
pão (m)	bröd (ett)	['brøːd]
queijo (m)	ost (en)	['ʊst]
açúcar (m)	socker (ett)	['sɔkər]
sal (m)	salt (ett)	['sal't]
arroz (m)	ris (ett)	['ris]
massas (f pl)	pasta (en), makaroner (pl)	['pasta], [makaˈrʊnər]
talharim (m)	nudlar (pl)	['nʉːdl'ar]
manteiga (f)	smör (ett)	['smœːr]
óleo (m) vegetal	vegetabilisk olja (en)	[vegetaˈbilisk 'ɔlja]
óleo (m) de girassol	solrosolja (en)	['sʊl'rʊs‚ɔlja]
margarina (f)	margarin (ett)	[margaˈrin]
azeitonas (f pl)	oliver (pl)	[ʊːˈlivər]
azeite (m)	olivolja (en)	[ʊˈliv‚ɔlja]
leite (m)	mjölk (en)	['mjœl'k]
leite (m) condensado	kondenserad mjölk (en)	[kɔndɛnˈserad ‚mjœl'k]
iogurte (m)	yoghurt (en)	['joːgʉːt]
nata (f) azeda	gräddfil, syrad grädden (en)	['grɛdfil'], [syrad 'gredən]
nata (f) do leite	grädde (en)	['grɛdə]
maionese (f)	majonnäs (en)	[majoˈnɛs]
creme (m)	kräm (en)	['krɛm]
grãos (m pl) de cereais	gryn (en)	['gryn]
farinha (f)	mjöl (ett)	['mjøːl']
enlatados (m pl)	konserv (en)	[kɔnˈsɛrv]
flocos (m pl) de milho	cornflakes (pl)	['koːn‚flɛjks]
mel (m)	honung (en)	['hɔnuŋ]
doce (m)	sylt, marmelad (en)	['syl't], [marmeˈl'ad]
pastilha (f) elástica	tuggummi (ett)	['tug‚gumi]

45. Bebidas

água (f)	vatten (ett)	['vatən]
água (f) potável	dricksvatten (ett)	['driks‚vatən]
água (f) mineral	mineralvatten (ett)	[mineˈral'‚vatən]
sem gás	icke kolsyrat	['ikə 'kɔl'‚syrat]
gaseificada	kolsyrat	['kɔl'‚syrat]
com gás	kolsyrat	['kɔl'‚syrat]

gelo (m)	is (en)	['is]
com gelo	med is	[me 'is]

sem álcool	alkoholfri	[alʲkʊ'hɔlʲˌfri:]
bebida (f) sem álcool	alkoholfri dryck (en)	[alʲkʊ'hɔlʲfri 'drʏk]
refresco (m)	läskedryck (en)	['lɛskəˌdrik]
limonada (f)	lemonad (en)	[lʲemɔ'nad]

bebidas (f pl) alcoólicas	alkoholhaltiga drycker (pl)	[alʲkʊ'hɔlʲˌhalʲtiga 'drʏkər]
vinho (m)	vin (ett)	['vin]
vinho (m) branco	vitvin (ett)	['vitˌvin]
vinho (m) tinto	rödvin (ett)	['rø:dˌvin]

licor (m)	likör (en)	[li'kø:r]
champanhe (m)	champagne (en)	[ɧam'panʲ]
vermute (m)	vermouth (en)	['vɛrmut]

uísque (m)	whisky (en)	['viski]
vodka (f)	vodka (en)	['vodka]
gim (m)	gin (ett)	['dʒin]
conhaque (m)	konjak (en)	['kɔnʲak]
rum (m)	rom (en)	['rɔm]

café (m)	kaffe (ett)	['kafə]
café (m) puro	svart kaffe (ett)	['sva:ʈ 'kafə]
café (m) com leite	kaffe med mjölk (ett)	['kafə me mjœlʲk]
cappuccino (m)	cappuccino (en)	['kaputʃinʊ]
café (m) solúvel	snabbkaffe (ett)	['snabˌkafə]

leite (m)	mjölk (en)	['mjœlʲk]
coquetel (m)	cocktail (en)	['kɔktɛjlʲ]
batido (m) de leite	milkshake (en)	['milʲkˌʃɛjk]

sumo (m)	juice (en)	['ju:s]
sumo (m) de tomate	tomatjuice (en)	[tʊ'matˌju:s]
sumo (m) de laranja	apelsinjuice (en)	[apɛlʲ'sinˌju:s]
sumo (m) fresco	nypressad juice (en)	['nʏˌprɛsad 'ju:s]

cerveja (f)	öl (ett)	['ø:lʲ]
cerveja (f) clara	ljust öl (ett)	['ju:stˌø:lʲ]
cerveja (f) preta	mörkt öl (ett)	['mœ:rkt ˌø:lʲ]

chá (m)	te (ett)	['te:]
chá (m) preto	svart te (ett)	['sva:ʈ ˌte:]
chá (m) verde	grönt te (ett)	['grœnt te:]

46. Vegetais

legumes (m pl)	grönsaker (pl)	['grø:nˌsakər]
verduras (f pl)	grönsaker (pl)	['grø:nˌsakər]

tomate (m)	tomat (en)	[tʊ'mat]
pepino (m)	gurka (en)	['gurka]
cenoura (f)	morot (en)	['mʊˌrʊt]

batata (f)	potatis (en)	[pʊ'tatis]
cebola (f)	lök (en)	['lʲøːk]
alho (m)	vitlök (en)	['vit,lʲøːk]

couve (f)	kål (en)	['koːlʲ]
couve-flor (f)	blomkål (en)	['blʲʊm,koːlʲ]
couve-de-bruxelas (f)	brysselkål (en)	['brʏsɛlʲ,koːlʲ]
brócolos (m pl)	broccoli (en)	['brɔkɔli]

beterraba (f)	rödbeta (en)	['røːd,beta]
beringela (f)	aubergine (en)	[ɔbɛr'ʒin]
curgete (f)	squash, zucchini (en)	['skvɔːɕ], [su'kini]
abóbora (f)	pumpa (en)	['pumpa]
nabo (m)	rova (en)	['rʊva]

salsa (f)	persilja (en)	[pɛ'ʂilja]
funcho, endro (m)	dill (en)	['dilʲ]
alface (f)	sallad (en)	['salʲad]
aipo (m)	selleri (en)	['sɛlʲeri]
espargo (m)	sparris (en)	['sparis]
espinafre (m)	spenat (en)	[spe'nat]

ervilha (f)	ärter (pl)	['æːt̪ər]
fava (f)	bönor (pl)	['bønʊr]
milho (m)	majs (en)	['majs]
feijão (m)	böna (en)	['bøna]

pimentão (m)	peppar (en)	['pɛpar]
rabanete (m)	rädisa (en)	['rɛːdisa]
alcachofra (f)	kronärtskocka (en)	['krʊnæːt̪,skɔka]

47. Frutos. Nozes

fruta (f)	frukt (en)	['frʊkt]
maçã (f)	äpple (ett)	['ɛplʲe]
pera (f)	päron (ett)	['pæːrɔn]
limão (m)	citron (en)	[si'trʊn]
laranja (f)	apelsin (en)	[apɛlʲ'sin]
morango (m)	jordgubbe (en)	['jʊ:d,gubə]

tangerina (f)	mandarin (en)	[manda'rin]
ameixa (f)	plommon (ett)	['plʲʊmɔn]
pêssego (m)	persika (en)	['pɛʂika]
damasco (m)	aprikos (en)	[apri'kʊs]
framboesa (f)	hallon (ett)	['halʲɔn]
ananás (m)	ananas (en)	['ananas]

banana (f)	banan (en)	['banan]
melancia (f)	vattenmelon (en)	['vatən,me'lʲʊn]
uva (f)	druva (en)	['druːva]
ginja (f)	körsbär (ett)	['ɕøːʂ,bæːr]
cereja (f)	fågelbär (ett)	['foːgəlʲ,bæːr]
meloa (f)	melon (en)	[me'lʲʊn]
toranja (f)	grapefrukt (en)	['grɛjp,frʊkt]

abacate (m)	avokado (en)	[avɔ'kadʊ]
papaia (f)	papaya (en)	[pa'paja]
manga (f)	mango (en)	['maŋgʊ]
romã (f)	granatäpple (en)	[gra'nat͵ɛplʲe]

groselha (f) vermelha	röda vinbär (ett)	['rø:da 'vinbæ:r]
groselha (f) preta	svarta vinbär (ett)	['sva:ʈa 'vinbæ:r]
groselha (f) espinhosa	krusbär (ett)	['krʉ:s͵bæ:r]
mirtilo (m)	blåbär (ett)	['blʲo:͵bæ:r]
amora silvestre (f)	björnbär (ett)	['bjø:n͵bæ:r]

uvas (f pl) passas	russin (ett)	['rusin]
figo (m)	fikon (ett)	['fikɔn]
tâmara (f)	dadel (en)	['dadəlʲ]

amendoim (m)	jordnöt (en)	['jʊ:d͵nø:t]
amêndoa (f)	mandel (en)	['mandəlʲ]
noz (f)	valnöt (en)	['valʲ͵nø:t]
avelã (f)	hasselnöt (en)	['hasəlʲ͵nø:t]
coco (m)	kokosnöt (en)	['kʊkʊs͵nø:t]
pistáchios (m pl)	pistaschnötter (pl)	['pistaʃ͵nœtər]

48. Pão. Bolaria

pastelaria (f)	konditorivaror (pl)	[kɔnditʊ'ri:͵varʊr]
pão (m)	bröd (ett)	['brø:d]
bolacha (f)	småkakor (pl)	['smo:kakʊr]

chocolate (m)	choklad (en)	[ʃɔk'lʲad]
de chocolate	choklad-	[ʃɔk'lʲad-]
rebuçado (m)	konfekt, karamell (en)	[kɔn'fɛkt], [kara'mɛlʲ]
bolo (cupcake, etc.)	kaka, bakelse (en)	['kaka], ['bakəlʲsə]
bolo (m) de aniversário	tårta (en)	['to:ʈa]

| tarte (~ de maçã) | paj (en) | ['paj] |
| recheio (m) | fyllning (en) | ['fylʲniŋ] |

doce (m)	sylt (en)	['sylʲt]
geleia (f) de frutas	marmelad (en)	[marme'lʲad]
waffle (m)	våffle (en)	['vɔflʲe]
gelado (m)	glass (en)	['glʲas]
pudim (m)	pudding (en)	['pudiŋ]

49. Pratos cozinhados

prato (m)	rätt (en)	['ræt]
cozinha (~ portuguesa)	kök (ett)	['ɕø:k]
receita (f)	recept (ett)	[re'sɛpt]
porção (f)	portion (en)	[pɔ:'ʈʃʊn]

| salada (f) | sallad (en) | ['salʲad] |
| sopa (f) | soppa (en) | ['sɔpa] |

caldo (m)	buljong (en)	[bu'ljɔŋ]
sandes (f)	smörgås (en)	['smœr,goːs]
ovos (m pl) estrelados	stekt ägg (en)	['stɛkt ˌɛg]

| hambúrguer (m) | hamburgare (en) | ['hamburgarə] |
| bife (m) | biffstek (en) | ['bif,stɛk] |

conduto (m)	tillbehör (ett)	['tilʲbe,hør]
espaguete (m)	spagetti	[spa'gɛti]
puré (m) de batata	potatismos (ett)	[pu'tatis,mʊs]
pizza (f)	pizza (en)	['pitsa]
papa (f)	gröt (en)	['grøːt]
omelete (f)	omelett (en)	[ɔmə'lʲet]

cozido em água	kokt	['kʊkt]
fumado	rökt	['rœkt]
frito	stekt	['stɛkt]
seco	torkad	['tɔrkad]
congelado	fryst	['frʏst]
em conserva	sylt-	['sylʲt-]

doce (açucarado)	söt	['søːt]
salgado	salt	['salʲt]
frio	kall	['kalʲ]
quente	het, varm	['het], ['varm]
amargo	bitter	['bitər]
gostoso	läcker	['lʲɛkər]

cozinhar (em água a ferver)	att koka	[at 'kʊka]
fazer, preparar (vt)	att laga	[at 'lʲaga]
fritar (vt)	att steka	[at 'steka]
aquecer (vt)	att värma upp	[at 'væːrma up]

salgar (vt)	att salta	[at 'salʲta]
apimentar (vt)	att peppra	[at 'pepra]
ralar (vt)	att riva	[at 'riva]
casca (f)	skal (ett)	['skalʲ]
descascar (vt)	att skala	[at 'skalʲa]

50. Especiarias

sal (m)	salt (ett)	['salʲt]
salgado	salt	['salʲt]
salgar (vt)	att salta	[at 'salʲta]

pimenta (f) preta	svartpeppar (en)	['svaːt,pɛpar]
pimenta (f) vermelha	rödpeppar (en)	['røːd,pɛpar]
mostarda (f)	senap (en)	['seːnap]
raiz-forte (f)	pepparrot (en)	['pɛpa,rʊt]

condimento (m)	krydda (en)	['krʏda]
especiaria (f)	krydda (en)	['krʏda]
molho (m)	sås (en)	['soːs]
vinagre (m)	ättika (en)	['ætika]

anis (m)	anis (en)	['anis]
manjericão (m)	basilika (en)	[ba'silika]
cravo (m)	nejlika (en)	['nɛjlika]
gengibre (m)	ingefära (en)	['iŋəˌfæːra]
coentro (m)	koriander (en)	[kɔri'andər]
canela (f)	kanel (en)	[ka'nelʲ]

sésamo (m)	sesam (en)	['sesam]
folhas (f pl) de louro	lagerblad (ett)	['lʲagərˌblʲad]
páprica (f)	paprika (en)	['paprika]
cominho (m)	kummin (en)	['kumin]
açafrão (m)	saffran (en)	['safran]

51. Refeições

comida (f)	mat (en)	['mat]
comer (vt)	att äta	[at 'ɛːta]

pequeno-almoço (m)	frukost (en)	['fruːkɔst]
tomar o pequeno-almoço	att äta frukost	[at 'ɛːta 'fruːkɔst]
almoço (m)	lunch (en)	['lʉnɕ]
almoçar (vi)	att äta lunch	[at 'ɛːta ˌlʉnɕ]
jantar (m)	kvällsmat (en)	['kvɛlʲsˌmat]
jantar (vi)	att äta kvällsmat	[at 'ɛːta 'kvɛlʲsˌmat]

apetite (m)	aptit (en)	['aptit]
Bom apetite!	Smaklig måltid!	['smaklig 'moːlʲtid]

abrir (~ uma lata, etc.)	att öppna	[at 'øpna]
derramar (vt)	att spilla	[at 'spilʲa]
derramar-se (vr)	att spillas ut	[at 'spilʲas ʉt]

ferver (vi)	att koka	[at 'kʊka]
ferver (vt)	att koka	[at 'kʊka]
fervido	kokt	['kʊkt]
arrefecer (vt)	att avkyla	[at 'avˌɕylʲa]
arrefecer-se (vr)	att avkylas	[at 'avˌɕylʲas]

sabor, gosto (m)	smak (en)	['smak]
gostinho (m)	bismak (en)	['bismak]

fazer dieta	att vara på diet	[at 'vara pɔ di'et]
dieta (f)	diet (en)	[di'et]
vitamina (f)	vitamin (ett)	[vita'min]
caloria (f)	kalori (en)	[kalʲɔ'riː]
vegetariano (m)	vegetarian (en)	[vegetiri'an]
vegetariano	vegetarisk	[vege'tarisk]

gorduras (f pl)	fett (ett)	['fɛt]
proteínas (f pl)	proteiner (pl)	[prɔte'iːnər]
carboidratos (m pl)	kolhydrater (pl)	['kɔlʲhyˌdratər]
fatia (~ de limão, etc.)	skiva (en)	['ɧiva]
pedaço (~ de bolo)	bit (en)	['bit]
migalha (f)	smula (en)	['smʉlʲa]

53

52. Por a mesa

colher (f)	sked (en)	['ʃed]
faca (f)	kniv (en)	['kniv]
garfo (m)	gaffel (en)	['gafəlʲ]
chávena (f)	kopp (en)	['kop]
prato (m)	tallrik (en)	['talʲrik]
pires (m)	tefat (ett)	['te͜ˌfat]
guardanapo (m)	servett (en)	[sɛr'vɛt]
palito (m)	tandpetare (en)	['tandˌpetarə]

53. Restaurante

restaurante (m)	restaurang (en)	[rɛsto'raŋ]
café (m)	kafé (ett)	[ka'fe:]
bar (m), cervejaria (f)	bar (en)	['bar]
salão (m) de chá	tehus (ett)	['te:ˌhʉs]
empregado (m) de mesa	servitör (en)	[sɛrvi'tø:r]
empregada (f) de mesa	servitris (en)	[sɛrvi'tris]
barman (m)	bartender (en)	['ba:ˌtɛndər]
ementa (f)	meny (en)	[me'ny]
lista (f) de vinhos	vinlista (en)	['vinˌlista]
reservar uma mesa	att reservera bord	[at resɛr'vera bʉ:d]
prato (m)	rätt (en)	['ræt]
pedir (vt)	att beställa	[at be'stɛlʲa]
fazer o pedido	att beställa	[at be'stɛlʲa]
aperitivo (m)	aperitif (en)	[aperi'tif]
entrada (f)	förrätt (en)	['fœ:ræt]
sobremesa (f)	dessert (en)	[dɛ'sɛ:r]
conta (f)	nota (en)	['nʉta]
pagar a conta	att betala notan	[at be'talʲa 'nʉtan]
dar o troco	att ge tillbaka växel	[at je: tilʲ'baka 'vɛksəlʲ]
gorjeta (f)	dricks (en)	['driks]

Família, parentes e amigos

54. Informação pessoal. Formulários

nome (m)	namn (ett)	['namn]
apelido (m)	efternamn (ett)	['ɛftəˌnamn]
data (f) de nascimento	födelsedatum (ett)	['føːdəlˈseˌdatum]
local (m) de nascimento	födelseort (en)	['føːdəlˈseˌɔːt]
nacionalidade (f)	nationalitet (en)	[natɧunaliˈtet]
lugar (m) de residência	bostadsort (en)	['bostadsˌɔːt]
país (m)	land (ett)	['lʲand]
profissão (f)	yrke (ett), profession (en)	['yrkə], [profeˈɧun]
sexo (m)	kön (ett)	['çøːn]
estatura (f)	höjd (en)	['hœjd]
peso (m)	vikt (en)	['vikt]

55. Membros da família. Parentes

mãe (f)	mor (en)	['mur]
pai (m)	far (en)	['far]
filho (m)	son (en)	['son]
filha (f)	dotter (en)	['dotər]
filha (f) mais nova	yngsta dotter (en)	['yŋsta 'dotər]
filho (m) mais novo	yngste son (en)	['yŋstə son]
filha (f) mais velha	äldsta dotter (en)	['ɛlʲsta 'dotər]
filho (m) mais velho	äldste son (en)	['ɛlʲstə 'son]
irmão (m)	bror (en)	['brur]
irmão (m) mais velho	storebror (en)	['sturəˌbrur]
irmão (m) mais novo	lillebror (en)	['lilʲeˌbrur]
irmã (f)	syster (en)	['systər]
irmã (f) mais velha	storasyster (en)	['sturaˌsystər]
irmã (f) mais nova	lillasyster (en)	['lilʲaˌsystər]
primo (m)	kusin (en)	[kɯˈsiːn]
prima (f)	kusin (en)	[kɯˈsiːn]
mamã (f)	mamma (en)	['mama]
papá (m)	pappa (en)	['papa]
pais (pl)	föräldrar (pl)	[førˈɛlʲdrar]
criança (f)	barn (ett)	['baːɳ]
crianças (f pl)	barn (pl)	['baːɳ]
avó (f)	mormor, farmor (en)	['murmur], ['farmur]
avô (m)	morfar, farfar (en)	['murfar], ['farfar]
neto (m)	barnbarn (ett)	['baːɳˌbaːɳ]

neta (f)	barnbarn (ett)	['ba:ɳˌba:ɳ]
netos (pl)	barnbarn (pl)	['ba:ɳˌba:ɳ]
tio (m)	farbror, morbror (en)	['farˌbrʊr], ['mʊrˌbrʊr]
tia (f)	faster, moster (en)	['fastər], ['mʊstər]
sobrinho (m)	brorson, systerson (en)	['brʊrˌsɔn], ['systəˌsɔn]
sobrinha (f)	brorsdotter, systerdotter (en)	['brʊːʂˌdɔtər], ['systəˌdɔtər]
sogra (f)	svärmor (en)	['svæːrˌmʊr]
sogro (m)	svärfar (en)	['svæːrˌfar]
genro (m)	svärson (en)	['svæːˌʂɔn]
madrasta (f)	styvmor (en)	['styvˌmʊr]
padrasto (m)	styvfar (en)	['styvˌfar]
criança (f) de colo	spädbarn (ett)	['spɛːdˌba:ɳ]
bebé (m)	spädbarn (ett)	['spɛːdˌba:ɳ]
menino (m)	baby, bäbis (en)	['bɛːbi], ['bɛːbis]
mulher (f)	hustru (en)	['hʉstrʉ]
marido (m)	man (en)	['man]
esposo (m)	make, äkta make (en)	['makə], ['ɛkta ˌmakə]
esposa (f)	hustru (en)	['hʉstrʉ]
casado	gift	['jift]
casada	gift	['jift]
solteiro	ogift	[ʊ:'jift]
solteirão (m)	ungkarl (en)	['uŋˌkar]
divorciado	frånskild	['froːnˌɧilʲd]
viúva (f)	änka (en)	['ɛŋka]
viúvo (m)	änkling (en)	['ɛŋkliŋ]
parente (m)	släkting (en)	['slʲɛktiŋ]
parente (m) próximo	nära släkting (en)	['næːra 'slʲɛktiŋ]
parente (m) distante	fjärran släkting (en)	['fjæːran 'slʲɛktiŋ]
parentes (m pl)	släktingar (pl)	['slʲɛktiŋar]
órfão (m), órfã (f)	föräldralöst barn (ett)	[før'ɛlʲdralʲœst 'ba:ɳ]
tutor (m)	förmyndare (en)	['førˌmyndarə]
adotar (um filho)	att adoptera	[at adɔp'tera]
adotar (uma filha)	att adoptera	[at adɔp'tera]

56. Amigos. Colegas de trabalho

amigo (m)	vän (en)	['vɛːn]
amiga (f)	väninna (en)	[vɛː'nina]
amizade (f)	vänskap (en)	['vɛnˌskap]
ser amigos	att vara vänner	[at 'vara 'vɛnər]
amigo (m)	vän (en)	['vɛːn]
amiga (f)	väninna (en)	[vɛː'nina]
parceiro (m)	partner (en)	['paːʈnər]
chefe (m)	chef (en)	['ɧef]
superior (m)	överordnad (en)	['øːvərˌɔːɖnat]

proprietário (m)	ägare (en)	['ɛ:garə]
subordinado (m)	underordnad (en)	['undər‚ɔ:dnat]
colega (m)	kollega (en)	[kɔ'lʲe:ga]

conhecido (m)	bekant (en)	[be'kant]
companheiro (m) de viagem	resekamrat (en)	['resə‚kam'rat]
colega (m) de classe	klasskamrat (en)	['klʲas‚kam'rat]

vizinho (m)	granne (en)	['granə]
vizinha (f)	granne (en)	['granə]
vizinhos (pl)	grannar (pl)	['granar]

57. Homem. Mulher

mulher (f)	kvinna (en)	['kvina]
rapariga (f)	tjej, flicka (en)	[ɕej], ['flika]
noiva (f)	brud (en)	['bru:d]

bonita	vacker	['vakər]
alta	lång	['lʲɔŋ]
esbelta	slank	['slʲaŋk]
de estatura média	kort	['kɔ:t]

| loura (f) | blondin (en) | [blʲɔn'din] |
| morena (f) | brunett (en) | [bru'nɛt] |

de senhora	dam-	['dam-]
virgem (f)	jungfru (en)	['juŋfru:]
grávida	gravid	[gra'vid]

homem (m)	man (en)	['man]
louro (m)	blond man (en)	['blʲɔnd man]
moreno (m)	brunhårig (en)	['brun‚ho:rig]
alto	lång	['lʲɔŋ]
de estatura média	kort	['kɔ:t]

rude	ohövlig	[u:'høvlig]
atarracado	undersätsig	['undə‚sœtsig]
robusto	robust	[ru'bust]
forte	stark	['stark]
força (f)	styrka (en)	['styrka]

gordo	tjock	['ɕøk]
moreno	mörkhyad	['mœ:rk‚hyad]
esbelto	slank	['slʲaŋk]
elegante	elegant	[ɛlʲe'gant]

58. Idade

idade (f)	ålder (en)	['ɔlʲdər]
juventude (f)	ungdom (en)	['uŋ‚dum]
jovem	ung	['uŋ]

mais novo	yngre	['yŋrə]
mais velho	äldre	['ɛlʲdrə]

jovem (m)	yngling (en)	['yŋliŋ]
adolescente (m)	tonåring (en)	[tɔ'noːriŋ]
rapaz (m)	grabb (en)	['grab]

velho (m)	gammal man (en)	['gamalʲ ˌman]
velhota (f)	gumma (en)	['guma]

adulto	vuxen	['vuksən]
de meia-idade	medelålders	['medəlʲˌɔldɛʂ]
idoso, de idade	äldre	['ɛlʲdrə]
velho	gammal	['gamalʲ]

reforma (f)	pension (en)	[pan'ɧʊn]
reformar-se (vr)	att gå i pension	[at 'goː i pan'ɧʊn]
reformado (m)	pensionär (en)	[panɧʊ'næːr]

59. Crianças

criança (f)	barn (ett)	['baːɳ]
crianças (f pl)	barn (pl)	['baːɳ]
gémeos (m pl)	tvillingar (pl)	['tviliŋar]

berço (m)	vagga (en)	['vaga]
guizo (m)	skallra (en)	['skalʲra]
fralda (f)	blöja (en)	['blʲœja]

chupeta (f)	napp (en)	['nap]
carrinho (m) de bebé	barnvagn (en)	['baːɳˌvagn]
jardim (m) de infância	dagis (ett), förskola (en)	['dagis], ['fœːˌʂkʊlʲa]
babysitter (f)	barnflicka (en)	['baːɳˌflika]

infância (f)	barndom (en)	['baːɳˌdʊm]
boneca (f)	docka (en)	['dɔka]
brinquedo (m)	leksak (en)	['lʲekˌsak]
jogo (m) de armar	byggleksak (en)	['bɣglʲekˌsak]

bem-educado	väluppfostrad	['vɛlʲˌup'fʊstrad]
mal-educado	ouppfostrad	['oupˌfostrad]
mimado	bortskämd	['bɔːʈɧɛːmd]

ser travesso	att vara stygg	[at 'vara stɣg]
travesso, traquinas	okynnig	[ʊ'ɕynig]
travessura (f)	okynnighet (en)	[ʊ'ɕynigˌhet]
criança (f) travessa	okynnig barn (en)	[ʊ'ɕynig 'baːɳ]

obediente	lydig	['lʲydig]
desobediente	olydig	[ʊ'lʲydig]

dócil	foglig	['foglʲig]
inteligente	klok	['klʲʊk]
menino (m) prodígio	underbarn (ett)	['undeˌbaːɳ]

60. Casais. Vida de família

beijar (vt)	att kyssa	[at 'çysa]
beijar-se (vr)	att kyssas	[at 'çysas]
família (f)	familj (en)	[fa'milj]
familiar	familje-	[fa'miljə-]
casal (m)	par (ett)	['par]
matrimónio (m)	äktenskap (ett)	['εktən‚skap]
lar (m)	hemmets härd (en)	['hεməʦ hæː‚d]
dinastia (f)	dynasti (en)	[dynas'ti]
encontro (m)	date, träff (en)	['dεjt], ['trεf]
beijo (m)	kyss (en)	['çys]
amor (m)	kärlek (en)	['çæː‚lʲek]
amar (vt)	att älska	[at 'εlʲska]
amado, querido	älskling	['εlʲskliŋ]
ternura (f)	ömhet (en)	['øm‚het]
terno, afetuoso	öm	['øːm]
fidelidade (f)	trohet (en)	['trʊ‚het]
fiel	trogen	['trʊgən]
cuidado (m)	omsorg (en)	['ɔm‚sorj]
carinhoso	omtänksam	['ɔm‚tεŋksam]
recém-casados (m pl)	de nygifta	[de 'ny‚jifta]
lua de mel (f)	smekmånad (en)	['smek‚mɔːnad]
casar-se (com um homem)	att gifta sig	[at 'jifta sεj]
casar-se (com uma mulher)	att gifta sig	[at 'jifta sεj]
boda (f)	bröllop (ett)	['brœlʲɔp]
bodas (f pl) de ouro	guldbröllop (ett)	['gulʲd‚brœlʲɔp]
aniversário (m)	årsdag (en)	['oːʂ‚dag]
amante (f)	älskarinna (en)	[εlʲska'rina]
adultério (m)	otrohet (en)	[ʊ'trʊhet]
cometer adultério	att vara otrogen	[at 'vara ʊ'trʊgən]
ciumento	svartsjuk	['sva:ʈ‚ɦʉːk]
ser ciumento	att vara svartsjuk	[at 'vara 'sva:ʈ‚ɦʉːk]
divórcio (m)	skilsmässa (en)	['ɦilʲs‚mεsa]
divorciar-se (vr)	att skilja sig	[at 'ɦilja sεj]
brigar (discutir)	att gräla	[at 'grεː‚lʲa]
fazer as pazes	att försona sig	[at fœ:'ʂʊna sεj]
juntos	tillsammans	[tilʲ'samans]
sexo (m)	sex (ett)	['sεks]
felicidade (f)	lycka (en)	['lʲyka]
feliz	lycklig	['lʲyklig]
infelicidade (f)	olycka (en)	[ʊ:'lʲyka]
infeliz	olycklig	[ʊ:'lʲyklig]

Caráter. Sentimentos. Emoções

61. Sentimentos. Emoções

sentimento (m)	känsla (en)	['ɕɛnslʲa]
sentimentos (m pl)	känslor (pl)	['ɕɛnslʲʊr]
sentir (vt)	att känna	[at 'ɕɛna]
fome (f)	hunger (en)	['huŋər]
ter fome	att vara hungrig	[at 'vara 'huŋrig]
sede (f)	törst (en)	['tø:ʂt]
ter sede	att vara törstig	[at 'vara 'tø:ʂtig]
sonolência (f)	sömnighet (en)	['sœmnig,het]
estar sonolento	att vara sömnig	[at 'vara 'sœmnig]
cansaço (m)	trötthet (en)	['trœt,het]
cansado	trött	['trœt]
ficar cansado	att bli trött	[at bli 'trœt]
humor (m)	humör (ett)	[hʉ'mœ:r]
tédio (m)	leda (en)	['lʲeda]
aborrecer-se (vr)	att ha tråkigt	[at ha 'tro:kit]
isolamento (m)	avstängdhet (en)	['avstɛŋd,het]
isolar-se	att isolera sig	[at isʊ'lʲera sɛj]
preocupar (vt)	att bekymra, att oroa	[at be'ɕymra], [at 'ʊ:rʊa]
preocupar-se (vr)	att bekymra sig	[at be'ɕymra sɛj]
preocupação (f)	bekymmer (pl)	[be'ɕymər]
ansiedade (f)	oro (en)	['ʊrʊ]
preocupado	bekymrad	[be'ɕymrad]
estar nervoso	att vara nervös	[at 'vara nɛr'vø:s]
entrar em pânico	att råka i panik	[at 'ro:ka i pa'nik]
esperança (f)	hopp (ett)	['hɔp]
esperar (vt)	att hoppas	[at 'hɔpas]
certeza (f)	säkerhet (en)	['sɛ:kər,het]
certo	säker	['sɛ:kər]
indecisão (f)	osäkerhet (en)	[ʊ:'sɛ:kərhet]
indeciso	osäker	[ʊ:'sɛ:kər]
ébrio, bêbado	full	['fulʲ]
sóbrio	nykter	['nʏktər]
fraco	svag	['svag]
feliz	lyckad	['lʲykad]
assustar (vt)	att skrämma	[at 'skrɛma]
fúria (f)	raseri (ett)	[rase'ri:]
ira, raiva (f)	raseri (ett)	[rase'ri:]
depressão (f)	depression (en)	[deprɛ'ʃʊn]
desconforto (m)	obehag (ett)	['ʊbe,hag]

conforto (m)	komfort (en)	[kɔm'fɔ:t]
arrepender-se (vr)	att beklaga	[at be'klʲaga]
arrependimento (m)	beklagande (ett)	[be'klʲagandə]
azar (m), má sorte (f)	otur (en)	[ʊ:'tʉr]
tristeza (f)	sorg (en)	['sɔrj]

vergonha (f)	skam (en)	['skam]
alegria (f)	glädje (en)	['glʲɛdjə]
entusiasmo (m)	entusiasm (en)	[æntusi'asm]
entusiasta (m)	entusiast (en)	[æntusi'ast]
mostrar entusiasmo	att visa entusiasm	[at 'visa æntusi'asm]

62. Caráter. Personalidade

caráter (m)	karaktär (en)	[karak'tæ:r]
falha (f) de caráter	karaktärsbrist (en)	[karak'tæ:ș‚brist]
mente (f)	sinne (ett)	['sinə]
razão (f)	förstånd (ett)	[fœ:'ștɔnd]

consciência (f)	samvete (ett)	['samvetə]
hábito (m)	vana (en)	['vana]
habilidade (f)	förmåga (en)	[før'mo:ga]
saber (~ nadar, etc.)	att kunna	[at 'kuna]

paciente	tålmodig	[tɔ:lʲ'mʊdig]
impaciente	otålig	[ʊ:'to:lig]
curioso	nyfiken	['ny‚fikən]
curiosidade (f)	nyfikenhet (en)	['ny‚fikənhet]

modéstia (f)	blygsamhet (en)	['blʲygsam‚het]
modesto	blygsam	['blʲygsam]
imodesto	oblyg	[ʊ:'blʲyg]

preguiça (f)	lättja (en)	['lʲætja]
preguiçoso	lat	['lʲat]
preguiçoso (m)	latmask (en)	['lʲat‚mask]

astúcia (f)	list (en)	['list]
astuto	listig	['listig]
desconfiança (f)	misstro (en)	['mis‚trʊ]
desconfiado	misstrogen	['mis‚trʊgən]

generosidade (f)	generositet (en)	[ɧenerɔsi'tet]
generoso	generös	[ɧene'rø:s]
talentoso	talangfull	[ta'lʲaŋ‚fulʲ]
talento (m)	talang (en)	[ta'lʲaŋ]

corajoso	modig	['mʊdig]
coragem (f)	mod (ett)	['mʊd]
honesto	ärlig	['æ:lig]
honestidade (f)	ärlighet (en)	['æ:lig‚het]

| prudente | försiktig | [fœ:'șiktig] |
| valente | modig | ['mʊdig] |

| sério | allvarlig | [al¹'va:[ig] |
| severo | sträng | ['strɛŋ] |

decidido	beslutsam	[be'slʉ:tsam]
indeciso	obeslutsam	['ʊbe‚slʉ:tsam]
tímido	blyg	['blˑyg]
timidez (f)	blyghet (en)	['blˑyg‚het]

confiança (f)	tillit (en)	['tilˑit]
confiar (vt)	att tro	[at 'trʊ]
crédulo	tillitsfull	['tilits‚fulˑ]

sinceramente	uppriktigt	['up‚riktit]
sincero	uppriktig	['up‚riktig]
sinceridade (f)	uppriktighet (en)	['up‚riktighet]
aberto	öppen	['øpən]

calmo	stilla	['stilˑa]
franco	uppriktig	['up‚riktig]
ingénuo	naiv	[na'i:v]
distraído	förströdd	[fœ:'ʂtrœd]
engraçado	rolig	['rʊlig]

ganância (f)	girighet (en)	['jiri‚het]
ganancioso	girig	['jirig]
avarento	snål	['sno:lˑ]
mau	ond	['ʊnd]
teimoso	hårdnackad	['ho:d‚nakad]
desagradável	obehaglig	['ʊbe‚haglig]

egoísta (m)	egoist (en)	[ɛgʊ'ist]
egoísta	egoistisk	[ɛgʊ'istisk]
cobarde (m)	ynkrygg (en)	['yŋkrʏg]
cobarde	feg	['feg]

63. O sono. Sonhos

dormir (vi)	att sova	[at 'sɔva]
sono (m)	sömn (en)	['sœmn]
sonho (m)	dröm (en)	['drø:m]
sonhar (vi)	att drömma	[at 'drœma]
sonolento	sömnig	['sœmnig]

cama (f)	säng (en)	['sɛŋ]
colchão (m)	madrass (en)	[mad'ras]
cobertor (m)	täcke (ett)	['tɛkə]
almofada (f)	kudde (en)	['kude]
lençol (m)	lakan (ett)	['lˑakan]

insónia (f)	sömnlöshet (en)	['sœmnlˑøs‚het]
insone	sömnlös	['sœmn‚lˑø:s]
sonífero (m)	sömnpille (ett)	['sœmn‚pilˑe]
tomar um sonífero	att ta ett sömnpille	[at ta ɛt 'sœmn‚pilˑe]
estar sonolento	att vara sömnig	[at 'vara 'sœmnig]

bocejar (vi)	att gäspa	[at 'jɛspa]
ir para a cama	att gå till sängs	[at 'go: tilʲ 'sɛŋs]
fazer a cama	att bädda	[at 'bɛda]
adormecer (vi)	att falla i sömn	[at 'falʲa i 'sœmn]

pesadelo (m)	mardröm (en)	['maːd̺røm]
ronco (m)	snarkning (en)	['snarkniŋ]
roncar (vi)	att snarka	[at 'snarka]

despertador (m)	väckarklocka (en)	['vɛkarˌklʲɔka]
acordar, despertar (vt)	att väcka	[at 'vɛka]
acordar (vi)	att vakna	[at 'vakna]
levantar-se (vr)	att gå upp	[at 'goː 'up]
lavar-se (vr)	att tvätta sig	[at 'tvæta sɛj]

64. Humor. Riso. Alegria

humor (m)	humor (en)	['huːmʊr]
sentido (m) de humor	sinne (ett) för humor	['sinə før 'huːmʊr]
divertir-se (vr)	att ha roligt	[at ha 'rʊlit]
alegre	glad, munter	['glʲad], ['muntər]
alegria (f)	uppsluppenhet (en)	['upˌslupənhet]

sorriso (m)	leende (ett)	['lʲeəndə]
sorrir (vi)	att småle	[at 'smoːlʲe]
começar a rir	att börja skratta	[at 'bœrja 'skrata]
rir (vi)	att skratta	[at 'skrata]
riso (m)	skratt (ett)	['skrat]

anedota (f)	anekdot (en)	[anɛk'dɔt]
engraçado	rolig	['rʊlig]
ridículo	lustig, löjlig	['luːstig], ['lʲœjlig]

brincar, fazer piadas	att skämta, att skoja	[at 'ɧɛmta], [at 'skɔja]
piada (f)	skämt, skoj (ett)	['ɧɛmt], ['skɔj]
alegria (f)	glädje (en)	['glʲɛdjə]
regozijar-se (vr)	att glädja sig	[at 'glʲɛdja sɛj]
alegre	glad	['glʲad]

65. Discussão, conversação. Parte 1

| comunicação (f) | kommunikation (en) | [kɔmunika'ɧʊn] |
| comunicar-se (vr) | att kommunicera | [at kɔmuni'sera] |

conversa (f)	samtal (ett)	['samtalʲ]
diálogo (m)	dialog (en)	[dia'lʲɔg]
discussão (f)	diskussion (en)	[disku'ɧʊn]
debate (m)	debatt (en)	[de'bat]
debater (vt)	att diskutera	[at disku'tera]

| interlocutor (m) | samtalspartner (en) | ['samtalʲs 'paːʈnər] |
| tema (m) | ämne (ett) | ['ɛmnə] |

ponto (m) de vista	synpunkt (en)	['syn₁puŋkt]
opinião (f)	mening (en)	['meniŋ]
discurso (m)	tal (ett)	['talʲ]

discussão (f)	diskussion (en)	[diskʉ'ɧʊn]
discutir (vt)	att dryfta, att diskutera	[at 'dryfta], [at diskʉ'tera]
conversa (f)	samtal (ett)	['samtalʲ]
conversar (vi)	att samtala	[at 'samtalʲa]
encontro (m)	möte (ett)	['mø:tə]
encontrar-se (vr)	att mötas	[at 'mø:tas]

provérbio (m)	ordspråk (ett)	['ʊ:d₁spro:k]
ditado (m)	ordstäv (ett)	['ʊ:d₁stɛ:v]
adivinha (f)	gåta (en)	['go:ta]
dizer uma adivinha	att utgöra en gåta	[at 'ʉtˌjø:ra en 'go:ta]
senha (f)	lösenord (ett)	['lʲø:sənˌʊ:d]
segredo (m)	hemlighet (en)	['hɛmligˌhet]

juramento (m)	ed (en)	['ɛd]
jurar (vi)	att svära	[at 'svæ:ra]
promessa (f)	löfte (ett)	['lʲœftə]
prometer (vt)	att lova	[at 'lʲɔva]

conselho (m)	råd (ett)	['ro:d]
aconselhar (vt)	att råda	[at 'ro:da]
seguir o conselho	att följa råd	[at 'følja rad]
escutar (~ os conselhos)	att hörsamma	[at 'hø:rˌsama]

novidade, notícia (f)	nyhet (en)	['nyhet]
sensação (f)	sensation (en)	[sɛnsa'ɧʊn]
informação (f)	upplysningar (pl)	['upˌlysniŋar]
conclusão (f)	slutsats (en)	['slʉ:tsats]
voz (f)	röst, stämma (en)	['rœst], ['stɛma]
elogio (m)	komplimang (en)	[kɔmpli'maŋ]
amável	älskvärd	['ɛlʲskˌvæ:d]

palavra (f)	ord (ett)	['ʊ:d]
frase (f)	fras (en)	['fras]
resposta (f)	svar (ett)	['svar]

| verdade (f) | sanning (en) | ['saniŋ] |
| mentira (f) | lögn (en) | ['lʲœgn] |

pensamento (m)	tanke (en)	['taŋkə]
ideia (f)	idé (en)	[i'de:]
fantasia (f)	fantasi (en)	[fanta'si:]

66. Discussão, conversação. Parte 2

estimado	respekterad	[rɛspɛk'terad]
respeitar (vt)	att respektera	[at rɛspɛk'tera]
respeito (m)	respekt (en)	[rɛ'spɛkt]
Estimado ..., Caro ...	Ärade ...	['æ:radə ...]
apresentar (vt)	att introducera	[at intrɔdʉ'sera]

travar conhecimento	att göra bekantskap med	[at 'jø:ra be'kant‚skap me]
intenção (f)	avsikt (en)	['avsikt]
tencionar (vt)	att ha för avsikt	[at 'ha før 'avsikt]
desejo (m)	önskan (en)	['ønskan]
desejar (ex. ~ boa sorte)	att önska	[at 'ønska]

surpresa (f)	överraskning (en)	['ø:və‚rɔskniŋ]
surpreender (vt)	att förvåna	[at før'vo:na]
surpreender-se (vr)	att bli förvånad	[at bli før'vo:nad]

dar (vt)	att ge	[at je:]
pegar (tomar)	att ta	[at ta]
devolver (vt)	att ge tillbaka	[at je: tilʲ'baka]
retornar (vt)	att returnera	[at retɵr'nera]

desculpar-se (vr)	att ursäkta sig	[at 'ɵ:‚ʂɛkta sɛj]
desculpa (f)	ursäkt (en)	['ɵ:‚ʂɛkt]
perdoar (vt)	att förlåta	[at 'fœ:‚lʲo:ta]

falar (vi)	att tala	[at 'talʲa]
escutar (vt)	att lyssna	[at 'lʲysna]
ouvir até o fim	att höra på	[at 'hø:ra pɔ]
compreender (vt)	att förstå	[at fœ:'ʂto:]

mostrar (vt)	att visa	[at 'visa]
olhar para ...	att titta	[at 'tita]
chamar (dizer em voz alta o nome)	att kalla	[at 'kalʲa]
distrair (vt)	att distrahera	[at distra'hera]
perturbar (vt)	att störa	[at 'stø:ra]
entregar (~ em mãos)	att överlämna	[at 'ø:və‚lʲɛmna]

pedido (m)	begäran (en)	[be'jæ:ran]
pedir (ex. ~ ajuda)	att begära	[at 'bejæ:ra]
exigência (f)	krav (ett)	['krav]
exigir (vt)	att kräva	[at 'krɛ:va]

chamar nomes (vt)	att reta	[at 'reta]
zombar (vt)	att håna	[at 'ho:na]
zombaria (f)	hån (ett)	['ho:n]
alcunha (f)	öknamn (ett)	['ø:k‚namn]

insinuação (f)	insinuation (en)	[insinɵa'ʄʊn]
insinuar (vt)	att insinuera	[at insinɵ'era]
subentender (vt)	att betyda	[at be'tyda]

descrição (f)	beskrivning (en)	[bɛ'skrivniŋ]
descrever (vt)	att beskriva	[at be'skriva]
elogio (m)	beröm (ett)	[be'rø:m]
elogiar (vt)	att berömma	[at be'rœma]

desapontamento (m)	besvikelse (en)	[bɛ'svikəlʲsə]
desapontar (vt)	att göra besviken	[at 'jø:ra bɛ'svikən]
desapontar-se (vr)	att bli besviken	[at bli bɛ'svikən]
suposição (f)	antagande (ett)	[aŋ'tagandə]
supor (vt)	att anta, att förmoda	[at 'anta], [at før'mʊda]

advertência (f)	varning (en)	['vaːɳiŋ]
advertir (vt)	att varna	[at 'vaːɳa]

67. Discussão, conversação. Parte 3

convencer (vt)	att övertala	[at 'øːvəˌtalʲa]
acalmar (vt)	att lugna	[at 'lɵgna]

silêncio (o ~ é de ouro)	tystnad (en)	['tʏstnad]
ficar em silêncio	att tiga	[at 'tiga]
sussurrar (vt)	att viska	[at 'viska]
sussurro (m)	viskning (en)	['viskniŋ]

francamente	uppriktigt	['upˌriktit]
a meu ver ...	enligt min mening ...	['ɛnlit min 'meniŋ ...]

detalhe (~ da história)	detalj (en)	[de'talj]
detalhado	detaljerad	[deta'ljɛrad]
detalhadamente	i detalj	[i de'talj]

dica (f)	vink (en)	['viŋk]
dar uma dica	att ge en vink	[at je: en 'viŋk]

olhar (m)	blick (en)	['blik]
dar uma vista de olhos	att kasta en blick	[at 'kasta en 'blik]
fixo (olhar ~)	stel	['stɛlʲ]
piscar (vi)	att blinka	[at 'bliŋka]
pestanejar (vt)	att blinka	[at 'bliŋka]
acenar (com a cabeça)	att nicka	[at 'nika]

suspiro (m)	suck (en)	['suk]
suspirar (vi)	att sucka	[at 'suka]
estremecer (vi)	att rysa	[at 'rysa]
gesto (m)	gest (en)	['ɧɛst]
tocar (com as mãos)	att röra	[at 'røːra]
agarrar (~ pelo braço)	att greppa	[at 'grɛpa]
bater de leve	att klappa	[at 'klʲapa]

Cuidado!	Se upp!	['se up]
A sério?	Verkligen?	['vɛrkligən]
Tem certeza?	Är du säker?	[ær dɵ 'sɛːkər]
Boa sorte!	Lycka till!	['lʲyka tilʲ]
Compreendi!	Det är klart!	[dɛ æːr 'klʲaːt]
Que pena!	Det är synd!	[dɛ æːr 'sʏnd]

68. Acordo. Recusa

consentimento (~ mútuo)	samtycke (ett)	['samˌtʏkə]
consentir (vi)	att samtycka	[at 'samˌtʏka]
aprovação (f)	godkännande (ett)	['gɵdˌɕɛnandə]
aprovar (vt)	att godkänna	[at 'gɵdˌɕɛna]
recusa (f)	avslag (ett)	['avˌslʲag]

negar-se (vt)	att vägra	[at 'vɛgra]
Está ótimo!	Utmärkt!	['ʉt̩mæ:rkt]
Muito bem!	Okej!	[ɔ'kej]
Está bem! De acordo!	OK! Jag håller med.	[ɔ'kej] , [ja 'ho:lʲer me]

proibido	förbjuden	[før'bjʉ:dən]
é proibido	det är förbjudet	[dɛ æ:r før'bjʉ:dət]
é impossível	det är omöjligt	[dɛ æ:r ʉ'mœjlit]
incorreto	felaktig, oriktig	['felʲˌaktig], ['ʉˌriktig]

rejeitar (~ um pedido)	att avslå	[at 'avˌslʲo:]
apoiar (vt)	att stödja	[at 'stœdja]
aceitar (desculpas, etc.)	att acceptera	[at aksɛp'tera]

confirmar (vt)	att bekräfta	[at be'krɛfta]
confirmação (f)	bekräftelse (en)	[be'krɛftəlʲsə]
permissão (f)	tillåtelse (en)	['til̩ˌlʲo:təlʲsə]
permitir (vt)	att tillåta	[at 'tilʲo:ta]
decisão (f)	beslut (ett)	[be'slʉ:t]
não dizer nada	att tiga	[at 'tiga]

condição (com uma ~)	betingelse (en)	[be'tiŋəlʲsə]
pretexto (m)	förevändning (en)	[førəˌvɛndniŋ]
elogio (m)	beröm (ett)	[be'rø:m]
elogiar (vt)	att berömma	[at be'rœma]

69. Sucesso. Boa sorte. Insucesso

êxito, sucesso (m)	framgång (en)	['framgɔŋ]
com êxito	mod framgång	[me 'framgɔŋ]
bem sucedido	framgångsrik, lyckad	['framˌgɔŋsrik], ['lʲykad]

sorte (fortuna)	tur, lycka (en)	[tʉ:r], ['lʲyka]
Boa sorte!	Lycka till!	['lʲyka til̩ʲ]
de sorte	tursam, lyckad	['tʉ:ʂam], ['lʲykad]
sortudo, felizardo	tursam	['tʉ:ʂam]

fracasso (m)	misslyckande, fiasko (ett)	['misˌlʲykandə], [fi'askʉ]
pouca sorte (f)	otur (en)	[ʉ:'tʉr]
azar (m), má sorte (f)	otur (en)	[ʉ:'tʉr]

mal sucedido	misslyckad	['misˌlʲykad]
catástrofe (f)	katastrof (en)	[kata'strɔf]

orgulho (m)	stolthet (en)	['stɔlʲt̩het]
orgulhoso	stolt	['stɔlʲt]
estar orgulhoso	att vara stolt	[at 'vara 'stɔlʲt]

vencedor (m)	segrare (en)	['sɛgˌrarə]
vencer (vi)	att vinna	[at 'vina]
perder (vt)	att förlora	[at fœ:'lʲʉra]
tentativa (f)	försök (ett)	['fœ:ˌşø:k]
tentar (vt)	att pröva, att försöka	[at 'prø:va], [at fœ:'şø:ka]
chance (m)	chans (en)	['ʃans]

70. Conflitos. Emoções negativas

grito (m) — skrik (ett) — ['skrik]
gritar (vi) — att skrika — [at 'skrika]
começar a gritar — att börja skrika — [at 'bœrja 'skrika]

discussão (f) — gräl (ett) — ['grɛ:lʲ]
discutir (vt) — att gräla — [at 'grɛ:lʲa]
escândalo (m) — skandal (en) — [skan'dalʲ]
criar escândalo — att göra skandal — [at 'jø:ra skan'dalʲ]
conflito (m) — konflikt (en) — [kɔn'flikt]
mal-entendido (m) — missförstånd (ett) — ['misfœ:ˌstɔnd]

insulto (m) — förolämpning (en) — [førʊ'lʲɛmpniŋ]
insultar (vt) — att förolämpa — [at 'førʊˌlʲɛmpa]
insultado — förolämpad — [førʊ'lʲɛmpad]
ofensa (f) — förnärmelse (en) — [fœ:'ŋæ:rmɘlʲsɘ]
ofender (vt) — att förnärma — [at fœ:'ŋæ:rma]
ofender-se (vr) — att bli förnärmad — [at bli fœ:'ŋæ:rmad]

indignação (f) — indignation (en) — [indigna'ɧʊn]
indignar-se (vr) — att bli indignerad — [at bli indi'nʲerad]
queixa (f) — klagomål (ett) — ['klʲagʊˌmo:lʲ]
queixar-se (vr) — att klaga — [at 'klʲaga]

desculpa (f) — ursäkt (en) — ['ʉ:ˌsɛkt]
desculpar-se (vr) — att ursäkta sig — [at 'ʉ:ˌsɛkta sɛj]
pedir perdão — att be om förlåtelse — [at 'be ɔm fœ:'lɔtɘlʲsɘ]

crítica (f) — kritik (en) — [kri'tik]
criticar (vt) — att kritisera — [at kriti'sera]
acusação (f) — anklagelse (en) — ['aŋˌklʲagɘlʲsɘ]
acusar (vt) — att anklaga — [at 'aŋˌklʲaga]

vingança (f) — hämnd (en) — ['hɛmnd]
vingar (vt) — att hämnas — [at 'hɛmnas]
vingar-se (vr) — att hämnas — [at 'hɛmnas]

desprezo (m) — förakt (ett) — [fø'rakt]
desprezar (vt) — att förakta — [at fø'rakta]
ódio (m) — hat (ett) — ['hat]
odiar (vt) — att hata — [at 'hata]

nervoso — nervös — [nɛr'vø:s]
estar nervoso — att vara nervös — [at 'vara nɛr'vø:s]
zangado — arg, vred — [arj], ['vred]
zangar (vt) — att göra arg — [at 'jø:ra arj]

humilhação (f) — förödmjukelse (en) — ['førœdˌmjʉ:kɘlʲsɘ]
humilhar (vt) — att förödmjuka — [at 'førœdˌmjʉ:ka]
humilhar-se (vr) — att förödmjuka sig — [at 'førœdˌmjʉ:ka sɛj]

choque (m) — chock (en) — ['ɧɔk]
chocar (vt) — att chocka — [at 'ɧɔka]
aborrecimento (m) — knipa (en) — ['knipa]

desagradável	obehaglig	['ube‚haglig]
medo (m)	rädsla (en)	['rɛdslʲa]
terrível (tempestade, etc.)	fruktansvärd	['fruktans‚væ:d]
assustador (ex. história ~a)	skrämmande	['skrɛmandə]
horror (m)	fasa, skräck (en)	['fasa], ['skrɛk]
horrível (crime, etc.)	förfärlig	[før'fæ:lʲig]
começar a tremer	att begynna att rysa	[at be'jina at 'rysa]
chorar (vi)	att gråta	[at 'gro:ta]
começar a chorar	att börja gråta	[at 'bœrja 'gro:ta]
lágrima (f)	tår (en)	['to:r]
falta (f)	skuld (en)	['skulʲd]
culpa (f)	skuldkänsla (en)	['skulʲd‚ɕɛnslʲa]
desonra (f)	skam, vanära (en)	[skam], ['va'næ:ra]
protesto (m)	protest (en)	[pru'tɛst]
stresse (m)	stress (en)	['strɛs]
perturbar (vt)	att störa	[at 'stø:ra]
zangar-se com ...	att vara arg	[at 'vara arj]
zangado	arg, vred	[arj], ['vred]
terminar (vt)	att avbryta	[at 'av‚bryta]
praguejar	att svära	[at 'svæ:ra]
assustar-se	att bli skrämd	[at bli 'skrɛmd]
golpear (vt)	att slå	[at 'slʲo:]
brigar (na rua, etc.)	att slåss	[at 'slʲɔs]
resolver (o conflito)	att lösa	[at 'lʲø:sa]
descontente	missnöjd	['mis‚nœjd]
furioso	rasande	['rasandə]
Não está bem!	Det är inte bra!	[dɛ æ:r 'intə bra]
É mau!	Det är dåligt!	[dɛ æ:r 'do:lit]

Medicina

71. Doenças

doença (f)	sjukdom (en)	['ɧuːkˌdʊm]
estar doente	att vara sjuk	[at 'vara 'ɧuːk]
saúde (f)	hälsa, sundhet (en)	['hɛlʲsa], ['sʊndˌhet]
nariz (m) a escorrer	snuva (en)	['snuːva]
amigdalite (f)	halsfluss, angina (en)	['halʲsˌflʉs], [aŋ'gina]
constipação (f)	förkylning (en)	[før'cylʲniŋ]
constipar-se (vr)	att bli förkyld	[at bli før'cylʲd]
bronquite (f)	bronkit (en)	[brɔŋ'kit]
pneumonia (f)	lunginflammation (en)	['lʉŋˌinflʲama'ɧʊn]
gripe (f)	influensa (en)	[inflʉ'ɛnsa]
míope	närsynt	['næːˌsʏnt]
presbita	långsynt	['lʲɔŋˌsʏnt]
estrabismo (m)	skelögdhet (en)	['ɧelʲøgdˌhet]
estrábico	skelögd	['ɧelʲˌøgd]
catarata (f)	grå starr (en)	['groː 'star]
glaucoma (m)	grön starr (en)	['grøːn 'star]
AVC (m), apoplexia (f)	stroke (en), hjärnslag (ett)	['stroːk], ['jæːnˌslʲag]
ataque (m) cardíaco	infarkt (en)	[in'farkt]
enfarte (m) do miocárdio	hjärtinfarkt (en)	['jæːt in'farkt]
paralisia (f)	förlamning (en)	[fœ'lʲamniŋ]
paralisar (vt)	att förlama	[at fœ'lʲama]
alergia (f)	allergi (en)	[alʲer'gi]
asma (f)	astma (en)	['astma]
diabetes (f)	diabetes (en)	[dia'betəs]
dor (f) de dentes	tandvärk (en)	['tandˌvæːrk]
cárie (f)	karies (en)	['karies]
diarreia (f)	diarré (en)	[dia'reː]
prisão (f) de ventre	förstoppning (en)	[fœ'ʂtopniŋ]
desarranjo (m) intestinal	magbesvär (ett)	['magˌbe'svɛːr]
intoxicação (f) alimentar	matförgiftning (en)	['matˌfør'jiftniŋ]
intoxicar-se	att få matförgiftning	[at foː 'matˌfør'jiftniŋ]
artrite (f)	artrit (en)	[a'trit]
raquitismo (m)	rakitis (en)	[ra'kitis]
reumatismo (m)	reumatism (en)	[revma'tism]
arteriosclerose (f)	åderförkalkning (en)	['oːdɛrførˌkalʲknin]
gastrite (f)	gastrit (en)	[ga'strit]
apendicite (f)	appendicit (en)	[apɛndi'sit]

| colecistite (f) | cholecystit (en) | [holəsys'tit] |
| úlcera (f) | magsår (ett) | ['mag,so:r] |

sarampo (m)	mässling (en)	['mɛs,liŋ]
rubéola (f)	röda hund (en)	['rø:da 'hund]
iterícia (f)	gulsot (en)	['gʉ:lʲ,sʊt]
hepatite (f)	hepatit (en)	[hepa'tit]

esquizofrenia (f)	schizofreni (en)	[skitsɔfre'ni:]
raiva (f)	rabies (en)	['rabies]
neurose (f)	neuros (en)	[nev'rɔs]
comoção (f) cerebral	hjärnskakning (en)	['jæ:n,skakniŋ]

cancro (m)	cancer (en)	['kansər]
esclerose (f)	skleros (en)	[sklʲe'rɔs]
esclerose (f) múltipla	multipel skleros (en)	[mʉlʲ'tipelʲ sklʲe'rɔs]

alcoolismo (m)	alkoholism (en)	[alʲkʊhɔ'lizm]
alcoólico (m)	alkoholist (en)	[alʲkʊhɔ'list]
sífilis (f)	syfilis (en)	['syfilis]
SIDA (f)	AIDS	['ɛjds]

tumor (m)	tumör (en)	[tʉ'mø:r]
maligno	elakartad	['ɛlʲak,a:ʈad]
benigno	godartad	['gʊd,a:ʈad]

febre (f)	feber (en)	['febər]
malária (f)	malaria (en)	[ma'lʲaria]
gangrena (f)	kallbrand (en)	['kalʲ,brand]
enjoo (m)	sjösjuka (en)	['ɦø:,ɦʉ:ka]
epilepsia (f)	epilepsi (en)	[epilʲep'si:]

epidemia (f)	epidemi (en)	[ɛpidʉ'mi.]
tifo (m)	tyfus (en)	['tyfʉs]
tuberculose (f)	tuberkulos (en)	[tʉbɛrkʉ'lʲɔs]
cólera (f)	kolera (en)	['kʊlʲera]
peste (f)	pest (en)	['pɛst]

72. Sintomas. Tratamentos. Parte 1

sintoma (m)	symptom (ett)	[symp'tɔm]
temperatura (f)	temperatur (en)	[tɛmpəra'tʉ:r]
febre (f)	hög temperatur (en)	['hø:g tɛmpəra'tʉ:r]
pulso (m)	puls (en)	['pulʲs]

vertigem (f)	yrsel, svindel (en)	['y:şəlʲ], ['svindəlʲ]
quente (testa, etc.)	varm	['varm]
calafrio (m)	rysning (en)	['rysniŋ]
pálido	blek	['blʲek]

tosse (f)	hosta (en)	['hʊsta]
tossir (vi)	att hosta	[at 'hʊsta]
espirrar (vi)	att nysa	[at 'nysa]
desmaio (m)	svimning (en)	['svimniŋ]

71

desmaiar (vi)	att svimma	[at 'svima]
nódoa (f) negra	blåmärke (ett)	['blʲoːˌmæːrkə]
galo (m)	bula (en)	['bʉːlʲa]
magoar-se (vr)	att slå sig	[at 'slʲoː sɛj]
pisadura (f)	blåmärke (ett)	['blʲoːˌmæːrkə]
aleijar-se (vr)	att slå sig	[at 'slʲoː sɛj]

coxear (vi)	att halta	[at 'halʲta]
deslocação (f)	vrickning (en)	['vrikniŋ]
deslocar (vt)	att förvrida	[at før'vrida]
fratura (f)	brott (ett), fraktur (en)	['brɔt], [frak'tʉːr]
fraturar (vt)	att få en fraktur	[at foː en frak'tʉːr]

corte (m)	skärsår (ett)	['ɧæːˌsoːr]
cortar-se (vr)	att skära sig	[at 'ɧæːra sɛj]
hemorragia (f)	blödning (en)	['blʲœdniŋ]

queimadura (f)	brännsår (ett)	['brɛnˌsoːr]
queimar-se (vr)	att bränna sig	[at 'brɛna sɛj]

picar (vt)	att sticka	[at 'stika]
picar-se (vr)	att sticka sig	[at 'stika sɛj]
lesionar (vt)	att skada	[at 'skada]
lesão (m)	skada (en)	['skada]
ferida (f), ferimento (m)	sår (ett)	['soːr]
trauma (m)	trauma (en)	['travma]

delirar (vi)	att tala i feberyra	[at 'talʲa i 'febəryra]
gaguejar (vi)	att stamma	[at 'stama]
insolação (f)	solsting (ett)	['sʉlʲˌstiŋ]

73. Sintomas. Tratamentos. Parte 2

dor (f)	värk, smärta (en)	['væːrk], ['smɛta]
farpa (no dedo)	sticka (en)	['stika]

suor (m)	svett (en)	['svɛt]
suar (vi)	att svettas	[at 'svɛtas]
vómito (m)	kräkning (en)	['krɛkniŋ]
convulsões (f pl)	kramper (pl)	['krampər]

grávida	gravid	[gra'vid]
nascer (vi)	att födas	[at 'føːdas]
parto (m)	förlossning (en)	[fœ:'lʲɔsniŋ]
dar à luz	att föda	[at 'føːda]
aborto (m)	abort (en)	[a'bɔːt]

respiração (f)	andning (en)	['andniŋ]
inspiração (f)	inandning (en)	['inˌandniŋ]
expiração (f)	utandning (en)	['ʉtˌandniŋ]
expirar (vi)	att andas ut	[at 'andas ʉt]
inspirar (vi)	att andas in	[at 'andas in]
inválido (m)	handikappad person (en)	['handiˌkapad pɛ'ʂʉn]
aleijado (m)	krympling (en)	['krʏmpliŋ]

toxicodependente (m)	narkoman (en)	[narkʊ'man]
surdo	döv	['dø:v]
mudo	stum	['stu:m]
surdo-mudo	dövstum	['dø:v‚stu:m]

louco (adj.)	mentalsjuk, galen	['mental'ɧʉ:k], ['galⁱen]
louco (m)	dåre, galning (en)	['do:rə], ['galⁱniŋ]
louca (f)	dåre, galning (en)	['do:rə], ['galⁱniŋ]
ficar louco	att bli sinnessjuk	[at bli 'sinɛs‚ɧʉ:k]

gene (m)	gen (en)	['jen]
imunidade (f)	immunitet (en)	[imʉni'te:t]
hereditário	ärftlig	['æ:rftlig]
congénito	medfödd	['med‚fœd]

vírus (m)	virus (ett)	['vi:rʉs]
micróbio (m)	mikrob (en)	[mi'krɔb]
bactéria (f)	bakterie (en)	[bak'teriə]
infeção (f)	infektion (en)	[infɛk'ɧʊn]

74. Sintomas. Tratamentos. Parte 3

| hospital (m) | sjukhus (ett) | ['ɧʉ:k‚hʉs] |
| paciente (m) | patient (en) | [pasi'ent] |

diagnóstico (m)	diagnos (en)	[dia'gnɔs]
cura (f)	kur (en)	['kʉ:r]
tratamento (m) médico	behandling (en)	[be'handliŋ]
curar-se (vr)	att bli behandlad	[at bli be'handlⁱad]
tratar (vt)	att behandla	[at be'handlⁱa]
cuidar (pessoa)	att sköta	[at 'ɧø:ta]
cuidados (m pl)	vård (en)	['vo:d]

operação (f)	operation (en)	[ɔpera'ɧʊn]
enfaixar (vt)	att förbinda	[at før'binda]
enfaixamento (m)	förbindning (en)	[før'bindniŋ]

vacinação (f)	vaccination (en)	[vaksina'ɧʊn]
vacinar (vt)	att vaksinera	[at vaksi'nera]
injeção (f)	injektion (en)	[injɛk'ɧʊn]
dar uma injeção	att ge en spruta	[at je: en 'sprʉta]

ataque (~ de asma, etc.)	anfall (ett), attack (en)	['anfalⁱ], [a'tak]
amputação (f)	amputation (en)	[ampʉta'ɧʊn]
amputar (vt)	att amputera	[at ampʉ'tera]
coma (f)	koma (ett)	['kɔma]
estar em coma	att ligga i koma	[at 'liga i 'kɔma]
reanimação (f)	intensivavdelning (en)	[intɛn'siv‚av'dɛlⁱniŋ]

recuperar-se (vr)	att återhämta sig	[at 'o:ter‚hɛmta sɛj]
estado (~ de saúde)	tillstånd (ett)	['tilⁱ‚stɔnd]
consciência (f)	medvetande (ett)	['med‚vetandə]
memória (f)	minne (ett)	['minə]
tirar (vt)	att dra ut	[at 'dra ʉt]

73

| chumbo (m), obturação (f) | plomb (en) | ['plˈɔmb] |
| chumbar, obturar (vt) | att plombera | [at plˈɔm'bera] |

| hipnose (f) | hypnos (en) | [hʏp'nɔs] |
| hipnotizar (vt) | att hypnotisera | [at 'hʏpnɔtiˌsera] |

75. Médicos

médico (m)	läkare (en)	['lˈɛ:karə]
enfermeira (f)	sjuksköterska (en)	['fjʉːkˌŋøːtɛşka]
médico (m) pessoal	personlig läkare (en)	[pɛ'şʉnlig 'lˈɛ:karə]

dentista (m)	tandläkare (en)	['tandˌlˈɛ:karə]
oculista (m)	ögonläkare (en)	['øːgɔnˌlˈɛ:karə]
terapeuta (m)	terapeut (en)	[tera'peft]
cirurgião (m)	kirurg (en)	[çi'rʉrg]

psiquiatra (m)	psykiater (en)	[syki'atər]
pediatra (m)	barnläkare (en)	['baːŋˌlˈɛ:karə]
psicólogo (m)	psykolog (en)	[sykʉ'lˈɔg]
ginecologista (m)	gynekolog (en)	[ginekʉ'lˈɔg]
cardiologista (m)	kardiolog (en)	[ka:djʉ'lˈɔg]

76. Medicina. Drogas. Acessórios

medicamento (m)	medicin (en)	[medi'sin]
remédio (m)	medel (ett)	['medəlˈ]
receitar (vt)	att ordinera	[at ɔːdi'nera]
receita (f)	recept (ett)	[re'sɛpt]

comprimido (m)	tablett (en)	[tab'lˈet]
pomada (f)	salva (en)	['salˈva]
ampola (f)	ampull (en)	[am'pulˈ]
preparado (m)	mixtur (en)	[miks'tʉ:r]
xarope (m)	sirap (en)	['sirap]
cápsula (f)	piller (ett)	['pilˈer]
remédio (m) em pó	pulver (ett)	['pulˈvər]

ligadura (f)	gasbinda (en)	['gasˌbinda]
algodão (m)	vadd (en)	['vad]
iodo (m)	jod (en)	['jʊd]

penso (m) rápido	plåster (ett)	['plˈɔstər]
conta-gotas (m)	pipett (en)	[pi'pɛt]
termómetro (m)	termometer (en)	[tɛrmʉ'metər]
seringa (f)	spruta (en)	['sprʉta]

| cadeira (f) de rodas | rullstol (en) | ['rʉlˈˌstʉlˈ] |
| muletas (f pl) | kryckor (pl) | ['krʏkʊr] |

| analgésico (m) | smärtstillande medel (ett) | ['smæ:tˌstilˈande 'medəlˈ] |
| laxante (m) | laxermedel (ett) | ['lˈaksər 'medəlˈ] |

álcool (m) etílico	sprit (en)	['sprit]
ervas (f pl) medicinais	läkeväxter (pl)	['lɛkə̩vɛkstər]
de ervas (chá ~)	ört-	['ø:t-]

77. Fumar. Produtos tabágicos

tabaco (m)	tobak (en)	['tʊbak]
cigarro (m)	cigarett (en)	[siga'rɛt]
charuto (m)	cigarr (en)	[si'gar]
cachimbo (m)	pipa (en)	['pipa]
maço (~ de cigarros)	paket (ett)	[pa'ket]

fósforos (m pl)	tändstickor (pl)	['tɛnd̩stikʊr]
caixa (f) de fósforos	tändsticksask (en)	['tɛndstiks̩ask]
isqueiro (m)	tändare (en)	['tɛndarə]
cinzeiro (m)	askkopp (en), askfat (ett)	['askop], ['askfat]
cigarreira (f)	cigarettetui (ett)	[siga'rɛt etʉ'i:]

boquilha (f)	munstycke (ett)	['mun̩stʏkə]
filtro (m)	filter (ett)	['filʲtər]

fumar (vi, vt)	att röka	[at 'rø:ka]
acender um cigarro	att tända en cigarett	[at 'tɛnda en siga'rɛt]
tabagismo (m)	rökning (en)	['rœknin]
fumador (m)	rökare (en)	['rø:karə]

beata (f)	stump, fimp (en)	['stump], [fimp]
fumo (m)	rök (en)	['rø:k]
cinza (f)	aska (en)	['aska]

75

HABITAT HUMANO

Cidade

78. Cidade. Vida na cidade

cidade (f)	stad (en)	['stad]
capital (f)	huvudstad (en)	['hʉ:vʉd͵stad]
aldeia (f)	by (en)	['by]
mapa (m) da cidade	stadskarta (en)	['stads͵ka:ʈa]
centro (m) da cidade	centrum (ett)	['sɛntrum]
subúrbio (m)	förort (en)	['før͵ʊ:ʈ]
suburbano	förorts-	['før͵ʊ:ʈs-]
periferia (f)	utkant (en)	['ʉt͵kant]
arredores (m pl)	omgivningar (pl)	['ɔm͵ji:vniŋar]
quarteirão (m)	kvarter (ett)	[kva:'ʈər]
quarteirão (m) residencial	bostadskvarter (ett)	['bʊstads͵kva:'ʈər]
tráfego (m)	trafik (en)	[tra'fik]
semáforo (m)	trafikljus (ett)	[tra'fik͵jʉ:s]
transporte (m) público	offentlig transport (en)	[ɔ'fɛntli trans'pɔ:ʈ]
cruzamento (m)	korsning (en)	['kɔ:ʂniŋ]
passadeira (f)	övergångsställe (ett)	['ø:vergɔŋs͵stɛlᵉe]
passagem (f) subterrânea	gångtunnel (en)	['gɔŋ͵tunəlʲ]
cruzar, atravessar (vt)	att gå över	[at 'go: 'ø:vər]
peão (m)	fotgängare (en)	['fʊt͵jenarə]
passeio (m)	trottoar (en)	[trɔtʊ'ar]
ponte (f)	bro (en)	['brʊ]
margem (f) do rio	kaj (en)	['kaj]
fonte (f)	fontän (en)	[fon'tɛn]
alameda (f)	allé (en)	[a'lʲe:]
parque (m)	park (en)	['park]
bulevar (m)	boulevard (en)	[bʊlʲe'va:d]
praça (f)	torg (ett)	['tɔrj]
avenida (f)	aveny (en)	[ave'ny]
rua (f)	gata (en)	['gata]
travessa (f)	sidogata (en)	['sidʊ͵gata]
beco (m) sem saída	återvändsgränd (en)	['o:tərvɛns͵grɛnd]
casa (f)	hus (ett)	['hʉs]
edifício, prédio (m)	byggnad (en)	['bygnad]
arranha-céus (m)	skyskrapa (en)	['ɧy͵skrapa]
fachada (f)	fasad (en)	[fa'sad]
telhado (m)	tak (ett)	['tak]

janela (f)	fönster (ett)	['fœnstər]
arco (m)	båge (en)	['bo:gə]
coluna (f)	kolonn (en)	[kʊ'lʲɔn]
esquina (f)	knut (en)	['knʉt]

montra (f)	skyltfönster (ett)	['fʲylʲt,fœnstər]
letreiro (m)	skylt (en)	['fʲylʲt]
cartaz (m)	affisch (en)	[a'fi:ʃ]
cartaz (m) publicitário	reklamplakat (ett)	[rɛ'klʲam,plʲa'kat]
painel (m) publicitário	reklamskylt (en)	[rɛ'klʲam,fʲylʲt]

lixo (m)	sopor, avfall (ett)	['sʊpʊr], ['avfalʲ]
cesta (f) do lixo	soptunna (en)	['sʊp,tuna]
jogar lixo na rua	att skräpa ner	[at 'skrɛ:pa ner]
aterro (m) sanitário	soptipp (en)	['sʊp,tip]

cabine (f) telefónica	telefonkiosk (en)	[telʲe'fɔn,çøsk]
candeeiro (m) de rua	lyktstolpe (en)	['lʲyk,stɔlʲpə]
banco (m)	bänk (ett)	['bɛŋk]

polícia (m)	polis (en)	[pʊ'lis]
polícia (instituição)	polis (en)	[pʊ'lis]
mendigo (m)	tiggare (en)	['tigarə]
sem-abrigo (m)	hemlös (ett)	['hɛmlʲø:s]

79. Instituições urbanas

loja (f)	affär, butik (en)	[a'fæ:r], [bu'tik]
farmácia (f)	apotek (ett)	[apʊ'tek]
ótica (f)	optiker (en)	['ɔptikər]
centro (m) comercial	köpcenter (ett)	['çø:p,sɛntɛr]
supermercado (m)	snabbköp (ett)	['snab,çø:p]

padaria (f)	bageri (ett)	[bage'ri:]
padeiro (m)	bagare (en)	['bagarə]
pastelaria (f)	konditori (ett)	[kɔnditʊ'ri:]
mercearia (f)	speceriaffär (en)	[spese'ri a'fæ:r]
talho (m)	slaktare butik (en)	['slʲaktarə bu'tik]

| loja (f) de legumes | grönsakshandel (en) | ['grø:nsaks,handəlʲ] |
| mercado (m) | marknad (en) | ['marknad] |

café (m)	kafé (ett)	[ka'fe:]
restaurante (m)	restaurang (en)	[rɛstɔ'raŋ]
bar (m), cervejaria (f)	pub (en)	['pub]
pizzaria (f)	pizzeria (en)	[pitse'ria]

salão (m) de cabeleireiro	frisersalong (en)	['frisər ṣa,lʲɔŋ]
correios (m pl)	post (en)	['pɔst]
lavandaria (f)	kemtvätt (en)	['çemtvæt]
estúdio (m) fotográfico	fotoateljé (ett)	['fʊtʊ atə,lje:]

| sapataria (f) | skoaffär (en) | ['skʊ:a,fæ:r] |
| livraria (f) | bokhandel (en) | ['bʊk,handəlʲ] |

77

loja (f) de artigos de desporto	sportaffär (en)	['spɔ:ʈ a'fæ:r]
reparação (f) de roupa	klädreparationer (en)	['klɛd 'repara‚ɦʊnər]
aluguer (m) de roupa	kläduthyrning (en)	['klɛd ʉ'ty:ɳiŋ]
aluguer (m) de filmes	filmuthyrning (en)	['filˡm ʉ'ty:ɳiŋ]
circo (m)	cirkus (en)	['sirkʉs]
jardim (m) zoológico	zoo (ett)	['sʊ:]
cinema (m)	biograf (en)	[biʊ'grafˌ]
museu (m)	museum (ett)	[mʉ'seum]
biblioteca (f)	bibliotek (ett)	[bibliʊ'tek]
teatro (m)	teater (en)	[te'atər]
ópera (f)	opera (en)	['ʊpera]
clube (m) noturno	nattklubb (en)	['natˌklʉb]
casino (m)	kasino (ett)	[ka'sinʊ]
mesquita (f)	moské (en)	[mʊs'ke:]
sinagoga (f)	synagoga (en)	['syna‚gɔga]
catedral (f)	katedral (en)	[katɛ'dralˡ]
templo (m)	tempel (ett)	['tɛmpəlˡ]
igreja (f)	kyrka (en)	['çyrka]
instituto (m)	institut (ett)	[insti'tʉt]
universidade (f)	universitet (ett)	[univɛʂi'tet]
escola (f)	skola (en)	['skʊlˡa]
prefeitura (f)	prefektur (en)	[prefɛk'tʉ:r]
câmara (f) municipal	rådhus (en)	['rɔdˌhʉs]
hotel (m)	hotell (ett)	[hʊ'tɛlˡ]
banco (m)	bank (en)	['baŋk]
embaixada (f)	ambassad (en)	[amba'sad]
agência (f) de viagens	resebyrå (en)	['reseby‚rɔ:]
agência (f) de informações	informationsbyrå (en)	[informa'ɦʊns by‚rɔ:]
casa (f) de câmbio	växelkontor (ett)	['vɛksəlˡ kɔn'tʊr]
metro (m)	tunnelbana (en)	['tunəlˡˌbana]
hospital (m)	sjukhus (ett)	['ɦʉ:kˌhʉs]
posto (m) de gasolina	bensinstation (en)	[bɛn'sinˌsta'ɦʊn]
parque (m) de estacionamento	parkeringsplats (en)	[par'keriŋsˌplˡats]

80. Sinais

letreiro (m)	skylt (en)	['ɦylˡt]
inscrição (f)	inskrift (en)	['inˌskrift]
cartaz, póster (m)	poster, löpsedel (en)	['pɔstər], ['løpˌsedəlˡ]
sinal (m) informativo	vägvisare (en)	['vɛ:g‚visarə]
seta (f)	pil (en)	['pilˡ]
aviso (advertência)	varning (en)	['va:ɳiŋ]
sinal (m) de aviso	varningsskylt (en)	['va:ɳiŋs ˌɦylˡt]
avisar, advertir (vt)	att varna	[at 'va:ɳa]
dia (m) de folga	fridag (en)	['friˌdag]

| horário (m) | tidtabell (en) | ['tid ta'bɛlʲ] |
| horário (m) de funcionamento | öppettider (pl) | ['øpet,ti:dər] |

BEM-VINDOS!	VÄLKOMMEN!	['vɛlʲ,kɔmən]
ENTRADA	INGÅNG	['in,gɔŋ]
SAÍDA	UTGÅNG	['ʉt,gɔŋ]

EMPURRE	TRYCK	['trʏk]
PUXE	DRAG	['drag]
ABERTO	ÖPPET	['øpet]
FECHADO	STÄNGT	['stɛŋt]

| MULHER | DAMER | ['damər] |
| HOMEM | HERRAR | ['hɛ'rar] |

DESCONTOS	RABATT	[ra'bat]
SALDOS	REA	['rea]
NOVIDADE!	NYHET!	['nyhet]
GRÁTIS	GRATIS	['gratis]

ATENÇÃO!	OBS!	['ɔbs]
NÃO HÁ VAGAS	FUllBOKAT	['fulʲ,bʉkat]
RESERVADO	RESERVERAT	[resɛr'verat]

ADMINISTRAÇÃO	ADMINISTRATION	[administra'ɧʉn]
SOMENTE PESSOAL	ENDAST PERSONAL	['ɛndast pɛʂʉ'nalʲ]
AUTORIZADO		

CUIDADO CÃO FEROZ	VARNING FÖR HUNDEN	['va:ɳiŋ før 'hundən]
PROIBIDO FUMAR!	RÖKNING FÖRBJUDEN	['rœkniŋ før'bjʉ:dən]
NÃO TOCAR	FÅR EJ VIDRÖRAS!	['fo:r ej 'vidrø:ras]

PERIGOSO	FARLIG	['fa:ʟig]
PERIGO	FARA	['fara]
ALTA TENSÃO	HÖGSPÄNNING	['hø:g,spɛniŋ]
PROIBIDO NADAR	BADNING FÖRBJUDEN	['badniŋ før'bjʉ:dən]
AVARIADO	UR FUNKTION	['ʉr fuŋk'ɧʉn]

INFLAMÁVEL	BRANDFARLIG	['brand,fa:ʟig]
PROIBIDO	FÖRBJUD	[før'bjʉ:d]
ENTRADA PROIBIDA	TIllTRÄDE FÖRBJUDET	['tilʲtrɛ:də før'bjʉ:dət]
CUIDADO TINTA FRESCA	NYMÅLAT	['ny,mo:lʲat]

81. Transportes urbanos

autocarro (m)	buss (en)	['bus]
elétrico (m)	spårvagn (en)	['spo:r,vagn]
troleicarro (m)	trådbuss (en)	['tro:d,bus]
itinerário (m)	rutt (en)	['rut]
número (m)	nummer (ett)	['numər]

ir de ... (carro, etc.)	att åka med ...	[at 'o:ka me ...]
entrar (~ no autocarro)	att stiga på ...	[at 'stiga pɔ ...]
descer de ...	att stiga av ...	[at 'stiga 'av ...]

79

paragem (f)	hållplats (en)	['hoːlʲˌplats]
próxima paragem (f)	nästa hållplats (en)	['nɛsta 'hoːlʲˌplats]
ponto (m) final	slutstation (en)	['slʉtˌsta'ɧʉn]
horário (m)	tidtabell (en)	['tid ta'bɛlʲ]
esperar (vt)	att vänta	[at 'vɛnta]

| bilhete (m) | biljett (en) | [bi'lʲet] |
| custo (m) do bilhete | biljettpris (ett) | [bi'lʲetˌpris] |

bilheteiro (m)	kassör (en)	[ka'søːr]
controlo (m) dos bilhetes	biljettkontroll (en)	[bi'lʲet kɔn'trolʲ]
revisor (m)	kontrollant (en)	[kɔntrɔ'lʲant]

atrasar-se (vr)	att komma för sent	[at 'kɔma før 'sɛnt]
perder (o autocarro, etc.)	att komma för sent till ...	[at 'kɔma før 'sɛnt tilʲ ...]
estar com pressa	att skynda sig	[at 'ɧʏnda sɛj]

táxi (m)	taxi (en)	['taksi]
taxista (m)	taxichaufför (en)	['taksi ɧɔ'føːr]
de táxi (ir ~)	med taxi	[me 'taksi]
praça (f) de táxis	taxihållplats (en)	['taksi 'hoːlʲˌplʲats]
chamar um táxi	att ringa efter taxi	[at 'riŋa ˌɛftə 'taksi]
apanhar um táxi	att ta en taxi	[at ta en 'taksi]

tráfego (m)	trafik (en)	[tra'fik]
engarrafamento (m)	trafikstopp (ett)	[tra'fikˌstɔp]
horas (f pl) de ponta	rusningstid (en)	['rusniŋsˌtid]
estacionar (vi)	att parkera	[at par'kera]
estacionar (vt)	att parkera	[at par'kera]
parque (m) de estacionamento	parkeringsplats (en)	[par'keriŋsˌplʲats]

metro (m)	tunnelbana (en)	['tunəlʲˌbana]
estação (f)	station (en)	[sta'ɧʉn]
ir de metro	att ta tunnelbanan	[at ta 'tunəlʲˌbanan]
comboio (m)	tåg (ett)	['toːg]
estação (f)	tågstation (en)	['toːgˌsta'ɧʉn]

82. Turismo

monumento (m)	monument (ett)	[mɔnu'mɛnt]
fortaleza (f)	fästning (en)	['fɛstniŋ]
palácio (m)	palats (ett)	[pa'lʲats]
castelo (m)	borg (en)	['bɔrj]
torre (f)	torn (ett)	['tuːr]
mausoléu (m)	mausoleum (ett)	[maʉsʉ'lʲeum]

arquitetura (f)	arkitektur (en)	[arkitɛk'tʉːr]
medieval	medeltida	['medəlʲˌtida]
antigo	gammal	['gamalʲ]
nacional	nationell	[natɧʉ'nɛlʲ]
conhecido	berömd	[be'rœmd]

| turista (m) | turist (en) | [tu'rist] |
| guia (pessoa) | guide (en) | ['gajd] |

excursão (f)	utflykt (en)	['ʉt̪ˌflʲykt]
mostrar (vt)	att visa	[at 'visa]
contar (vt)	att berätta	[at be'ræta]

encontrar (vt)	att hitta	[at 'hita]
perder-se (vr)	att gå vilse	[at 'go: 'vilʲsə]
mapa (~ do metrô)	karta (en)	['ka:t̪a]
mapa (~ da cidade)	karta (en)	['ka:t̪a]

lembrança (f), presente (m)	souvenir (en)	[suvɛ'ni:r]
loja (f) de presentes	souvenirbutik (en)	[suvɛ'ni:r bu'tik]
fotografar (vt)	att fotografera	[at fʊtʊgra'fera]
fotografar-se	att bli fotograferad	[at bli fʊtʊgra'ferad]

83. Compras

comprar (vt)	att köpa	[at 'çø:pa]
compra (f)	inköp (ett)	['inˌçø:p]
fazer compras	att shoppa	[at 'ʃopa]
compras (f pl)	shopping (en)	['ʃopiŋ]

| estar aberta (loja, etc.) | att vara öppen | [at 'vara 'øpən] |
| estar fechada | att vara stängd | [at 'vara stɛŋd] |

calçado (m)	skodon (pl)	['skʊdʊn]
roupa (f)	kläder (pl)	['klʲɛ:dər]
cosméticos (m pl)	kosmetika (en)	[kɔs'mɛtika]
alimentos (m pl)	matvaror (pl)	['matˌvarʊr]
presente (m)	gåva, present (en)	['go:va], [pre'sɛnt]

| vendedor (m) | försäljare (en) | [fœ:'ʂɛljarə] |
| vendedora (f) | försäljare (en) | [fœ:'ʂɛljarə] |

caixa (f)	kassa (en)	['kasa]
espelho (m)	spegel (en)	['spegəlʲ]
balcão (m)	disk (en)	['disk]
cabine (f) de provas	provrum (ett)	['prʊvˌru:m]

provar (vt)	att prova	[at 'prʊva]
servir (vi)	att passa	[at 'pasa]
gostar (apreciar)	att gilla	[at 'jilʲa]

preço (m)	pris (ett)	['pris]
etiqueta (f) de preço	prislapp (en)	['prisˌlʲap]
custar (vt)	att kosta	[at 'kɔsta]
Quanto?	Hur mycket?	[hʉr 'mʏkə]
desconto (m)	rabatt (en)	[ra'bat]

não caro	billig	['bilig]
barato	billig	['bilig]
caro	dyr	['dyr]
É caro	Det är dyrt	[dɛ æ:r 'dy:t̪]
aluguer (m)	uthyrning (en)	['ʉt̪ˌhyɳiŋ]
alugar (vestidos, etc.)	att hyra	[at 'hyra]

| crédito (m) | kredit (en) | [kre'dit] |
| a crédito | på kredit | [pɔ kre'dit] |

84. Dinheiro

dinheiro (m)	pengar (pl)	['pɛŋar]
câmbio (m)	växling (en)	['vɛksliŋ]
taxa (f) de câmbio	kurs (en)	['kuːʂ]
Caixa Multibanco (m)	bankomat (en)	[baŋkʉ'mat]
moeda (f)	mynt (ett)	['mʏnt]

| dólar (m) | dollar (en) | ['dɔlʲar] |
| euro (m) | euro (en) | ['ɛvrɔ] |

lira (f)	lire (en)	['lirə]
marco (m)	mark (en)	['mark]
franco (m)	franc (en)	['fran]
libra (f) esterlina	pund sterling (ett)	['puŋ stɛr'liŋ]
iene (m)	yen (en)	['jɛn]

dívida (f)	skuld (en)	['skʉlʲd]
devedor (m)	gäldenär (en)	[jɛlʲdɛ'næːr]
emprestar (vt)	att låna ut	[at 'lʲoːna ʉt]
pedir emprestado	att låna	[at 'lʲoːna]

banco (m)	bank (en)	['baŋk]
conta (f)	konto (ett)	['kɔntʉ]
depositar (vt)	att sätta in	[at 'sæta in]
depositar na conta	att sätta in på kontot	[at 'sæta in pɔ 'kɔntʉt]
levantar (vt)	att ta ut från kontot	[at ta ʉt frɔn 'kɔntʉt]

cartão (m) de crédito	kreditkort (ett)	[kre'dit,kɔːt]
dinheiro (m) vivo	kontanter (pl)	[kɔn'tantər]
cheque (m)	check (en)	['ɕɛk]
passar um cheque	att skriva en check	[at 'skriva en 'ɕɛk]
livro (m) de cheques	checkbok (en)	['ɕɛk,bʉk]

carteira (f)	plånbok (en)	['plʲoːn,bʉk]
porta-moedas (m)	börs (en)	['bøːʂ]
cofre (m)	säkerhetsskåp (ett)	['sɛːkərhets,skoːp]

herdeiro (m)	arvinge (en)	['arviŋə]
herança (f)	arv (ett)	['arv]
fortuna (riqueza)	förmögenhet (en)	[førˈmøgən,het]

arrendamento (m)	hyra (en)	['hyra]
renda (f) de casa	hyra (en)	['hyra]
alugar (vt)	att hyra	[at 'hyra]

preço (m)	pris (ett)	['pris]
custo (m)	kostnad (en)	['kɔstnad]
soma (f)	summa (en)	['suma]
gastar (vt)	att lägga ut	[at 'lʲɛga ʉt]
gastos (m pl)	utgifter (pl)	['ʉt,jiftər]

economizar (vi)	att spara	[at 'spara]
económico	sparsam	['spa:ʂam]
pagar (vt)	att betala	[at be'talˡa]
pagamento (m)	betalning (en)	[be'talˡniŋ]
troco (m)	växel (en)	['vɛksəlˡ]
imposto (m)	skatt (en)	['skat]
multa (f)	bot (en)	['bʊt]
multar (vt)	att bötfälla	[at 'bøt̩fɛlˡa]

85. Correios. Serviço postal

correios (m pl)	post (en)	['pɔst]
correio (m)	post (en)	['pɔst]
carteiro (m)	brevbärare (en)	['brevˌbæ:rarə]
horário (m)	öppettider (pl)	['øpetˌti:dər]
carta (f)	brev (ett)	['brev]
carta (f) registada	rekommenderat brev (ett)	[rekɔmən'derat brev]
postal (m)	postkort (ett)	['pɔstˌkɔ:t]
telegrama (m)	telegram (ett)	[telˡe'gram]
encomenda (f) postal	postpaket (ett)	['pɔst paˌket]
remessa (f) de dinheiro	pengaöverföring (en)	['pɛŋaˌøvə'fø:riŋ]
receber (vt)	att ta emot	[at ta ɛmo:t]
enviar (vt)	att skicka	[at 'ɧika]
envio (m)	avsändning (en)	['avˌsɛndniŋ]
endereço (m)	adress (en)	[a'drɛs]
código (m) postal	postnummer (ett)	['pɔstˌnumɐɪ]
remetente (m)	avsändare (en)	['avˌsɛndarə]
destinatário (m)	mottagare (en)	['mɔtˌtagarə]
nome (m)	förnamn (ett)	['fœ:ˌŋamn]
apelido (m)	efternamn (ett)	['ɛftəˌŋamn]
tarifa (f)	tariff (en)	[ta'rif]
ordinário	vanlig	['vanlig]
económico	ekonomisk	[ɛkʊ'nɔmisk]
peso (m)	vikt (en)	['vikt]
pesar (estabelecer o peso)	att väga	[at 'vɛ:ga]
envelope (m)	kuvert (ett)	[kʉ:'vær]
selo (m)	frimärke (ett)	['friˌmærkə]
colar o selo	att sätta på frimärke	[at 'sæta pɔ 'friˌmærkə]

Moradia. Casa. Lar

86. Casa. Habitação

casa (f)	hus (ett)	['hʉs]
em casa	hemma	['hɛma]
pátio (m)	gård (en)	['goːd̪]
cerca (f)	stängsel (en)	['stɛŋsəlʲ]

tijolo (m)	tegel, mursten (en)	['tegəlʲ], ['mʉːˌsten]
de tijolos	tegel-	['tegəlʲ-]
pedra (f)	sten (en)	['sten]
de pedra	sten-	['sten-]
betão (m)	betong (en)	[be'tɔŋ]
de betão	betong-	[be'tɔŋ-]

novo	ny	['ny]
velho	gammal	['gamalʲ]
decrépito	fallfärdig	['falʲˌfæːd̪ig]
moderno	modern	[mʉ'dɛːn̪]
de muitos andares	flervånings-	['flʲerˌvoːniŋs-]
alto	hög	['høːg]

andar (m)	våning (en)	['voːniŋ]
de um andar	envånings-	['ɛnˌvoːniŋs-]

andar (m) de baixo	bottenvåning (en)	['botenˌvoːniŋ]
andar (m) de cima	övre våning (en)	['øvrə 'voːniŋ]

telhado (m)	tak (ett)	['tak]
chaminé (f)	skorsten (en)	['skɔːˌsten]

telha (f)	taktegel (ett)	['takˌtegəlʲ]
de telha	tegel-	['tegəlʲ-]
sótão (m)	vind, vindsvåning (en)	['vind], ['vindsˌvoːniŋ]

janela (f)	fönster (ett)	['fœnstər]
vidro (m)	glas (ett)	['glʲas]

parapeito (m)	fönsterbleck (ett)	['fœnstərˌblʲek]
portadas (f pl)	fönsterluckor (pl)	['fœnstəˌlʲʉ'kʊr]

parede (f)	mur, vägg (en)	['mʉːr], [vɛg]
varanda (f)	balkong (en)	[balʲ'kɔŋ]
tubo (m) de queda	stuprör (ett)	['stʉpˌrøːr]

em cima	uppe	['upə]
subir (~ as escadas)	att gå upp	[at 'go: 'up]
descer (vi)	att gå ned	[at 'go: ˌned]
mudar-se (vr)	att flytta	[at 'flʲyta]

87. Casa. Entrada. Elevador

entrada (f)	ingång (en)	['inˌgɔŋ]
escada (f)	trappa (en)	['trapa]
degraus (m pl)	steg (pl)	['steg]
corrimão (m)	räcke (ett)	['rɛkə]
hall (m) de entrada	lobby (en)	['lʲɔbi]
caixa (f) de correio	brevlåda (en)	['brevˌlʲoːda]
caixote (m) do lixo	soptunna (en)	['sʊpˌtuna]
conduta (f) do lixo	sopnedkast (ett)	['sʊpnedˌkast]
elevador (m)	hiss (en)	['his]
elevador (m) de carga	lasthiss (en)	['lʲastˌhis]
cabine (f)	hisskorg (en)	['hisˌkɔrj]
pegar o elevador	att ta hissen	[at ta 'hisən]
apartamento (m)	lägenhet (en)	['lʲeːgənˌhet]
moradores (m pl)	invånare (pl)	[in'voːnarə]
vizinho (m)	granne (en)	['granə]
vizinha (f)	granne (en)	['granə]
vizinhos (pl)	grannar (pl)	['granar]

88. Casa. Eletricidade

eletricidade (f)	elektricitet (en)	[ɛlʲektrisi'tet]
lâmpada (f)	glödlampa (en)	['glʲøːdˌlʲampa]
interruptor (m)	strömbrytare (en)	['strøːmˌbrytarə]
fusível (m)	propp (en)	['prɔp]
fio, cabo (m)	ledning (en)	['lʲedniŋ]
instalação (f) elétrica	ledningsnät (ett)	['lʲedniŋsˌnɛːt]
contador (m) de eletricidade	elmätare (en)	['ɛlʲˌmɛːtarə]
indicação (f), registo (m)	avläsningar (pl)	['avˌlʲɛsniŋar]

89. Casa. Portas. Fechaduras

porta (f)	dörr (en)	['dœr]
portão (m)	port (en)	['pɔːt]
maçaneta (f)	dörrhandtag (ett)	['dœrˌhantag]
destrancar (vt)	att låsa upp	[at 'lʲoːsa up]
abrir (vt)	att öppna	[at 'øpna]
fechar (vt)	att stänga	[at 'stɛŋa]
chave (f)	nyckel (en)	['nʏkəlʲ]
molho (m)	knippa (en)	['knipa]
ranger (vi)	att gnissla	[at 'gnislʲa]
rangido (m)	knarr (ett)	['knar]
dobradiça (f)	gångjärn (ett)	['gɔnˌjæːn]
tapete (m) de entrada	dörrmatta (en)	['dœrˌmata]
fechadura (f)	dörrlås (ett)	['dœrˌlʲoːs]

buraco (m) da fechadura	nyckelhål (ett)	['nʏkəlˌhoːlʲ]
ferrolho (m)	regel (en)	['regəlʲ]
fecho (ferrolho pequeno)	skjutregel (en)	['ɧʉːtˌregəlʲ]
cadeado (m)	hänglås (ett)	['hɛŋˌlʲoːs]

tocar (vt)	att ringa	[at 'riŋa]
toque (m)	ringning (en)	['riŋniŋ]
campainha (f)	ringklocka (en)	['riŋˌklʲɔka]
botão (m)	knapp (en)	['knap]
batida (f)	knackning (en)	['knakniŋ]
bater (vi)	att knacka	[at 'knaka]

código (m)	kod (en)	['kɔd]
fechadura (f) de código	kodlås (ett)	['kɔdˌlʲoːs]
telefone (m) de porta	dörrtelefon (en)	['dœrˌtelʲe'fɔn]
número (m)	nummer (ett)	['numər]
placa (f) de porta	dörrskylt (en)	['dœrˌɧylʲt]
vigia (f), olho (m) mágico	kikhål, titthål (ett)	['kikˌhoːlʲ], ['titˌhoːlʲ]

90. Casa de campo

aldeia (f)	by (en)	['by]
horta (f)	koksträdgård (en)	['kʊksˌtrɛ'goːɖ]
cerca (f)	stängsel (ett)	['stɛŋsəlʲ]
paliçada (f)	staket (ett)	[sta'ket]
cancela (f) do jardim	grind (en)	['grind]

celeiro (m)	spannmålsbod (en)	['spanmoːlʲsˌbʊd]
adega (f)	jordkällare (en)	['jʉːɖˌɕɛlʲare]
galpão, barracão (m)	bod (en), skjul (ett)	['bʊd], [ɧʉːl]
poço (m)	brunn (en)	['brun]

fogão (m)	ugn (en)	['ugn]
atiçar o fogo	att elda	[at 'ɛlʲda]
lenha (carvão ou ~)	ved (en)	['ved]
acha (lenha)	vedträ (ett)	['vedˌtrɛː]

varanda (f)	veranda (en)	[ve'randa]
alpendre (m)	terrass (en)	[tɛ'ras]
degraus (m pl) de entrada	yttertrappa (en)	['yteˌtrapa]
balouço (m)	gunga (en)	['guŋa]

91. Moradia. Mansão

casa (f) de campo	fritidshus (ett)	['fritidsˌhʉs]
vila (f)	villa (en)	['vilʲa]
ala (~ do edifício)	vinge (en)	['viŋə]

jardim (m)	trädgård (en)	['trɛːgoːɖ]
parque (m)	park (en)	['park]
estufa (f)	växthus (ett)	['vɛkstˌhʉs]
cuidar de ...	att ta hand	[at ta 'hand]

piscina (f)	simbassäng (en)	['simba͵sɛŋ]
ginásio (m)	gym (ett)	['dʒym]
campo (m) de ténis	tennisbana (en)	['tɛnis͵bana]
cinema (m)	hemmabio (en)	['hɛma͵biːʊ]
garagem (f)	garage (ett)	[ga'raʃ]
propriedade (f) privada	privategendom (en)	[pri'vat 'ɛgən͵dʊm]
terreno (m) privado	privat tomt (en)	[pri'vat tɔmt]
advertência (f)	varning (en)	['vaːɳiŋ]
sinal (m) de aviso	varningsskylt (en)	['vaːɳiŋs ͵ɧylʲt]
guarda (f)	säkerhet (en)	['sɛːkər͵het]
guarda (m)	säkerhetsvakt (en)	['sɛːkərhets͵vakt]
alarme (m)	tjuvlarm (ett)	['ɕʉvlʲarm]

92. Castelo. Palácio

castelo (m)	borg (en)	['bɔrj]
palácio (m)	palats (ett)	[pa'lʲats]
fortaleza (f)	fästning (en)	['fɛstniŋ]
muralha (f)	mur (en)	['mʉːr]
torre (f)	torn (ett)	['tʊːɳ]
calabouço (m)	huvudtorn (ett)	['hʉːvʉd͵tʊːɳ]
grade (f) levadiça	fällgaller (pl)	['fɛlʲ͵galʲər]
passagem (f) subterrânea	underjordisk gång (en)	['undəjʉːdisk 'gɑŋ]
fosso (m)	vallgrav (en)	['valʲ͵grav]
corrente, cadeia (f)	kedja (en)	['ɕedja]
seteira (f)	skottglugg (en)	['skɔt͵glʉg]
magnífico	praktfull	['prakt͵fulʲ]
majestoso	majestätisk	[majɛ'stɛtisk]
inexpugnável	ointaglig	['ojn͵taglig]
medieval	medeltida	['medəlʲ͵tida]

93. Apartamento

apartamento (m)	lägenhet (en)	['lʲeːgən͵het]
quarto (m)	rum (ett)	['ruːm]
quarto (m) de dormir	sovrum (ett)	['sɔv͵rum]
sala (f) de jantar	matsal (en)	['matsalʲ]
sala (f) de estar	vardagsrum (ett)	['vaːdas͵rum]
escritório (m)	arbetsrum (ett)	['arbets͵rum]
antessala (f)	entréhall (en)	[ɛntreːhalʲ]
quarto (m) de banho	badrum (ett)	['bad͵ruːm]
toilette (lavabo)	toalett (en)	[tʊa'lʲet]
teto (m)	tak (ett)	['tak]
chão, soalho (m)	golv (ett)	['gɔlʲv]
canto (m)	hörn (ett)	['høːɳ]

94. Apartamento. Limpeza

arrumar, limpar (vt)	att städa	[at 'stɛda]
guardar (no armário, etc.)	att lägga undan	[at 'lɛga 'undan]
pó (m)	damm (ett)	['dam]
empoeirado	dammig	['damig]
limpar o pó	att damma	[at 'dama]
aspirador (m)	dammsugare (en)	['dam,sɵgarə]
aspirar (vt)	att dammsuga	[at 'dam,sɵga]

varrer (vt)	att sopa, att feja	[at 'sʊpa], [att 'fɛja]
sujeira (f)	skräp, dam (ett)	['skrɛp], ['dam]
arrumação (f), ordem (f)	ordning (en)	['ɔ:dnin]
desordem (f)	oreda (en)	[ʊ:'reda]

esfregão (m)	mopp (en)	['mɔp]
pano (m), trapo (m)	trasa (en)	['trasa]
vassoura (f)	sopkvast (en)	['sʊp,kvast]
pá (f) de lixo	sopskyffel (en)	['sʊp,ʃyfəl]

95. Mobiliário. Interior

mobiliário (m)	möbel (en)	['mø:bəl]
mesa (f)	bord (ett)	['bʊ:d]
cadeira (f)	stol (en)	['stʊl]
cama (f)	säng (en)	['sɛŋ]
divã (m)	soffa (en)	['sɔfa]
cadeirão (m)	fåtölj, länstol (en)	[fo:'tœlj], ['lɛn,stʊl]

estante (f)	bokhylla (en)	['bʊk,hylla]
prateleira (f)	hylla (en)	['hylla]

guarda-vestidos (m)	garderob (en)	[ga:də'rɔ:b]
cabide (m) de parede	knagg (en)	['knag]
cabide (m) de pé	klädhängare (en)	['klɛd,hɛŋarə]

cómoda (f)	byrå (en)	['byro:]
mesinha (f) de centro	soffbord (ett)	['sɔf,bʊ:d]

espelho (m)	spegel (en)	['spegəl]
tapete (m)	matta (en)	['mata]
tapete (m) pequeno	liten matta (en)	['litən 'mata]

lareira (f)	kamin (en), eldstad (ett)	[ka'min], ['ɛld,stad]
vela (f)	ljus (ett)	['jʉ:s]
castiçal (m)	ljusstake (en)	['jʉ:s,stakə]

cortinas (f pl)	gardiner (pl)	[ga:'dinər]
papel (m) de parede	tapet (en)	[ta'pet]
estores (f pl)	persienn (en)	[pɛ'sjen]

candeeiro (m) de mesa	bordslampa (en)	['bʊ:ds,lampa]
candeeiro (m) de parede	vägglampa (en)	['vɛg,lampa]

| candeeiro (m) de pé | golvlampa (en) | ['gol'v‚l'ampa] |
| lustre (m) | ljuskrona (en) | ['jʉ:s‚krʊna] |

pé (de mesa, etc.)	ben (ett)	['be:n]
braço (m)	armstöd (ett)	['arm‚stø:d]
costas (f pl)	rygg (en)	['rɣg]
gaveta (f)	låda (en)	['l'o:da]

96. Quarto de dormir

roupa (f) de cama	sängkläder (pl)	['sɛŋ‚kl'ɛ:dər]
almofada (f)	kudde (en)	['kudə]
fronha (f)	örngott (ett)	['ø:n‚gɔt]
cobertor (m)	duntäcke (ett)	['dʉ:n‚tɛkə]
lençol (m)	lakan (ett)	['l'akan]
colcha (f)	överkast (ett)	['ø:və‚kast]

97. Cozinha

cozinha (f)	kök (ett)	['çø:k]
gás (m)	gas (en)	['gas]
fogão (m) a gás	gasspis (en)	['gas‚spis]
fogão (m) elétrico	elektrisk spis (en)	[ɛ'l'ektrisk ‚spis]
forno (m)	bakugn (en)	['bak‚ugn]
forno (m) de micro-ondas	mikrovågsugn (en)	['mikrʊvɔgs‚ugn]

frigorífico (m)	kylskåp (ett)	['çyl'‚sko:p]
congelador (m)	frys (en)	['frys]
máquina (f) de lavar louça	diskmaskin (en)	['dlsk‚ma'ɧi:n]

moedor (m) de carne	köttkvarn (en)	['çœt‚kva:ŋ]
espremedor (m)	juicepress (en)	['ju:s‚prɛs]
torradeira (f)	brödrost (en)	['brø:d‚rɔst]
batedeira (f)	mixer (en)	['miksər]

máquina (f) de café	kaffebryggare (en)	['kafə‚brɣgarə]
cafeteira (f)	kaffekanna (en)	['kafə‚kana]
moinho (m) de café	kaffekvarn (en)	['kafə‚kva:ŋ]

chaleira (f)	tekittel (en)	['te‚çitəl']
bule (m)	tekanna (en)	['te‚kana]
tampa (f)	lock (ett)	['l'ɔk]
coador (m) de chá	tesil (en)	['te‚sil']

colher (f)	sked (en)	['ɧed]
colher (f) de chá	tesked (en)	['te‚ɧed]
colher (f) de sopa	matsked (en)	['mat‚ɧed]
garfo (m)	gaffel (en)	['gafəl']
faca (f)	kniv (en)	['kniv]

| louça (f) | servis (en) | [sɛr'vis] |
| prato (m) | tallrik (en) | ['tal'rik] |

pires (m)	tefat (ett)	['te͵fat]
cálice (m)	shotglas (ett)	['ʃot͵glʲas]
copo (m)	glas (ett)	['glʲas]
chávena (f)	kopp (en)	['kop]

açucareiro (m)	sockerskål (en)	['sɔkə:͵sko:lʲ]
saleiro (m)	saltskål (en)	['salʲt͵sko:lʲ]
pimenteiro (m)	pepparskål (en)	['pɛpa͵sko:lʲ]
manteigueira (f)	smörfat (en)	['smœr͵fat]

panela, caçarola (f)	kastrull, gryta (en)	[ka'strulʲ], ['gryta]
frigideira (f)	stekpanna (en)	['stek͵pana]
concha (f)	slev (en)	['slʲev]
passador (m)	durkslag (ett)	['durk͵slʲag]
bandeja (f)	bricka (en)	['brika]

garrafa (f)	flaska (en)	['flʲaska]
boião (m) de vidro	glasburk (en)	['glʲas͵burk]
lata (f)	burk (en)	['burk]

abre-garrafas (m)	flasköppnare (en)	['flʲask͵øpnarə]
abre-latas (m)	burköppnare (en)	['burk͵øpnarə]
saca-rolhas (m)	korkskruv (en)	['kork͵skru:v]
filtro (m)	filter (ett)	['filʲtər]
filtrar (vt)	att filtrera	[at filʲ'trera]

lixo (m)	sopor, avfall (ett)	['supur], ['avfalʲ]
balde (m) do lixo	sophink (en)	['sup͵hiŋk]

98. Casa de banho

quarto (m) de banho	badrum (ett)	['bad͵ru:m]
água (f)	vatten (ett)	['vatən]
torneira (f)	kran (en)	['kran]
água (f) quente	varmvatten (ett)	['varm͵vatən]
água (f) fria	kallvatten (ett)	['kalʲ͵vatən]

pasta (f) de dentes	tandkräm (en)	['tand͵krɛm]
escovar os dentes	att borsta tänderna	[at 'bo:ʂta 'tɛndɛ:ŋa]
escova (f) de dentes	tandborste (en)	['tand͵bo:ʂtə]

barbear-se (vr)	att raka sig	[at 'raka sɛj]
espuma (f) de barbear	raklödder (ett)	['rak͵lʲødər]
máquina (f) de barbear	hyvel (en)	['hyvəlʲ]

lavar (vt)	att tvätta	[at 'tvæta]
lavar-se (vr)	att tvätta sig	[at 'tvæta sɛj]
duche (m)	dusch (en)	['duʃ]
tomar um duche	att duscha	[at 'duʃa]

banheira (f)	badkar (ett)	['bad͵kar]
sanita (f)	toalettstol (en)	[tʊa'lʲet͵stʊlʲ]
lavatório (m)	handfat (ett)	['hand͵fat]
sabonete (m)	tvål (en)	['tvo:lʲ]

saboneteira (f)	tvålskål (en)	['tvo:lɪˌskoːlɪ]
esponja (f)	svamp (en)	['svamp]
champô (m)	schampo (ett)	['ɧam.pʊ]
toalha (f)	handduk (en)	['hand.dɵːk]
roupão (m) de banho	morgonrock (en)	['mɔrgɔnˌrɔk]

lavagem (f)	tvätt (en)	['tvæt]
máquina (f) de lavar	tvättmaskin (en)	['tvætˌmaˈɧiːn]
lavar a roupa	att tvätta kläder	[at 'tvæta 'klɪɛːdər]
detergente (m)	tvättmedel (ett)	['tvætˌmedəlɪ]

99. Eletrodomésticos

televisor (m)	teve (en)	['teve]
gravador (m)	bandspelare (en)	['bandˌspelɪarə]
videogravador (m)	video (en)	['vɪdeʊ]
rádio (m)	radio (en)	['radiʊ]
leitor (m)	spelare (en)	['spelɪarə]

projetor (m)	videoprojektor (en)	['vɪdeʊ prʊ'jɛktʊr]
cinema (m) em casa	hemmabio (en)	['hɛmaˌbiːʊ]
leitor (m) de DVD	DVD spelare (en)	[deve'de: ˌspelɪarə]
amplificador (m)	förstärkare (en)	[fœː'ʂtæːkarə]
console (f) de jogos	spelkonsol (en)	['spelɪ kɔn'sɔlɪ]

câmara (f) de vídeo	videokamera (en)	['vɪdeʊˌkamera]
máquina (f) fotográfica	kamera (en)	['kamera]
câmara (f) digital	digitalkamera (en)	[digi'talɪ ˌkamera]

aspirador (m)	dammsugare (en)	['damˌsɵgarə]
ferro (m) de engomar	strykjärn (ett)	['strʏkˌjæ.n]
tábua (f) de engomar	strykbräda (en)	['strʏkˌbrɛːda]

telefone (m)	telefon (en)	[telɪe'fon]
telemóvel (m)	mobiltelefon (en)	[mɔ'bilɪ telɪe'fon]
máquina (f) de escrever	skrivmaskin (en)	['skrivˌma'ɧiːn]
máquina (f) de costura	symaskin (en)	['syˌma'ɧiːn]

microfone (m)	mikrofon (en)	[mikrʊ'fon]
auscultadores (m pl)	hörlurar (pl)	['hœːˌlɪɵːrar]
controlo remoto (m)	fjärrkontroll (en)	['fjæːrˌkɔn'trolɪ]

CD (m)	cd-skiva (en)	['sede ˌɧiva]
cassete (f)	kassett (en)	[ka'sɛt]
disco (m) de vinil	skiva (en)	['ɧiva]

100. Reparações. Renovação

renovação (f)	renovering (en)	[renʊ'verin]
renovar (vt), fazer obras	att renovera	[at renʊ'vera]
reparar (vt)	att reparera	[at repa'rera]
consertar (vt)	att bringa ordning	[at 'briŋa 'ɔːdnin]

refazer (vt)	att göra om	[at 'jø:ra ɔm]
tinta (f)	färg (en)	['fæ:rj]
pintar (vt)	att måla	[at 'mo:lʲa]
pintor (m)	målare (en)	['mo:lʲarə]
pincel (m)	pensel (en)	['pɛnsəlʲ]
cal (f)	kalkfärg (en)	['kalʲkˌfæ:rj]
caiar (vt)	att vitlimma	[at 'vitˌlima]
papel (m) de parede	tapet (en)	[ta'pet]
colocar papel de parede	att tapetsera	[at tapet'sera]
verniz (m)	fernissa (en)	[fɛ'ɲisa]
envernizar (vt)	att lackera	[at lʲa'kera]

101. Canalizações

água (f)	vatten (ett)	['vatən]
água (f) quente	varmvatten (ett)	['varmˌvatən]
água (f) fria	kallvatten (ett)	['kalʲˌvatən]
torneira (f)	kran (en)	['kran]
gota (f)	droppe (en)	['drɔpə]
gotejar (vi)	att droppa	[at 'drɔpa]
vazar (vt)	att läcka	[at 'lɛka]
vazamento (m)	läcka (en)	['lʲɛka]
poça (f)	pöl, puss (en)	['pø:lʲ], ['pus]
tubo (m)	rör (ett)	['rø:r]
válvula (f)	ventil (en)	[vɛn'tilʲ]
entupir-se (vr)	att bli igensatt	[at bli 'ijɛnsat]
ferramentas (f pl)	verktyg (pl)	['vɛrkˌtyg]
chave (f) inglesa	skiftnyckel (en)	['fjiftˌnʏkəlʲ]
desenroscar (vt)	att skruva ur	[at 'skruːva ʉːr]
enroscar (vt)	att skruva fast	[at 'skruːva fast]
desentupir (vt)	att rensa	[at 'rɛnsa]
canalizador (m)	rörmokare (en)	['rø:rˌmɔkarə]
cave (f)	källare (en)	['çɛlʲarə]
sistema (m) de esgotos	avlopp (ett)	['avˌlʲɔp]

102. Fogo. Deflagração

incêndio (m)	eld (en)	['ɛlʲd]
chama (f)	flamma (en)	['flʲama]
faísca (f)	gnista (en)	['gnista]
fumo (m)	rök (en)	['rø:k]
tocha (f)	fackla (en)	['faklʲa]
fogueira (f)	bål (ett)	['bo:lʲ]
gasolina (f)	bensin (en)	[bɛn'sin]
querosene (m)	fotogen (en)	[fʊtʊ'fjen]

inflamável	brännbar	['brɛnˌbar]
explosivo	explosiv	[ɛksplʲɔ'siv]
PROIBIDO FUMAR!	RÖKNING FÖRBJUDEN	['rœkniŋ før'bjɵ:dən]
segurança (f)	säkerhet (en)	['sɛ:kərˌhet]
perigo (m)	fara (en)	['fara]
perigoso	farlig	['fa:lʲig]
incendiar-se (vr)	att fatta eld	[at 'fata ˌɛlʲd]
explosão (f)	explosion (en)	[ɛksplʲɔ'ɧʋn]
incendiar (vt)	att sätta eld	[at 'sæta ˌɛlʲd]
incendiário (m)	mordbrännare (en)	['mʋ:d̪brɛnarə]
incêndio (m) criminoso	mordbrand (en)	['mʋ:d̪brand]
arder (vi)	att flamma	[at 'flʲama]
queimar (vi)	att brinna	[at 'brina]
queimar tudo (vi)	att brinna ned	[at 'brina ned]
chamar os bombeiros	att ringa brandkår	[at 'riŋa 'brandˌko:r]
bombeiro (m)	brandman (en)	['brandˌman]
carro (m) de bombeiros	brandbil (en)	['brandˌbilʲ]
corpo (m) de bombeiros	brandkår (en)	['brandˌko:r]
escada (f) extensível	brandbilstege (en)	['brandbilʲˌstegə]
mangueira (f)	slang (en)	['slʲaŋ]
extintor (m)	brandsläckare (en)	['brandˌslʲɛkarə]
capacete (m)	hjälm (en)	['jɛlʲm]
sirene (f)	siren (en)	[si'ren]
gritar (vi)	att skrika	[at 'skrika]
chamar por socorro	att ropa på hjälp	[at 'rʋpa pɔ jɛlʲp]
salvador (m)	räddare (en)	['rɛdarə]
salvar, resgatar (vt)	att rädda	[ât 'rɛd̪a]
chegar (vi)	att ankomma	[at 'aŋˌkɔma]
apagar (vt)	att släcka	[at 'slʲɛka]
água (f)	vatten (ett)	['vatən]
areia (f)	sand (en)	['sand]
ruínas (f pl)	ruiner (pl)	[rɵ'i:nər]
ruir (vi)	att falla ihop	[at 'falʲa i'hʋp]
desmoronar (vi)	att störta ner	[at 'stø:ʈa ner]
desabar (vi)	att störta in	[at 'stø:ʈa in]
fragmento (m)	spillra (en)	['spilʲra]
cinza (f)	aska (en)	['aska]
sufocar (vi)	att kvävas	[at 'kvɛ:vas]
perecer (vi)	att omkomma	[at 'ɔmˌkɔma]

93

ATIVIDADES HUMANAS

Emprego. Negócios. Parte 1

103. Escritório. O trabalho no escritório

escritório (~ de advogados)	kontor (ett)	[kɔn'tʊr]
escritório (do diretor, etc.)	kontor (ett)	[kɔn'tʊr]
receção (f)	reception (en)	[resɛp'ɧʊn]
secretário (m)	sekreterare (en)	[sɛkrə'terarə]
secretária (f)	sekreterare (en)	[sɛkrə'terarə]
diretor (m)	direktör (en)	[dirɛk'tø:r]
gerente (m)	manager (en)	['me:nijər]
contabilista (m)	bokförare (en)	['bʊk,fø:rarə]
empregado (m)	anställd (en)	['anstɛlʲd]
mobiliário (m)	möbel (en)	['mø:bəlʲ]
mesa (f)	bord (ett)	['bʊ:d]
cadeira (f)	arbetsstol (en)	['arbets,stʊlʲ]
bloco (m) de gavetas	kassette, skuffemodul (en)	[ka'sɛtə], ['skufə,mɔdul]
cabide (m) de pé	klädhängare (en)	['klʲɛd,hɛŋarə]
computador (m)	dator (en)	['datʊr]
impressora (f)	skrivare (en)	['skrivarə]
fax (m)	fax (en)	['faks]
fotocopiadora (f)	kopiator (en)	[kʊpi'atʊr]
papel (m)	papper (ett)	['papər]
artigos (m pl) de escritório	kontorsmaterial (ett)	[kɔn'tʊ:ʂ mate'rjalʲ]
tapete (m) de rato	musmatta (en)	['mu:s,mata]
folha (f) de papel	ark (ett)	['ark]
pasta (f)	mapp (en)	['map]
catálogo (m)	katalog (en)	[kata'lʲɔg]
diretório (f) telefónico	telefonkatalog (en)	[telʲe'fɔn kata'lʲɔg]
documentação (f)	dokumentation (en)	[dɔkumənta'ɧʊn]
brochura (f)	broschyr (en)	[brɔ'ɧyr]
flyer (m)	reklamblad (ett)	[rɛ'klʲam,blʲad]
amostra (f)	prov (ett)	['prʊv]
formação (f)	träning (en)	['trɛ:niŋ]
reunião (f)	möte (ett)	['mø:tə]
hora (f) de almoço	lunchrast (en)	['lʉnɕ,rast]
fazer uma cópia	att ta en kopia	[at ta en kʊ'pia]
tirar cópias	att kopiera	[at kɔ'pjera]
receber um fax	att ta emot fax	[at ta ɛmo:t 'faks]
enviar um fax	att skicka fax	[at 'ɧika 'faks]

fazer uma chamada	att ringa	[at 'riŋa]
responder (vt)	att svara	[at 'svara]
passar (vt)	att koppla till ...	[at 'koplʲa tilʲ ...]

marcar (vt)	att arrangera	[at aran'ʃera]
demonstrar (vt)	att demonstrera	[at demɔn'strera]
estar ausente	att vara frånvarande	[at 'vara 'froːnˌvarandə]
ausência (f)	frånvaro (en)	['froːnˌvarʊ]

104. Processos negociais. Parte 1

negócio (m)	handel (en)	['handəlʲ]
ocupação (f)	yrke (ett)	['yrkə]
firma, empresa (f)	firma (en)	['firma]
companhia (f)	bolag, företag (ett)	['bʊlʲag], ['førəˌtag]
corporação (f)	korporation (en)	[kɔrpʊra'ɧʊn]
empresa (f)	företag (ett)	['førəˌtag]
agência (f)	agentur (en)	[agɛn'tʉːr]

acordo (documento)	avtal (ett)	['avtalʲ]
contrato (m)	kontrakt (ett)	[kɔn'trakt]
acordo (transação)	affär (en)	[a'fæːr]
encomenda (f)	beställning (en)	[bɛ'stɛlʲniŋ]
cláusulas (f pl), termos (m pl)	villkor (ett)	['vilʲˌkor]

por grosso (adv)	en gros	[ɛn 'groː]
por grosso (adj)	grossist-, engros-	[grɔ'sist-], [ɛn'gro-]
venda (f) por grosso	grosshandel (en)	['grɔsˌhandəlʲ]
a retalho	detalj-	[de'talj-]
venda (f) a retalho	detaljhandel (en)	[de'taljˌhandəlʲ]

concorrente (m)	konkurrent (en)	[kɔŋku'rɛnt]
concorrência (f)	konkurrens (en)	[kɔŋku'rɛns]
competir (vi)	att konkurrera	[at kɔŋku'rera]

sócio (m)	partner (en)	['paːʈnər]
parceria (f)	partnerskap (ett)	['paːʈnɛˌskap]

crise (f)	kris (en)	['kris]
bancarrota (f)	konkurs (en)	[kɔŋ'kuːʂ]
entrar em falência	att göra konkurs	[at 'jøːra kɔŋ'kuːʂ]
dificuldade (f)	svårighet (en)	['svoːrigˌhet]
problema (m)	problem (ett)	[prɔ'blʲem]
catástrofe (f)	katastrof (en)	[kata'strɔf]

economia (f)	ekonomi (en)	[ɛkʊnɔ'miː]
económico	ekonomisk	[ɛkʊ'nɔmisk]
recessão (f) económica	ekonomisk nedgång (en)	[ɛkʊ'nɔmisk 'nedˌgɔŋ]

objetivo (m)	mål (ett)	['moːlʲ]
tarefa (f)	uppgift (en)	['upˌgift]

comerciar (vi, vt)	att handla	[at 'handlʲa]
rede (de distribuição)	nätverk (ett)	['nɛːtˌvɛrk]

| estoque (m) | lager (ett) | ['l^jagər] |
| sortimento (m) | sortiment (ett) | [sɔ:ʈi'mɛnt] |

líder (m)	ledare (en)	['l^jedarə]
grande (~ empresa)	stor	['stʉr]
monopólio (m)	monopol (en)	[mɔnɔ'pol^j]

teoria (f)	teori (en)	[teʉ'ri:]
prática (f)	praktik (en)	[prak'tik]
experiência (falar por ~)	erfarenhet (en)	['ɛrfarɛnhet]
tendência (f)	tendens (en)	[tɛn'dɛns]
desenvolvimento (m)	utveckling (en)	['ʉt,vɛkliŋ]

105. Processos negociais. Parte 2

| rentabilidade (f) | utbyte (ett), fördel (en) | ['ʉt,bytə], ['fø:,del] |
| rentável | fördelaktig | [fø:dəl^j'aktig] |

delegação (f)	delegation (en)	[del^jega'hʉn]
salário, ordenado (m)	lön (en)	['l^jø:n]
corrigir (um erro)	att rätta	[at 'rætta]
viagem (f) de negócios	affärsresa (en)	[a'fæ:ş,resa]
comissão (f)	provision (en)	[prɔvi'hʉn]

controlar (vt)	att kontrollera	[at kɔntrɔ'l^jera]
conferência (f)	konferens (en)	[kɔnfə'ræns]
licença (f)	licens (en)	[li'sɛns]
confiável	pålitlig	['pɔ,litlig]

empreendimento (m)	initiativ (ett)	[initsja'tiv]
norma (f)	norm (en)	['nɔrm]
circunstância (f)	omständighet (en)	['ɔm,stɛndighet]
dever (m)	plikt (en)	['plikt]

empresa (f)	organisation (en)	[ɔrganisa'hʉn]
organização (f)	organisering (en)	[ɔrgani'seriŋ]
organizado	organiserad	[ɔrgani'serad]
anulação (f)	annullering (en)	[anʉ'l^jeriŋ]
anular, cancelar (vt)	att inställa, att annullera	[at in'stɛl^ja], [at anʉ'l^jera]
relatório (m)	rapport (en)	[ra'pɔ:ʈ]

patente (f)	patent (ett)	[pa'tɛnt]
patentear (vt)	att patentera	[at patɛn'tera]
planear (vt)	att planera	[at pl^ja'nera]

prémio (m)	bonus, premie (en)	['bʉnus], ['premiə]
profissional	professionell	[prɔfehʉ'nɛl^j]
procedimento (m)	procedur (en)	[prʉsə'dʉ:r]

examinar (a questão)	att undersöka	[at 'undə,şø:ka]
cálculo (m)	beräkning (en)	[be'rɛkniŋ]
reputação (f)	rykte (ett)	['rʏktə]
risco (m)	risk (en)	['risk]
dirigir (~ uma empresa)	att styra, att leda	[at 'styra], [at 'l^jeda]

informação (f)	upplysningar (pl)	['up‚lysniŋar]
propriedade (f)	egendom (en)	['εgən‚dum]
união (f)	förbund (ett)	['før‚bund]

seguro (m) de vida	livförsäkring (en)	['liv‚fœ:'sεkriŋ]
fazer um seguro	att försäkra	[at fœ:'sεkra]
seguro (m)	försäkring (en)	[fœ:'sεkriŋ]

leilão (m)	auktion (en)	[auk'ɧun]
notificar (vt)	att underrätta	[at 'undə‚ræta]
gestão (f)	ledning (en)	['lʲedniŋ]
serviço (indústria de ~s)	tjänst (en)	['ɕεnst]

fórum (m)	forum (ett)	['furum]
funcionar (vi)	att fungera	[at fun'gera]
estágio (m)	etapp (en)	[ε'tap]
jurídico	juridisk	[jʉ'ridisk]
jurista (m)	jurist (en)	[jʉ'rist]

106. Produção. Trabalhos

usina (f)	verk (ett)	['vεrk]
fábrica (f)	fabrik (en)	[fab'rik]
oficina (f)	verkstad (en)	['vεrk‚stad]
local (m) de produção	produktionsplats (en)	[prɔduk'ɧun‚plʲats]

indústria (f)	industri (en)	[indu'stri:]
industrial	industriell	[industri'εlʲ]
indústria (f) pesada	tung industri (en)	['tuŋ indu'stri:]
indústria (f) ligeira	lätt industri (en)	[lʲæt indu'stri:]

produção (f)	produktion (en)	[prɔduk'ɧun]
produzir (vt)	att producera	[at prɔdʉ'sera]
matérias-primas (f pl)	råvaror (pl)	['ro:‚varʊr]

chefe (m) de brigada	förman, bas (en)	['førman], ['bas]
brigada (f)	arbetslag (en)	['arbets‚lag]
operário (m)	arbetare (en)	['ar‚betarə]

dia (m) de trabalho	arbetsdag (en)	['arbets‚dag]
pausa (f)	vilopaus (en)	['vilʲo‚paʊs]
reunião (f)	möte (ett)	['mø:tə]
discutir (vt)	att dryfta, att diskutera	[at 'dryfta], [at diskʉ'tera]

plano (m)	plan (en)	['plʲan]
cumprir o plano	att uppfylla planen	[at 'up‚fylʲa 'planən]
taxa (f) de produção	produktionsmål (ett)	[prɔduk'ɧun‚mo:lʲ]
qualidade (f)	kvalité (en)	[kvali'te:]
controlo (m)	kontroll (en)	[kɔn'trolʲ]
controlo (m) da qualidade	kvalitetskontroll (en)	[kvali'tets kɔn'trolʲ]

segurança (f) no trabalho	arbetarskydd (ett)	['arbeta:‚ɧyd]
disciplina (f)	disciplin (en)	[disip'lin]
infração (f)	brott (ett)	['brɔt]

97

T&P Books. Vocabulário Português-Sueco - 9000 palavras

violar (as regras)	att bryta	[at 'bryta]
greve (f)	strejk (en)	['strɛjk]
grevista (m)	strejkande (en)	['strɛjkandə]
estar em greve	att strejka	[at 'strɛjka]
sindicato (m)	fackförening (en)	['fakfø,reniŋ]

inventar (vt)	att uppfinna	[at 'up,fina]
invenção (f)	uppfinning (en)	['up,finiŋ]
pesquisa (f)	forskning (en)	['fɔ:ʂkniŋ]
melhorar (vt)	att förbättra	[at før'bættra]
tecnologia (f)	teknologi (en)	[teknɔlʲɔ'gi:]
desenho (m) técnico	teknisk ritning (en)	['tɛknisk 'ritniŋ]

carga (f)	last (en)	['lʲast]
carregador (m)	lastare (en)	['lʲastarə]
carregar (vt)	att lasta	[at 'lʲasta]
carregamento (m)	lastning (en)	['lʲastniŋ]
descarregar (vt)	att lasta av	[at 'lʲasta av]
descarga (f)	avlastning (en)	['av,lʲastniŋ]

transporte (m)	transport (en)	[trans'pɔ:t]
companhia (f) de transporte	transportföretag (ett)	[trans'pɔ:t,førə'tag]
transportar (vt)	att transportera	[at transpɔ:'tera]

vagão (m) de carga	godsvagn (en)	['gʊds,vagn]
cisterna (f)	tank (en)	['taŋk]
camião (m)	lastbil (en)	['lʲast,bilʲ]

máquina-ferramenta (f)	verktygsmaskin (en)	['vɛrk,tygs ma'ɧi:n]
mecanismo (m)	mekanism (en)	[meka'nism]

resíduos (m pl) industriais	industriellt avfall (ett)	[industri'ɛlʲt 'avfalʲ]
embalagem (f)	packning (en)	['pakniŋ]
embalar (vt)	att packa	[at 'paka]

107. Contrato. Acordo

contrato (m)	kontrakt (ett)	[kɔn'trakt]
acordo (m)	avtal (ett)	['avtalʲ]
adenda (f), anexo (m)	tillägg (ett), bilaga (en)	['til,lʲɛ:g], ['bi,lʲaga]

assinar o contrato	att ingå avtal	[at 'ingo: 'avtalʲ]
assinatura (f)	signatur, underskrift (en)	[signa'tʉ:r], ['undə,skrift]
assinar (vt)	att underteckna	[at 'undə,tɛkna]
carimbo (m)	stämpel (en)	['stɛmpəlʲ]

objeto (m) do contrato	kontraktets föremål (ett)	[kɔn'traktets 'førə,mo:lʲ]
cláusula (f)	klausul (en)	[klau'sʉlʲ]
partes (f pl)	parter (pl)	['pa:ʈər]
morada (f) jurídica	juridisk adress (en)	[jʉ'ridisk a'drɛs]

violar o contrato	att bryta kontraktet	[at 'bryta kɔn'traktet]
obrigação (f)	förpliktelse (en)	[før'pliktəlʲsə]
responsabilidade (f)	ansvar (ett)	['an,svar]

força (f) maior	force majeure (en)	[ˌfɔrs ma'ʒøːr]
litígio (m), disputa (f)	tvist (en)	['tvist]
multas (f pl)	straffavgifter (pl)	['strafˌav'jiftər]

108. Importação & Exportação

importação (f)	import (en)	[im'pɔːt]
importador (m)	importör (en)	[impɔ:'tøːr]
importar (vt)	att importera	[at impɔ:'tera]
de importação	import-	[im'pɔːt-]

exportação (f)	export (en)	['ɛkspɔːt]
exportador (m)	exportör (en)	[ɛkspɔ:'tøːr]
exportar (vt)	att exportera	[at ɛkspɔ:'tera]
de exportação	export-	['ɛkspɔːt-]

| mercadoria (f) | vara (en) | ['vara] |
| lote (de mercadorias) | parti (ett) | [pa:'tiː] |

peso (m)	vikt (en)	['vikt]
volume (m)	volym (en)	[vo'lʲym]
metro (m) cúbico	kubikmeter (en)	[kʉ'bikˌmetər]

produtor (m)	producent (en)	[prodʉ'sɛnt]
companhia (f) de transporte	transportföretag (ett)	[trans'pɔːtˌførə'tag]
contentor (m)	container (en)	[kɔn'tɛjnər]

fronteira (f)	gräns (en)	['grɛns]
alfândega (f)	tull (en)	['tulʲ]
taxa (f) alfandegária	tullavgift (en)	['tulʲˌav'jift]
funcionário (m) da alfândega	tulltjänstemann (en)	['tulʲ 'ɵcnctoˌman]
contrabando (atividade)	smuggling (en)	['smuglɪŋ]
contrabando (produtos)	smuggelgods (ett)	['smugəlʲˌgʉds]

109. Finanças

ação (f)	aktie (en)	['aktsiə]
obrigação (f)	obligation (en)	[ɔbliga'ɧʉn]
nota (f) promissória	växel (en)	['vɛksəlʲ]

| bolsa (f) | börs (en) | ['bøːʂ] |
| cotação (m) das ações | aktiekurs (en) | ['aktsiəˌkuːʂ] |

| tornar-se mais barato | att gå ner | [at 'goː ˌner] |
| tornar-se mais caro | att gå upp | [at 'goː 'up] |

parte (f)	andel (en)	['anˌdel]
participação (f) maioritária	aktiemajoritet (en)	['aktsiə majʉri'tet]
investimento (m)	investering (en)	[invə'sterɪŋ]
investir (vt)	att investera	[at invə'stera]
percentagem (f)	procent (en)	[prʉ'sɛnt]
juros (m pl)	ränta (en)	['rɛnta]

99

lucro (m)	vinst, förtjänst (en)	['vinst], [fœ:'ɕɛ:nst]
lucrativo	fördelaktig	[fø:dəlⁱ'aktig]
imposto (m)	skatt (en)	['skat]

divisa (f)	valuta (en)	[va'lʉ:ta]
nacional	nationell	[natʃʉ'nɛlʲ]
câmbio (m)	växling (en)	['vɛkslɪŋ]

| contabilista (m) | bokförare (en) | ['bʊk,fø:rarə] |
| contabilidade (f) | bokföring (en) | ['bʊk,fø:rɪŋ] |

bancarrota (f)	konkurs (en)	[kɔŋ'ku:ʂ]
falência (f)	krasch (en)	['kraʃ]
ruína (f)	ruin (en)	[rʉ'in]
arruinar-se (vr)	att ruinera sig	[at rʉi'nera sɛj]
inflação (f)	inflation (en)	[inflʲa'ɧʊn]
desvalorização (f)	devalvering (en)	[devalⁱ'verɪŋ]

capital (m)	kapital (ett)	[kapi'talʲ]
rendimento (m)	inkomst (en)	['iŋ,kɔmst]
volume (m) de negócios	omsättning (en)	['ɔm,sætnɪŋ]
recursos (m pl)	resurser (pl)	[re'su:ʂər]
recursos (m pl) financeiros	penningmedel (pl)	['pɛnɪŋ,medəlʲ]
despesas (f pl) gerais	fasta utgifter (pl)	['fasta 'ʉt,jiftər]
reduzir (vt)	att reducera	[at redʉ'sera]

110. Marketing

marketing (m)	marknadsföring (en)	['marknads,fø:rɪŋ]
mercado (m)	marknad (en)	['marknad]
segmento (m) do mercado	marknadsegment (ett)	['marknad seg'mɛnt]
produto (m)	produkt (en)	[prɔ'dukt]
mercadoria (f)	vara (en)	['vara]

marca (f)	varumärke (ett)	['varʉ,mæ:rkə]
marca (f) comercial	varumärke (ett)	['varʉ,mæ:rkə]
logotipo (m)	firmamärke (ett)	['firma,mæ:rkə]
logo (m)	logotyp (en)	['lʲɔgotyp]

| demanda (f) | efterfrågan (en) | ['ɛftə,fro:gan] |
| oferta (f) | utbud (ett) | ['ʉt,bʉd] |

| necessidade (f) | behov (ett) | [be'hʊv] |
| consumidor (m) | konsument, förbrukare (en) | [kɔnsu'mɛnt], [før'brʉ:karə] |

| análise (f) | analys (en) | [ana'lʲys] |
| analisar (vt) | att analysera | [at analʲy'sera] |

| posicionamento (m) | positionering (en) | [pʊsiɧʉ'nerɪŋ] |
| posicionar (vt) | att positionera | [at pɔsiɧʉ'nera] |

preço (m)	pris (ett)	['pris]
política (f) de preços	prispolitik (en)	['pris pʉli'tik]
formação (f) de preços	prisbildning (en)	['pris,bilʲdnɪŋ]

111. Publicidade

publicidade (f)	reklam (en)	[rɛ'klʲam]
publicitar (vt)	att reklamera	[at rɛklʲa'mera]
orçamento (m)	budget (en)	['budjet]

anúncio (m) publicitário	annons (en)	[a'nɔns]
publicidade (f) televisiva	tv-reklam (ett)	['teve rɛ'klʲam]
publicidade (f) na rádio	radioreklam (en)	['radiʊ rɛ'klʲam]
publicidade (f) exterior	utomhusreklam (en)	['ʉtɔm,hʉs rɛ'klʲam]

comunicação (f) de massa	massmedier (pl)	['mas,mediər]
periódico (m)	tidskrift (en)	['tid,skrift]
imagem (f)	image (en)	['imidʒ]

| slogan (m) | slogan (en) | ['slʲogan] |
| mote (m), divisa (f) | motto (ett) | ['mɔtʊ] |

campanha (f)	kampanj (en)	[kam'panʲ]
companha (f) publicitária	reklamkampanj (en)	[rɛ'klʲam kam'panʲ]
grupo (m) alvo	målgrupp (en)	['mo:lʲ,grup]

cartão (m) de visita	visitkort (ett)	[vi'sit,kɔ:t]
flyer (m)	reklamblad (ett)	[rɛ'klʲam,blʲad]
brochura (f)	broschyr (en)	[brɔ'ɧyr]
folheto (m)	folder (en)	['foldə]
boletim (~ informativo)	nyhetsbrev (ett)	['nyhets,brev]

letreiro (m)	skylt (en)	['ɧylʲt]
cartaz, póster (m)	poster, löpsedel (en)	['postər], ['løp,sedəlʲ]
painel (m) publicitário	reklamskylt (en)	[rɛ'klʲam,ɧylʲt]

112. Banca

| banco (m) | bank (en) | ['baŋk] |
| sucursal, balcão (f) | avdelning (en) | [av'dɛlʲniŋ] |

| consultor (m) | konsulent (en) | [kɔnsu'lʲɛnt] |
| gerente (m) | föreståndare (en) | [førə'stɔndarə] |

conta (f)	bankkonto (ett)	['baŋk,kɔntʊ]
número (m) da conta	kontonummer (ett)	['kɔntʊ,numər]
conta (f) corrente	checkkonto (ett)	['ɕɛk,kɔntʊ]
conta (f) poupança	sparkonto (ett)	['spar,kɔntʊ]

abrir uma conta	att öppna ett konto	[at 'øpna ɛt 'kɔntʊ]
fechar uma conta	att avsluta kontot	[at 'av,slʉ:ta 'kɔntʊt]
depositar na conta	att sätta in på kontot	[at 'sæta in pɔ 'kɔntʊt]
levantar (vt)	att ta ut från kontot	[at ta ʉt frɔn 'kɔntʊt]

depósito (m)	insats (en)	['in,sats]
fazer um depósito	att sätta in	[at 'sæta in]
transferência (f) bancária	överföring (en)	['ø:və,fø:riŋ]

transferir (vt)	att överföra	[at øːveˌføra]
soma (f)	summa (en)	['suma]
Quanto?	Hur mycket?	[hur 'mʏkə]

assinatura (f)	signatur, underskrift (en)	[signaˈtuːr], ['undəˌskrift]
assinar (vt)	att underteckna	[at 'undəˌtɛkna]

cartão (m) de crédito	kreditkort (ett)	[kre'ditˌkɔːt]
código (m)	kod (en)	['kɔd]
número (m) do cartão de crédito	kreditkortsnummer (ett)	[kre'ditˌkɔːts 'numər]
Caixa Multibanco (m)	bankomat (en)	[baŋkʊ'mat]

cheque (m)	check (en)	['ɕɛk]
passar um cheque	att skriva en check	[at 'skriva en 'ɕɛk]
livro (m) de cheques	checkbok (en)	['ɕɛkˌbʊk]

empréstimo (m)	lån (ett)	['lʲoːn]
pedir um empréstimo	att ansöka om lån	[at 'anˌsøːka ɔm 'lʲoːn]
obter um empréstimo	att få ett lån	[at foː et 'lʲoːn]
conceder um empréstimo	att ge ett lån	[at je: et 'lʲoːn]
garantia (f)	garanti (en)	[garan'tiː]

113. Telefone. Conversação telefónica

telefone (m)	telefon (en)	[telʲe'fɔn]
telemóvel (m)	mobiltelefon (en)	[mɔ'bilʲ telʲe'fɔn]
secretária (f) electrónica	telefonsvarare (en)	[telʲe'fɔnˌsvararə]

fazer uma chamada	att ringa	[at 'riŋa]
chamada (f)	telefonsamtal (en)	[telʲe'fɔnˌsamtalʲ]

marcar um número	att slå nummer	[at 'slʲoː 'numər]
Alô!	Hallå!	[ha'lʲoː]
perguntar (vt)	att fråga	[at 'froːga]
responder (vt)	att svara	[at 'svara]

ouvir (vt)	att höra	[at 'høːra]
bem	gott, bra	['gɔt], ['bra]
mal	dåligt	['doːlit]
ruído (m)	bruser, störningar (pl)	['bruːsər], ['støːɲiŋar]

auscultador (m)	telefonlur (en)	[telʲe'fɔnˌluːr]
pegar o telefone	att lyfta telefonluren	[at 'lʲyfta telʲe'fɔn 'luːrən]
desligar (vi)	att lägga på	[at 'lʲɛga pɔ]

ocupado	upptagen	['upˌtagən]
tocar (vi)	att ringa	[at 'riŋa]
lista (f) telefónica	telefonkatalog (en)	[telʲe'fɔn kata'lʲog]
local	lokal-	[lʲo'kalʲ-]
chamada (f) local	lokalsamtal (ett)	[lʲo'kalʲˌsamtalʲ]
de longa distância	riks-	['riks-]
chamada (f) de longa distância	rikssamtal (ett)	['riksˌsamtalʲ]

| internacional | internationell | ['intɛ:ŋatʃʊˌnɛlʲ] |
| chamada (f) internacional | internationell samtal (ett) | ['intɛ:ŋatʃʊˌnɛlʲ 'samtalʲ] |

114. Telefone móvel

telemóvel (m)	mobiltelefon (en)	[mɔ'bilʲ telʲe'fɔn]
ecrã (m)	skärm (en)	['ʃæ:rm]
botão (m)	knapp (en)	['knap]
cartão SIM (m)	SIM-kort (ett)	['simˌkɔ:t]

bateria (f)	batteri (ett)	[batɛ'ri:]
descarregar-se	att bli urladdad	[at bli 'ʉ:ˌlʲadad]
carregador (m)	laddare (en)	['lʲadarə]

| menu (m) | meny (en) | [me'ny] |
| definições (f pl) | inställningar (pl) | ['inˌstɛlʲniŋar] |

| melodia (f) | melodi (en) | [melʲɔ'di:] |
| escolher (vt) | att välja | [at 'vɛlja] |

calculadora (f)	kalkylator (en)	[kalʲky'lʲatʊr]
correio (m) de voz	telefonsvarare (en)	[telʲe'fɔnˌsvararə]
despertador (m)	väckarklocka, alarm (en)	['vɛkarˌklʲɔka], [a'lʲarm]
contatos (m pl)	kontakter (pl)	[kɔn'taktər]

| mensagem (f) de texto | SMS meddelande (ett) | [ɛsɛ'mɛs me'delʲandə] |
| assinante (m) | abonnent (en) | [abo'nɛnt] |

115. Estacionário

| caneta (f) | kulspetspenna (en) | ['kʉlʲspetsˌpɛna] |
| caneta (f) tinteiro | reservoarpenna (en) | [resɛrvʊ'arˌpɛna] |

lápis (m)	blyertspenna (en)	['blʲyɛ:tsˌpɛna]
marcador (m)	märkpenna (en)	['mœrkˌpɛna]
caneta (f) de feltro	tuschpenna (en)	['tu:ʃˌpɛna]

| bloco (m) de notas | block (ett) | ['blʲɔk] |
| agenda (f) | dagbok (en) | ['dagˌbʉk] |

régua (f)	linjal (en)	[li'njalʲ]
calculadora (f)	kalkylator (en)	[kalʲky'lʲatʊr]
borracha (f)	suddgummi (ett)	['sudˌgumi]

| pionés (m) | häftstift (ett) | ['hɛftˌstift] |
| clipe (m) | gem (ett) | ['gem] |

| cola (f) | lim (ett) | ['lim] |
| agrafador (m) | häftapparat (en) | ['hɛft apaˌrat] |

| furador (m) | hålslag (ett) | ['hɔ:lʲˌslʲag] |
| afia-lápis (m) | pennvässare (en) | ['pɛnˌvɛsarə] |

116. Vários tipos de documentos

relatório (m)	rapport (en)	[ra'pɔ:t]
acordo (m)	avtal (ett)	['avtalʲ]
ficha (f) de inscrição	ansökningsblankett (en)	['an‚sœkniŋs blaŋ'ket]
autêntico	äckta	['ɛkta]
crachá (m)	bricka (en)	['brika]
cartão (m) de visita	visitkort (ett)	[vi'sit‚kɔ:t]
certificado (m)	certifikat (ett)	[sɛ:ʈifi'kat]
cheque (m)	check (en)	['ɕɛk]
conta (f)	nota (en)	['nʊta]
constituição (f)	konstitution (en)	[kɔnstitu'ɧʊn]
contrato (m)	avtal (ett)	['avtalʲ]
cópia (f)	kopia (en)	[kʊ'pia]
exemplar (m)	exemplar (ett)	[ɛksɛmp'lʲar]
declaração (f) alfandegária	tulldeklaration (en)	['tulʲ‚dɛklʲara'ɧʊn]
documento (m)	dokument (ett)	[doku'mɛnt]
carta (f) de condução	körkort (ett)	['ɕøːr‚kɔ:t]
adenda (ao contrato)	tillägg (ett), bilaga (en)	['til‚lʲɛ:g], ['bi‚lʲaga]
questionário (m)	formulär (ett)	[fɔrmʉ'lʲæːr]
bilhete (m) de identidade	legitimation (en)	[lʲegitima'ɧʊn]
inquérito (m)	förfrågan (en)	['før‚fro:gan]
convite (m)	inbjudningskort (ett)	[in'bjʉ:dniŋs‚kɔ:t]
fatura (f)	faktura (en)	[fak'tʉra]
lei (f)	lag (en)	['lʲag]
carta (correio)	brev (ett)	['brev]
papel (m) timbrado	brevpapper (ett)	['brev‚papər]
lista (f)	lista (en)	['lista]
manuscrito (m)	manuskript (ett)	[manu'skript]
boletim (~ informativo)	nyhetsbrev (ett)	['nyhets‚brev]
bilhete (mensagem breve)	lapp (en)	['lʲap]
passe (m)	passerkort (ett)	[pa'sər‚kɔ:t]
passaporte (m)	pass (ett)	['pas]
permissão (f)	tillåtelse (en)	['til‚lʲo:təlʲsə]
CV, currículo (m)	meritförteckning (en)	[me'rit‚fœ:'ʈɛkniŋ]
vale (nota promissória)	skuldebrev (ett)	['skʉlʲdə‚brev]
recibo (m)	kvitto (ett)	['kvitʊ]
talão (f)	kvitto (ett)	['kvitʊ]
relatório (m)	rapport (en)	[ra'pɔ:t]
mostrar (vt)	att visa	[at 'visa]
assinar (vt)	att underteckna	[at 'undə‚tɛkna]
assinatura (f)	signatur, underskrift (en)	[signa'tʉːr], ['undə‚skrift]
carimbo (m)	stämpel (en)	['stɛmpəlʲ]
texto (m)	text (en)	['tɛkst]
bilhete (m)	biljett (en)	[bi'lʲet]
riscar (vt)	att stryka ut	[at 'stryka ʉt]
preencher (vt)	att fylla i	[at 'fylʲa 'i]

guia (f) de remessa	fraktsedel (en)	['frakt͵sedəlʲ]
testamento (m)	testamente (ett)	[tɛsta'mɛntə]

117. Tipos de negócios

serviços (m pl) de contabilidade	bokföringstjänster (en)	['bʊk͵føːriŋ 'ɕɛnstər]
publicidade (f)	reklam (en)	[rɛ'klʲam]
agência (f) de publicidade	reklambyrå (en)	[rɛ'klʲamby͵roː]
ar (m) condicionado	luftkonditionering (en)	['lʊft͵kɔndiɧʊ'neriŋ]
companhia (f) aérea	flygbolag (ett)	['flʲyg͵bʊlʲag]
bebidas (f pl) alcoólicas	alkoholhaltiga drycker (pl)	[alʲkʊ'hɔlʲ͵halʲtiga 'drʏkər]
comércio (m) de antiguidades	antikviteter (pl)	[antikvi'tetər]
galeria (f) de arte	konstgalleri (ett)	['kɔnst galʲe'riː]
serviços (m pl) de auditoria	revisiontjänster (pl)	[revi'ɧʊn͵ɕɛnstər]
negócios (m pl) bancários	bankaffärer (pl)	['baŋk a'fæːrər]
bar (m)	bar (en)	['bar]
salão (m) de beleza	skönhetssalong (en)	['ɧøːnhets sa'lʲɔŋ]
livraria (f)	bokhandel (en)	['bʊk͵handəlʲ]
cervejaria (f)	bryggeri (ett)	[brʏge'riː]
centro (m) de escritórios	affärscentrum (ett)	[a'fæː͵s͵sɛntrum]
escola (f) de negócios	affärsskola (en)	[a'fæː͵s͵skʊlʲa]
casino (m)	kasino (ett)	[ka'sinʊ]
construção (f)	byggbranch (en)	['bʏgbranɕ]
serviços (m pl) de consultoria	konsulttjänster (pl)	[kɔn'sulʲt͵ɕɛnstər]
estomatologia (f)	tandklinik (en)	['tand kli'nik]
design (m)	design (en)	[dɛ'sajn]
farmácia (f)	apotek (ett)	[apʊ'tek]
lavandaria (f)	kemtvätt (en)	['ɕemtvæt]
agência (f) de emprego	arbetsförmedling (en)	['arbets͵før'medliŋ]
serviços (m pl) financeiros	finansiella tjänster (pl)	[finan'sjɛlʲa 'ɕɛnstər]
alimentos (m pl)	matvaror (pl)	['mat͵varʊr]
agência (f) funerária	begravningsbyrå (en)	[be'gravniŋs͵byroː]
mobiliário (m)	möbel (en)	['møːbəlʲ]
roupa (f)	kläder (pl)	['klʲɛːdər]
hotel (m)	hotell (ett)	[hʊ'tɛlʲ]
gelado (m)	glass (en)	['glʲas]
indústria (f)	industri (en)	[indu'striː]
seguro (m)	försäkring (en)	[fœː'ʂɛkriŋ]
internet (f)	Internet	['intɛː͵ɳɛt]
investimento (m)	investering (en)	[invə'steriŋ]
joalheiro (m)	juvelerare (en)	[jʉvə'lʲeːrarə]
joias (f pl)	smycken (pl)	['smʏkən]
lavandaria (f)	tvätteri (ett)	[tvæte'riː]
serviços (m pl) jurídicos	juridisk rådgivare (pl)	[jʉ'ridisk 'roːdjivarə]
indústria (f) ligeira	lätt industri (en)	[lʲæt indu'striː]
revista (f)	tidskrift (en)	['tid͵skrift]

vendas (f pl) por catálogo	postorderförsäljning (en)	['pɔst,ɔːdər fœːˈʂɛljniŋ]
medicina (f)	medicin (en)	[mediˈsin]
cinema (m)	biograf (en)	[biʊˈɡraf]
museu (m)	museum (ett)	[mʉˈseum]
agência (f) de notícias	nyhetsbyrå (en)	['nyhets byˈroː]
jornal (m)	tidning (en)	['tidniŋ]
clube (m) noturno	nattklubb (en)	['nat,klʉb]
petróleo (m)	olja (en)	['ɔlja]
serviço (m) de encomendas	budtjänst (en)	['bʉːt,ɕɛnst]
indústria (f) farmacêutica	farmaci (en)	[farmaˈsiː]
poligrafia (f)	tryckeri (ett)	[tryˈkeˈriː]
editora (f)	förlag (ett)	[fœːˈlʲag]
rádio (m)	radio (en)	['radiʊ]
imobiliário (m)	fastighet (en)	['fastiɡ,het]
restaurante (m)	restaurang (en)	[rɛstoˈraŋ]
empresa (f) de segurança	säkerhetsbyrå (en)	['sɛːkərhets,byˈroː]
desporto (m)	sport (en)	['spɔːtʲ]
bolsa (f)	börs (en)	['bøːʂ]
loja (f)	affär, butik (en)	[aˈfæːr], [buˈtik]
supermercado (m)	snabbköp (ett)	['snab,ɕøːp]
piscina (f)	simbassäng (en)	['simba,sɛŋ]
alfaiataria (f)	skrädderi (ett)	[skrɛdeˈriː]
televisão (f)	television (en)	[telʲeviˈʂʊn]
teatro (m)	teater (en)	[teˈatər]
comércio (atividade)	handel (en)	['handəlʲ]
serviços (m pl) de transporte	transport (en)	[transˈpɔːtʲ]
viagens (f pl)	turism (en)	[tuˈrism]
veterinário (m)	veterinär (en)	[vetəriˈnæːr]
armazém (m)	lager (en)	['lʲagər]
recolha (f) do lixo	avfallshantering (en)	['avfalʲs,hanteriŋ]

Emprego. Negócios. Parte 2

118. Espetáculo. Feira

feira (f)	mässa (en)	['mɛsa]
feira (f) comercial	handelsmässa (en)	['handəlˡsˌmɛsa]
participação (f)	deltagande (ett)	['delˡˌtagandə]
participar (vi)	att delta	[at 'dɛlˡta]
participante (m)	deltagare (en)	['delˡˌtagarə]
diretor (m)	direktör (en)	[dirɛk'tø:r]
direção (f)	arrangörskontor (ett)	[aran'fjør kɔn'tʊr]
organizador (m)	arrangör (en)	[aran'jø:r]
organizar (vt)	att organisera	[at ɔrgani'sera]
ficha (f) de inscrição	deltagarformulär (ett)	['delˡtagarˌfɔrmu'lˡæ:r]
preencher (vt)	att fylla i	[at 'fylˡa 'i]
detalhes (m pl)	detaljer (pl)	[de'taljər]
informação (f)	information (en)	[infɔrma'fjʊn]
preço (m)	pris (ett)	['pris]
incluindo	inklusive	['iŋklʉˌsivə]
incluir (vt)	att inkludera	[at iŋklʉ'dera]
pagar (vt)	att betala	[at be'talˡa]
taxa (f) de inscrição	registreringsavgift (en)	[reji'streriŋs 'avˌjift]
entrada (f)	ingång (en)	['inˌgɔŋ]
pavilhão (m)	paviljong (en)	[pavi'ljɔŋ]
inscrever (vt)	att registrera	[at regi'strera]
crachá (m)	bricka (en)	['brika]
stand (m)	monter (en)	['mɔntər]
reservar (vt)	att reservera	[at resɛr'vera]
vitrina (f)	glasmonter (en)	['glˡasˌmɔntər]
foco, spot (m)	spotlight (en)	['spotˌlajt]
design (m)	design (en)	[de'sajn]
pôr, colocar (vt)	att placera	[at plˡa'sera]
ser colocado, -a	att bli placerat	[at bli plˡa'serat]
distribuidor (m)	distributör (en)	[distribʉ'tø:r]
fornecedor (m)	leverantör (en)	[lˡevəran'tø:r]
fornecer (vt)	att förse, att leverera	[at fœ:'ʂə], [at lˡeve'rera]
país (m)	land (ett)	['lˡand]
estrangeiro	utländsk	['ʉtˌlˡɛŋsk]
produto (m)	produkt (en)	[prɔ'dukt]
associação (f)	förening (en)	[fø'reniŋ]
sala (f) de conferências	konferenssal (en)	[kɔnfe'ræns ˌsalˡ]

| congresso (m) | kongress (en) | [kɔŋ'grɛs] |
| concurso (m) | tävling (en) | ['tɛvlʲiŋ] |

visitante (m)	besökare (en)	[be'sø:karə]
visitar (vt)	att besöka	[at be'sø:ka]
cliente (m)	kund, beställare (en)	['kund], [be'stɛlʲarə]

119. Media

jornal (m)	tidning (en)	['tidniŋ]
revista (f)	tidskrift (en)	['tid̩skrift]
imprensa (f)	press (en)	['prɛs]
rádio (m)	radio (en)	['radiʊ]
estação (f) de rádio	radiostation (en)	['radiʊ sta'ʃʊn]
televisão (f)	television (en)	[telʲevi'ʃʊn]

apresentador (m)	programledare (en)	[prɔ'gram̩lʲedarə]
locutor (m)	uppläsare (en)	['up̩lʲɛ:sarə]
comentador (m)	kommentator (en)	[kɔmɛn'tatʊr]

jornalista (m)	journalist (en)	[ʃʊna'list]
correspondente (m)	korrespondent (en)	[kɔrɛspɔn'dɛnt]
repórter (m) fotográfico	pressfotograf (en)	['prɛs fʊtʊ'graf]
repórter (m)	reporter (en)	[re'pɔ:ʈər]

| redator (m) | redaktör (en) | [redak'tø:r] |
| redator-chefe (m) | chefredaktör (en) | ['ʃef̩redak'tø:r] |

assinar a ...	att prenumerera	[at prenume'rera]
assinatura (f)	prenumeration (en)	[prenumera'ʃʊn]
assinante (m)	prenumerant (en)	[prenume'rant]
ler (vt)	att läsa	[at 'lʲɛ:sa]
leitor (m)	läsare (en)	['lʲɛ:sarə]

tiragem (f)	upplaga (en)	['up̩lʲaga]
mensal	månatlig	[mo'natlig]
semanal	vecko-	['vɛkɔ-]
número (jornal, revista)	nummer (ett)	['numər]
recente	ny, färsk	['ny], [fæ:ʂk]

manchete (f)	rubrik (en)	[ru'brik]
pequeno artigo (m)	notis (en)	[nʊ'tis]
coluna (~ semanal)	rubrik (en)	[ru'brik]
artigo (m)	artikel (en)	[a'ʈikəlʲ]
página (f)	sida (en)	['sida]

reportagem (f)	reportage (ett)	[repɔ:'ʈa:ʃ]
evento (m)	händelse (en)	['hɛndəlʲsə]
sensação (f)	sensation (en)	[sɛnsa'ʃʊn]
escândalo (m)	skandal (en)	[skan'dalʲ]
escandaloso	skandalös	[skanda'lʲøs]
grande	stor	['stʊr]
programa (m) de TV	program (ett)	[prɔ'gram]
entrevista (f)	intervju (en)	[intɛr'vjʉ:]

transmissão (f) em direto	direktsändning (en)	[di'rɛkt‚sɛndniŋ]
canal (m)	kanal (en)	[ka'nalʲ]

120. Agricultura

agricultura (f)	jordbruk (ett)	['juːd‚brʉk]
camponês (m)	bonde (en)	['bʊndə]
camponesa (f)	bondkvinna (en)	['bʊnd‚kvina]
agricultor (m)	lantbrukare, bonde (en)	['lʲant‚brʉːkarə], ['bʊndə]

trator (m)	traktor (en)	['traktʊr]
ceifeira-debulhadora (f)	skördetröska (en)	['ɧøːdɛ‚trœska]

arado (m)	plog (en)	['plʊg]
arar (vt)	att ploga	[at 'plʲuga]
campo (m) lavrado	plöjd åker (en)	['plʲœjd 'oːkər]
rego (m)	fåra (en)	['foːra]

semear (vt)	att så	[at soː]
semeadora (f)	såmaskin (en)	['soː‚ma'ɧiːn]
semeadura (f)	såning (en)	['soːniŋ]

gadanha (f)	lie (en)	['liːe]
gadanhar (vt)	att meja, att slå	[at 'meja], [at 'slʲoː]

pá (f)	spade (en)	['spadə]
cavar (vt)	att gräva	[at 'grɛːva]

enxada (f)	hacka (en)	['haka]
carpir (vt)	att hacka	[at 'haka]
erva (f) daninha	ogräs (ett)	[ʊ'grɛːs]

regador (m)	vattenkanna (en)	['vatən‚kana]
regar (vt)	att vattna	[at 'vatna]
rega (f)	vattning (en)	['vatniŋ]

forquilha (f)	grep (en)	['grep]
ancinho (m)	kratta (en)	['krata]

fertilizante (m)	gödsel (en)	['jøsəlʲ]
fertilizar (vt)	att gödsla	[at 'jøslʲa]
estrume (m)	dynga (en)	['dɤŋa]

campo (m)	åker (en)	['oːkər]
prado (m)	äng (en)	['ɛŋ]
horta (f)	koksträdgård (en)	['kʊks‚trɛ'goːɖ]
pomar (m)	fruktträdgård (en)	['frʉkt‚trɛ'goːɖ]

pastar (vt)	att beta	[at 'beta]
pastor (m)	herde (en)	['hɛːɖə]
pastagem (f)	betesmark (en)	['betəs‚mark]

pecuária (f)	boskapsskötsel (en)	['bʊskaps‚ɧøːtsəlʲ]
criação (f) de ovelhas	fåravel (en)	['foːr‚avəlʲ]

plantação (f)	plantage (en)	[pˡan'taːʃ]
canteiro (m)	rad (en)	['rad]
invernadouro (m)	drivhus (ett)	['drivˌhʉs]

| seca (f) | torka (en) | ['tɔrka] |
| seco (verão ~) | torr | ['tɔr] |

cereal (m)	korn, spannmål (ett)	['kʊːɳ], ['spanˌmoːlˡ]
cereais (m pl)	sädesslag (en)	['sɛdəsˌslˡag]
colher (vt)	att inhösta	[at in'høsta]

moleiro (m)	mjölnare (en)	['mjœlˡnarə]
moinho (m)	kvarn (en)	[kvaːɳ]
moer (vt)	att mala	[at 'malˡa]
farinha (f)	mjöl (ett)	['mjøːlˡ]
palha (f)	halm (en)	['halˡm]

121. Construção. Processo de construção

canteiro (m) de obras	byggplats (en)	['bʏɡˌplˡats]
construir (vt)	att bygga	[at 'bʏɡa]
construtor (m)	byggarbetare (en)	['bʏɡˌar'betarə]

projeto (m)	projekt (ett)	[prʊ'ɧɛkt]
arquiteto (m)	arkitekt (en)	[arki'tɛkt]
operário (m)	arbetare (en)	['arˌbetarə]

fundação (f)	fundament (ett)	[funda'mɛnt]
telhado (m)	tak (ett)	['tak]
estaca (f)	påle (en)	['poːlˡə]
parede (f)	mur, vägg (en)	['mʉːr], [vɛɡ]

| varões (m pl) para betão | armeringsjärn (ett) | [ar'meriŋsˌjæːɳ] |
| andaime (m) | ställningar (pl) | ['stɛlˡniŋar] |

betão (m)	betong (en)	[be'tɔŋ]
granito (m)	granit (en)	[gra'nit]
pedra (f)	sten (en)	['sten]
tijolo (m)	tegel, mursten (en)	['tegəlˡ], ['mʉːˌsten]

areia (f)	sand (en)	['sand]
cimento (m)	cement (en)	[se'mɛnt]
emboço (m)	puts (en)	['pʉts]
emboçar (vt)	att putsa	[at 'putsa]

tinta (f)	färg (en)	['fæːrj]
pintar (vt)	att måla	[at 'moːlˡa]
barril (m)	tunna (en)	['tuna]

grua (f), guindaste (m)	lyftkran (en)	['lˡyftˌkran]
erguer (vt)	att lyfta	[at 'lˡyfta]
baixar (vt)	att sänka	[at 'sɛŋka]
buldózer (m)	bulldozer (en)	['bulˡˌdoːsər]
escavadora (f)	grävmaskin (en)	['grɛvˌma'ɧiːn]

caçamba (f)	skopa (en)	['skʊpa]
escavar (vt)	att gräva	[at 'grɛ:va]
capacete (m) de proteção	hjälm (en)	['jɛlˢm]

122. Ciência. Investigação. Cientistas

ciência (f)	vetenskap (en)	['vetən,skap]
científico	vetenskaplig	['vetən,skaplig]
cientista (m)	vetenskapsman (en)	['vetenskaps,man]
teoria (f)	teori (en)	[teʊ'ri:]

axioma (m)	axiom (ett)	[aksi'ɔm]
análise (f)	analys (en)	[ana'lˢys]
analisar (vt)	att analysera	[at analˢy'sera]
argumento (m)	argument (ett)	[argɵ'mɛnt]
substância (f)	stoff (ett), substans (en)	['stof], ['sɵbstans]

hipótese (f)	hypotes (en)	[hypɔ'tɛs]
dilema (m)	dilemma (ett)	['dilˢema]
tese (f)	avhandling (en)	['av,handliŋ]
dogma (m)	dogm (en)	['dɔgm]

doutrina (f)	doktrin (en)	[dɔk'trin]
pesquisa (f)	forskning (en)	['fɔ:ʂkniŋ]
pesquisar (vt)	att forska	[at 'fɔ:ʂka]
teste (m)	test (ett)	['tɛst]
laboratório (m)	laboratorium (ett)	[lˢabɔra'tɔrium]

mótodo (m)	metod (en)	[me'tɔd]
molécula (f)	molekyl (en)	[mɔlˢe'kylˢ]
monitoramento (m)	övervakning (en)	['ø:vɵ,vaktniŋ]
descoberta (f)	upptäckt (en)	['up,tɛkt]

postulado (m)	postulat (ett)	[pɔstɵ'lˢat]
princípio (m)	princip (en)	[prin'sip]
prognóstico (previsão)	prognos (en)	[prɔ'gnɔs]
prognosticar (vt)	att prognostisera	[at prɔŋɔsti'sera]

síntese (f)	syntes (en)	[syn'tes]
tendência (f)	tendens (en)	[tɛn'dɛns]
teorema (m)	teorém (ett)	[teʊ're:m]

| ensinamentos (m pl) | läran (pl) | ['lˢæ:ran] |
| facto (m) | faktum (ett) | ['faktum] |

| expedição (f) | expedition (en) | [ɛkspedi'fjʊn] |
| experiência (f) | experiment (ett) | [ɛksperi'mɛnt] |

académico (m)	akademiker (en)	[aka'demikər]
bacharel (m)	bachelor (en)	[baçelor]
doutor (m)	doktor (en)	['dɔktʊr]
docente (m)	docent (en)	[dɔ'sɛnt]
mestre (m)	magister (en)	[ma'jistər]
professor (m) catedrático	professor (en)	[prɔ'fɛsʊr]

Profissões e ocupações

123. Procura de emprego. Demissão

trabalho (m)	arbete, jobb (ett)	['arbetə], ['jɔb]
equipa (f)	personal, stab (en)	[pɛʂʊ'nalʲ], ['stab]
pessoal (m)	personal (en)	[pɛʂʊ'nalʲ]
carreira (f)	karriär (en)	[kari'æːr]
perspetivas (f pl)	utsikter (pl)	['ʉt‚siktər]
mestria (f)	mästerskap (ett)	['mɛstə‚skap]
seleção (f)	urval (ett)	['ʉːr‚valʲ]
agência (f) de emprego	arbetsförmedling (en)	['arbets‚før'medliŋ]
CV, currículo (m)	meritförteckning (en)	[me'rit‚fœ:'tɛkniŋ]
entrevista (f) de emprego	jobbsamtal (ett)	['jɔb‚samtalʲ]
vaga (f)	vakans (en)	['vakans]
salário (m)	lön (en)	['lʲøːn]
salário (m) fixo	fast lön (en)	['fast ‚lʲøːn]
pagamento (m)	betalning (en)	[be'talʲniŋ]
posto (m)	ställning (en)	['stɛlʲniŋ]
dever (do empregado)	plikt (en)	['plikt]
gama (f) de deveres	arbetsplikter (pl)	['arbets‚pliktər]
ocupado	upptagen	['up‚tagən]
despedir, demitir (vt)	att avskeda	[at 'av‚ɦeda]
demissão (f)	avsked (ett)	['avɦed]
desemprego (m)	arbetslöshet (en)	['arbets‚lʲøːshet]
desempregado (m)	arbetslös (en)	['arbets‚lʲøːs]
reforma (f)	pension (en)	[pan'ɧʊn]
reformar-se	att gå i pension	[at 'goː i pan'ɧʊn]

124. Gente de negócios

diretor (m)	direktör (en)	[dirɛk'tøːr]
gerente (m)	förestândare (en)	[førə'stɔndarə]
patrão, chefe (m)	boss (en)	['bɔs]
superior (m)	överordnad (en)	['øːvər‚ɔːdnat]
superiores (m pl)	överordnade (pl)	['øːvər‚ɔːdnadə]
presidente (m)	president (en)	[prɛsi'dɛnt]
presidente (m) de direção	ordförande (en)	['ʉːd‚førandə]
substituto (m)	ställföreträdare (en)	['stɛlʲ‚fœre'trɛːdarə]
assistente (m)	assistent (en)	[asi'stɛnt]

| secretário (m) | sekreterare (en) | [sɛkrə'terarə] |
| secretário (m) pessoal | privatsekreterare (en) | [pri'vat sɛkrə'terarə] |

homem (m) de negócios	affärsman (en)	[a'fæ:ṣˌman]
empresário (m)	entreprenör (en)	[æntepre'nø:r]
fundador (m)	grundläggare (en)	['grʉndˌlʲɛgarə]
fundar (vt)	att grunda	[at 'grʉnda]

fundador, sócio (m)	stiftare (en)	['stiftarə]
parceiro, sócio (m)	partner (en)	['pa:ʈnər]
acionista (m)	aktieägare (en)	['aktsiəˌɛ:garə]

milionário (m)	miljonär (en)	[miljʉ'næ:r]
bilionário (m)	miljardär (en)	[milja:'ɖæ:r]
proprietário (m)	ägare (en)	['ɛ:garə]
proprietário (m) de terras	jordägare (en)	['jʉ:ɖˌɛ:garə]

cliente (m)	kund (en)	['kund]
cliente (m) habitual	stamkund (en)	['stamˌkund]
comprador (m)	köpare (en)	['çø:parə]
visitante (m)	besökare (en)	[be'sø:karə]

profissional (m)	yrkesman (en)	['yrkəsˌman]
perito (m)	expert (en)	[ɛks'pɛ:t]
especialista (m)	specialist (en)	[spesia'list]

| banqueiro (m) | bankir (en) | [baŋ'kir] |
| corretor (m) | mäklare (en) | ['mɛklʲarə] |

caixa (m, f)	kassör (en)	[ka'sø:r]
contabilista (m)	bokförare (en)	['bʊkˌfø:rarə]
guarda (m)	säkerhetsvakt (en)	['sɛ:kərhetsˌvakt]

investidor (m)	investerare (en)	[invɛ'sterarə]
devedor (m)	gäldenär (en)	[jɛlʲdɛ'næ:r]
credor (m)	kreditor (en)	[kre'ditʊr]
mutuário (m)	låntagare (en)	['lʲo:nˌtagarə]

| importador (m) | importör (en) | [impɔ:'ʈø:r] |
| exportador (m) | exportör (en) | [ɛkspɔ:'ʈø:r] |

produtor (m)	producent (en)	[prɔdʉ'sɛnt]
distribuidor (m)	distributör (en)	[distribʉ'tø:r]
intermediário (m)	mellanhand (en)	['mɛlʲanˌhand]

consultor (m)	konsulent (en)	[kɔnsu'lʲɛnt]
representante (m)	representant (en)	[represən'tant]
agente (m)	agent (en)	[a'gɛnt]
agente (m) de seguros	försäkringsagent (en)	[fœ:'ṣɛkriŋs a'gɛnt]

125. Profissões de serviços

| cozinheiro (m) | kock (en) | ['kɔk] |
| cozinheiro chefe (m) | kökschef (en) | ['çœksˌʃef] |

padeiro (m)	bagare (en)	['bagarə]
barman (m)	bartender (en)	['ba:ˌtɛndər]
empregado (m) de mesa	servitör (en)	[sɛrvi'tø:r]
empregada (f) de mesa	servitris (en)	[sɛrvi'tris]

advogado (m)	advokat (en)	[advʊ'kat]
jurista (m)	jurist (en)	[jʉ'rist]
notário (m)	notarius publicus (en)	[nʊ'tariʉs 'publikʉs]

eletricista (m)	elektriker (en)	[ɛ'lʲektrikər]
canalizador (m)	rörmokare (en)	['rø:rˌmɔkarə]
carpinteiro (m)	timmerman (en)	['timərˌman]

massagista (m)	massör (en)	[ma'sø:r]
massagista (f)	massös (en)	[ma'sø:s]
médico (m)	läkare (en)	['lʲɛ:karə]

taxista (m)	taxichaufför (en)	['taksi ʃɔ'fø:r]
condutor (automobilista)	chaufför (en)	[ʃɔ'fø:r]
entregador (m)	bud (en)	['bʉ:d]

camareira (f)	städerska (en)	['stɛ:dɛʂka]
guarda (m)	säkerhetsvakt (en)	['sɛ:kərhetsˌvakt]
hospedeira (f) de bordo	flygvärdinna (en)	['flʲygˌvæ:dina]

professor (m)	lärare (en)	['lʲæ:rarə]
bibliotecário (m)	bibliotekarie (en)	[bibliʉte'kariə]
tradutor (m)	översättare (en)	['ø:vəˌsætarə]
intérprete (m)	tolk (en)	['tɔlʲk]
guia (pessoa)	guide (en)	['gajd]

cabeleireiro (m)	frisör (en)	[fri'sø:r]
carteiro (m)	brevbärare (en)	['brevˌbæ:rarə]
vendedor (m)	försäljare (en)	[fœ:'sɛljarə]

jardineiro (m)	trädgårdsmästare (en)	['trɛ:go:ɖs 'mɛstarə]
criado (m)	tjänare (en)	['ɕɛ:narə]
criada (f)	tjänarinna (en)	[ɕɛ:na'rina]
empregada (f) de limpeza	städerska (en)	['stɛ:dɛʂka]

126. Profissões militares e postos

soldado (m) raso	menig (en)	['menig]
sargento (m)	sergeant (en)	[sɛr'ɧant]
tenente (m)	löjtnant (en)	['lʲœjtˌnant]
capitão (m)	kapten (en)	[kap'ten]

major (m)	major (en)	[ma'jʊ:r]
coronel (m)	överste (en)	['ø:vəʂtə]
general (m)	general (en)	[jene'ralʲ]
marechal (m)	marskalk (en)	[ma:'ʂalʲk]
almirante (m)	amiral (en)	[ami'ralʲ]
militar (m)	militär (en)	[mili'tæ:r]
soldado (m)	soldat (en)	[sʊlʲ'dat]

oficial (m)	officer (en)	[ɔfi'se:r]
comandante (m)	befälhavare (en)	[be'fɛl ˌhavarə]
guarda (m) fronteiriço	gränsvakt (en)	['grɛnsˌvakt]
operador (m) de rádio	radiooperatör (en)	['radiʊ ɔpera'tør]
explorador (m)	spaningssoldat (en)	['spaniŋs sʊlʲ'dat]
sapador (m)	pionjär (en)	[piʊ'njæ:r]
atirador (m)	skytt (en)	['ɧʏt]
navegador (m)	styrman (en)	['styrˌman]

127. Oficiais. Padres

rei (m)	kung (en)	['kuŋ]
rainha (f)	drottning (en)	['drɔtniŋ]
príncipe (m)	prins (en)	['prins]
princesa (f)	prinsessa (en)	[prin'sɛsa]
czar (m)	tsar (en)	['tsar]
czarina (f)	tsarinna (en)	[tsa'rina]
presidente (m)	president (en)	[prɛsi'dɛnt]
ministro (m)	minister (en)	[mi'nistər]
primeiro-ministro (m)	statsminister (en)	['stats mi'nistər]
senador (m)	senator (en)	[se'natʊr]
diplomata (m)	diplomat (en)	[diplʲo'mat]
cônsul (m)	konsul (en)	['kɔnsulʲ]
embaixador (m)	ambassadör (en)	[ambasa'dø:r]
conselheiro (m)	rådgivare (en)	['ro:dˌjivarə]
funcionário (m)	tjänsteman (en)	['ɕɛnstəˌman]
prefeito (m)	prefekt (en)	[pre'fɛkt]
Presidente (m) da Câmara	borgmästare (en)	['bɔrjˌmɛstarə]
juiz (m)	domare (en)	['dʊmarə]
procurador (m)	åklagare (en)	[ɔ:'klʲagarə]
missionário (m)	missionär (en)	[miɧʊ'næ:r]
monge (m)	munk (en)	['muŋk]
abade (m)	abbé (en)	[a'be:]
rabino (m)	rabbin (en)	[ra'bin]
vizir (m)	vesir (en)	[ve'syr]
xá (m)	schah (en)	['ʃa:]
xeque (m)	schejk (en)	['ʃɛjk]

128. Profissões agrícolas

apicultor (m)	biodlare (en)	['biˌʊdlʲarə]
pastor (m)	herde (en)	['hɛːdə]
agrónomo (m)	agronom (en)	[agrʊ'nɔm]

115

| criador (m) de gado | boskapsskötare (en) | ['buskaps,ŋøːtarə] |
| veterinário (m) | veterinär (en) | [vetəri'næːr] |

agricultor (m)	lantbrukare, bonde (en)	['lʲantˌbruːkarə], ['bundə]
vinicultor (m)	vinodlare (en)	['vinˌudlʲarə]
zoólogo (m)	zoolog (en)	[suɔ'lʲɔg]
cowboy (m)	cowboy (en)	['kauˌbɔj]

129. Profissões artísticas

| ator (m) | skådespelare (en) | ['skoːdəˌspelʲarə] |
| atriz (f) | skådespelerska (en) | ['skoːdəˌspelʲeʂka] |

| cantor (m) | sångare (en) | ['sɔŋarə] |
| cantora (f) | sångerska (en) | ['sɔŋɛʂka] |

| bailarino (m) | dansör (en) | [dan'søːr] |
| bailarina (f) | dansös (en) | [dan'søːs] |

| artista (m) | skådespelare (en) | ['skoːdəˌspelʲarə] |
| artista (f) | skådespelerska (en) | ['skoːdəˌspelʲeʂka] |

músico (m)	musiker (en)	['musikər]
pianista (m)	pianist (en)	[pia'nist]
guitarrista (m)	gitarrspelare (en)	[ji'tarˌspelʲarə]

maestro (m)	dirigent (en)	[diri'ɧɛnt]
compositor (m)	komponist (en)	[kɔmpo'nist]
empresário (m)	impressario (en)	[imprɛ'sariu]

realizador (m)	regissör (en)	[reɧi'søːr]
produtor (m)	producent (en)	[prɔdu'sɛnt]
argumentista (m)	manusförfattare (en)	['manusˌførfatarə]
crítico (m)	kritiker (en)	['kritikər]

escritor (m)	författare (en)	[før'fatarə]
poeta (m)	poet (en)	[pu'et]
escultor (m)	skulptör (en)	[skulʲp'tøːr]
pintor (m)	konstnär (en)	['kɔnstnæːr]

malabarista (m)	jonglör (en)	[jɔng'lʲøːr]
palhaço (m)	clown (en)	['klʲawn]
acrobata (m)	akrobat (en)	[akru'bat]
mágico (m)	trollkonstnär (en)	['trɔlʲˌkɔnstnæːr]

130. Várias profissões

médico (m)	läkare (en)	['lʲɛːkarə]
enfermeira (f)	sjuksköterska (en)	['ɧuːkˌɧøːtɛʂka]
psiquiatra (m)	psykiater (en)	[syki'atər]
estomatologista (m)	tandläkare (en)	['tandˌlʲɛːkarə]
cirurgião (m)	kirurg (en)	[ɕi'rurg]

astronauta (m)	astronaut (en)	[astrʉ'naʊt]
astrónomo (m)	astronom (en)	[astrʉ'nɔm]
motorista (m)	förare (en)	['føːrarə]
maquinista (m)	lokförare (en)	['lʲʊkˌføːrarə]
mecânico (m)	mekaniker (en)	[me'kanikər]
mineiro (m)	gruvarbetare (en)	['gruːvˌar'betarə]
operário (m)	arbetare (en)	['arˌbetarə]
serralheiro (m)	låssmed (en)	['lʲɔsˌsmed]
marceneiro (m)	snickare (en)	['snikarə]
torneiro (m)	svarvare (en)	['svarvarə]
construtor (m)	byggarbetare (en)	['bʏgˌar'betarə]
soldador (m)	svetsare (en)	['svɛtsarə]
professor (m) catedrático	professor (en)	[prɔ'fɛsʉr]
arquiteto (m)	arkitekt (en)	[arki'tɛkt]
historiador (m)	historiker (en)	[hi'stʉrikər]
cientista (m)	vetenskapsman (en)	['vetənskapsˌman]
físico (m)	fysiker (en)	['fysikər]
químico (m)	kemist (en)	[çe'mist]
arqueólogo (m)	arkeolog (en)	[ˌarkeʊ'lʲɔg]
geólogo (m)	geolog (en)	[jeʊ'lʲɔg]
pesquisador (cientista)	forskare (en)	['fɔːʂkarə]
babysitter (f)	barnflicka (en)	['baːn̡flika]
professor (m)	pedagog (en)	[peda'gɔg]
redator (m)	redaktör (en)	[redak'tøːr]
redator-chefe (m)	chefredaktör (en)	['ɧefˌredak'tøːr]
correspondente (m)	korrespondent (en)	[kɔrɛspɔn'dɛnt]
datilógrafa (f)	maskinskriverska (en)	[maˈɧiːn 'skrivcpka]
designer (m)	designer (en)	[de'sajnər]
especialista (m)	dataexpert (en)	['data ɛks'pɛːʈ]
em informática		
programador (m)	programmerare (en)	[prɔgra'merarə]
engenheiro (m)	ingenjör (en)	[inɧə'njøːr]
marujo (m)	sjöman (en)	['ɧøːˌman]
marinheiro (m)	matros (en)	[ma'trʊs]
salvador (m)	räddare (en)	['rɛdarə]
bombeiro (m)	brandman (en)	['brandˌman]
polícia (m)	polis (en)	[pʊ'lis]
guarda-noturno (m)	nattvakt, väktare (en)	['natˌvakt], ['vɛktarə]
detetive (m)	detektiv (en)	[detɛk'tiv]
funcionário (m) da alfândega	tulltjänsteman (en)	['tulʲ 'ɕɛnstəˌman]
guarda-costas (m)	livvakt (en)	['liːvˌvakt]
guarda (m) prisional	fångvaktare (en)	['fɔŋˌvaktarə]
inspetor (m)	inspektör (en)	[inspɛk'tøːr]
desportista (m)	idrottsman (en)	['idrɔtsˌman]
treinador (m)	tränare (en)	['trɛːnarə]

talhante (m)	slaktare (en)	['slʲaktarə]
sapateiro (m)	skomakare (en)	['skʊˌmakarə]
comerciante (m)	handelsman (en)	['handəlʲsˌman]
carregador (m)	lastare (en)	['lʲastarə]

| estilista (m) | modedesigner (en) | ['mʊdə de'sajnər] |
| modelo (f) | modell, mannekäng (en) | [mʊ'dɛlʲ], ['manekɛŋ] |

131. Ocupações. Estatuto social

| aluno, escolar (m) | skolbarn (ett) | ['skʊlʲˌbaːn] |
| estudante (~ universitária) | student (en) | [stu'dɛnt] |

filósofo (m)	filosof (en)	[filʲo'sɔf]
economista (m)	ekonom (en)	[ɛkʊ'nɔm]
inventor (m)	uppfinnare (en)	['upˌfinarə]

desempregado (m)	arbetslös (en)	['arbets,lʲøːs]
reformado (m)	pensionär (en)	[panɧʊ'næːr]
espião (m)	spion (en)	[spi'ʊn]

preso (m)	fånge (en)	['fɔŋə]
grevista (m)	strejkande (en)	['strɛjkandə]
burocrata (m)	byråkrat (en)	['byrɔˌkrat]
viajante (m)	resenär (en)	[rese'næːr]

homossexual (m)	homosexuell (en)	['hɔmɔsɛksuˌɛlʲ]
hacker (m)	hackare (en)	['hakarə]
hippie	hippie (en)	['hipi]

bandido (m)	bandit (en)	[ban'dit]
assassino (m) a soldo	legomördare (en)	['lʲegʊˌmøːdarə]
toxicodependente (m)	narkoman (en)	[narkʊ'man]
traficante (m)	droglangare (en)	['drʊg,lʲaŋarə]
prostituta (f)	prostituerad (en)	[prɔstitʉ'ɛrad]
chulo (m)	hallik (en)	['halik]

bruxo (m)	trollkarl (en)	['trɔlʲˌkar]
bruxa (f)	trollkvinna (en)	['trɔlʲˌkvina]
pirata (m)	pirat, sjörövare (en)	[pi'rat], ['ɧøːˌrøːvarə]
escravo (m)	slav (en)	['slʲav]
samurai (m)	samuraj (en)	[samu'raj]
selvagem (m)	vilde (en)	['vilʲdə]

Desportos

132. Tipos de desportos. Desportistas

desportista (m)	idrottsman (en)	['idrɔts,man]
tipo (m) de desporto	idrottsgren (en)	['idrɔts,gren]
basquetebol (m)	basket (en)	['basket]
jogador (m) de basquetebol	basketspelare (en)	['basket,spelʲarə]
beisebol (m)	baseboll (en)	['bɛjsbɔlʲ]
jogador (m) de beisebol	basebollspelare (en)	['bɛjsbɔlʲ,spelʲarə]
futebol (m)	fotboll (en)	['futbɔlʲ]
futebolista (m)	fotbollsspelare (en)	['futbɔlʲs 'spelʲarə]
guarda-redes (m)	målvakt (en)	['mo:lʲ,vakt]
hóquei (m)	ishockey (en)	['is,hɔki]
jogador (m) de hóquei	ishockeyspelare (en)	['is,hɔki 'spelʲarə]
voleibol (m)	volleyboll (en)	['vɔli,bɔlʲ]
jogador (m) de voleibol	volleybollspelare (en)	['vɔlibɔlʲ 'spelʲarə]
boxe (m)	boxning (en)	['buksniŋ]
boxeador, pugilista (m)	boxare (en)	['buksarə]
luta (f)	brottning (en)	['brɔtniŋ]
lutador (m)	brottare (en)	['brɔtarə]
karaté (m)	karate (en)	[ka'ratə]
karateca (m)	karateutövare (en)	[ka'ratə,u'tø:varə]
judo (m)	judo (en)	['jʉdo]
judoca (m)	judobrottare (en)	['jʉdo,brɔtarə]
ténis (m)	tennis (en)	['tɛnis]
tenista (m)	tennisspelare (en)	['tɛnis,spelʲarə]
natação (f)	simning (en)	['simniŋ]
nadador (m)	simmare (en)	['simarə]
esgrima (f)	fäktning (en)	['fɛktniŋ]
esgrimista (m)	fäktare (en)	['fɛktarə]
xadrez (m)	schack (ett)	['ʃak]
xadrezista (m)	schackspelare (en)	['ʃak,spelʲarə]
alpinismo (m)	alpinism (en)	['alʲpi,nizm]
alpinista (m)	alpinist (en)	['alʲpi,nist]
corrida (f)	löpning (en)	['lʲœpniŋ]

119

corredor (m)	löpare (en)	['lø:parə]
atletismo (m)	friidrott (en)	['fri: 'iˌdrɔt]
atleta (m)	atlet (en)	[at'let]

hipismo (m)	ridsport (en)	['ridˌspɔ:t]
cavaleiro (m)	ryttare (en)	['rʏtarə]

patinagem (f) artística	konståkning (en)	['kɔnˌsto:kniŋ]
patinador (m)	konståkare (en)	['kɔnˌsto:karə]
patinadora (f)	konståkerska (en)	['kɔnˌsto:kɛʂka]

halterofilismo (m)	tyngdlyftning (en)	['tʏŋdˌlyftniŋ]
halterofilista (m)	tyngdlyftare (en)	['tʏŋdˌlyftarə]
corrida (f) de carros	biltävling (en)	['bilˌtɛvliŋ]
piloto (m)	racerförare (en)	['rejsˌfø:rarə]

ciclismo (m)	cykelsport (en)	['sykəlˌspɔ:t]
ciclista (m)	cyklist (en)	[sʏk'list]

salto (m) em comprimento	längdhopp (ett)	['lɛŋdˌhɔp]
salto (m) à vara	stavhopp (ett)	['stavˌhɔp]
atleta (m) de saltos	hoppare (en)	['hɔparə]

133. Tipos de desportos. Diversos

futebol (m) americano	amerikansk fotboll (en)	[ameri'kansk 'futbɔl]
badminton (m)	badminton (en)	['bɛdmintɔn]
biatlo (m)	skidskytte (ett)	['ɧidˌɧytə]
bilhar (m)	biljard (en)	[bi'lja:d]

bobsled (m)	bobsleigh (en)	[bɔb'slej]
musculação (f)	kroppsbyggande (ett)	['krɔpsˌbʏgandə]
polo (m) aquático	vattenpolo (ett)	['vatənˌpulu]
andebol (m)	handboll (en)	['handˌbɔl]
golfe (m)	golf (en)	['gɔlf]

remo (m)	rodd (en)	['rud]
mergulho (m)	dykning (en)	['dʏkniŋ]
corrida (f) de esqui	skidåkning (en)	['ɧi:ˌdokniŋ]
ténis (m) de mesa	bordtennis (en)	['bu:dˌtɛnis]

vela (f)	segelsport (en)	['segəlˌspɔ:t]
rali (m)	rally (ett)	['rali]
râguebi (m)	rugby (en)	['rugbi]
snowboard (m)	snowboard (en)	['snɔwˌbo:d]
tiro (m) com arco	bågskjutning (ett)	['bo:gˌɧɥ:tniŋ]

134. Ginásio

barra (f)	skivstång (en)	['ɧivˌstɔŋ]
halteres (m pl)	hantlar (pl)	['hantˌlar]
aparelho (m) de musculaçao	träningsmaskin (en)	['trɛ:niŋs ma'ɧi:n]

bicicleta (f) ergométrica	motioncykel (en)	[mɔt'ɧʉnˌsykəlʲ]
passadeira (f) de corrida	löpband (ett)	['lʲøːpˌband]
barra (f) fixa	räcke (ett)	['rɛkə]
barras (f) paralelas	barr (en)	['bar]
cavalo (m)	hoppbord (en)	['hɔpˌbuːd]
tapete (m) de ginástica	matta (en)	['mata]
corda (f) de saltar	hopprep (ett)	['hɔprep]
aeróbica (f)	aerobics	[aɛ'robiks]
ioga (f)	yoga (en)	['joga]

135. Hóquei

hóquei (m)	ishockey (en)	['isˌhɔki]
jogador (m) de hóquei	ishockeyspelare (en)	['isˌhɔki 'spelʲarə]
jogar hóquei	att spela ishockey	[at 'spelʲa 'isˌhɔki]
gelo (m)	is (en)	['is]
disco (m)	puck (en)	['puk]
taco (m) de hóquei	klubba (en)	['klʉba]
patins (m pl) de gelo	skridskor (pl)	['skriˌskʉr]
muro (m)	sarg (en)	['sarj]
tiro (m)	skott (ett)	['skɔt]
guarda-redes (m)	målvakt (en)	['moːlʲˌvakt]
golo (m)	mål (ett)	['moːlʲ]
marcar um golo	att göra mål	[at 'jøːra ˌmoːlʲ]
tempo (m)	period (en)	[peri'ʊd]
segundo tempo (m)	andra period (en)	['andra peri'ʊd]
banco (m) de reservas	reservbänk (en)	[re'sɛrvˌbɛŋk]

136. Futebol

futebol (m)	fotboll (en)	['fʊtbɔlʲ]
futebolista (m)	fotbollsspelare (en)	['fʊtbɔlʲs 'spelʲarə]
jogar futebol	att spela fotboll	[at 'spelʲa 'fʊtbɔlʲ]
Liga Principal (f)	högsta liga (en)	['hœgsta 'liga]
clube (m) de futebol	fotbollsklubb (en)	['fʊtbɔlʲsˌklʉb]
treinador (m)	tränare (en)	['trɛːnarə]
proprietário (m)	ägare (en)	['ɛːgarə]
equipa (f)	lag (ett)	['lʲag]
capitão (m) da equipa	lagkapten (en)	['lʲag kap'ten]
jogador (m)	spelare (en)	['spelʲarə]
jogador (m) de reserva	reserv, avbytare (en)	[re'sɛrv], ['avˌbytarə]
atacante (m)	anfallsspelare (en)	['anfalʲsˌspelʲarə]
avançado (m) centro	central anfallsspelare (en)	[sɛn'tralʲ 'anfalʲsˌspelʲarə]

marcador (m)	målgörare (en)	[ˈmoːlʲjøːrarə]
defesa (m)	försvarare, back (en)	[fœːˈʂvararə], [ˈbak]
médio (m)	halvback (en)	[ˈhalʲvˌbak]
jogo (desafio)	match (en)	[ˈmatʃ]
encontrar-se (vr)	att mötas	[at ˈmøːtas]
final (m)	final (en)	[fiˈnalʲ]
meia-final (f)	semifinal (en)	[ˈsemifiˌnalʲ]
campeonato (m)	mästerskap (ett)	[ˈmɛstəˌskap]
tempo (m)	halvlek (en)	[ˈhalʲvˌlʲek]
primeiro tempo (m)	den första perioden	[dɛn ˈfœːʂta periˈʊdən]
intervalo (m)	halvtid (en)	[ˈhalʲvˌtid]
baliza (f)	mål (ett)	[ˈmoːlʲ]
guarda-redes (m)	målvakt (en)	[ˈmoːlʲˌvakt]
trave (f)	stolpe (en)	[ˈstɔlpə]
barra (f) transversal	ribba (en)	[ˈriba]
rede (f)	nät (ett)	[ˈnɛːt]
sofrer um golo	att släppa in ett mål	[at ˈslʲepa in ɛt ˈmoːlʲ]
bola (f)	boll (en)	[ˈbɔlʲ]
passe (m)	passning (en)	[ˈpasniŋ]
chute (m)	spark (ett)	[ˈspark]
chutar (vt)	att sparka	[at ˈsparka]
tiro (m) livre	frispark (en)	[ˈfriˌspark]
canto (m)	hörna (en)	[ˈhøːɳa]
ataque (m)	angrepp (ett)	[ˈanˌɡrɛp]
contra-ataque (m)	kontring, motattack (en)	[ˈkontriŋ], [ˈmot aˈtak]
combinação (f)	kombination (en)	[kombinaˈɦʊn]
árbitro (m)	domare (en)	[ˈdʊmarə]
apitar (vi)	att blåsa i visselpipan	[at ˈblʲoːsa i ˈviselʲˌpipan]
apito (m)	vissling (en)	[ˈvisliŋ]
falta (f)	regelbrott (ett)	[ˈreɡəlʲˌbrot]
cometer a falta	att begå en förseelse	[at beˈɡo en fœːˈʂeelʲsə]
expulsar (vt)	att utvisa	[at ˈʉtˌvisa]
cartão (m) amarelo	gult kort (ett)	[ˈɡʉlʲt ˈkoːt]
cartão (m) vermelho	rött kort (ett)	[ˈrœt ˈkoːt]
desqualificação (f)	diskvalificering (en)	[diskvalifiˈseriŋ]
desqualificar (vt)	att diskvalificera	[at diskvalifiˈsera]
penálti (m)	straffspark (en)	[ˈstrafˌspark]
barreira (f)	mur (en)	[ˈmʉːr]
marcar (vt)	att göra mål	[at ˈjøːra ˌmoːlʲ]
golo (m)	mål (ett)	[ˈmoːlʲ]
marcar um golo	att göra mål	[at ˈjøːra ˌmoːlʲ]
substituição (f)	byte (ett)	[ˈbytə]
substituir (vt)	att byta ut	[at ˈbyta ʉt]
regras (f pl)	regler (pl)	[ˈrɛɡlʲər]
tática (f)	taktik (en)	[takˈtik]
estádio (m)	stadion (ett)	[ˈstadiʊn]
bancadas (f pl)	läktare (en)	[ˈlʲɛktarə]

| fã, adepto (m) | fan (ett) | ['fan] |
| gritar (vi) | att skrika | [at 'skrika] |

| marcador (m) | resultattavla (en) | [resulˈ'tatˌtavlˈa] |
| resultado (m) | resultat (ett) | [resulˈ'tat] |

derrota (f)	nederlag (ett)	['nedə:ˌlˈag]
perder (vt)	att förlora	[at fœː'lˈʊra]
empate (m)	oavgjort (ett)	[ʊːav'jʊːt]
empatar (vi)	att spela oavgjort	[at 'spelˈa uːav'jʊːt]

| vitória (f) | seger (en) | ['segər] |
| ganhar, vencer (vi, vt) | att vinna | [at 'vina] |

campeão (m)	mästare (en)	['mɛstarə]
melhor	bäst	['bɛst]
felicitar (vt)	att gratulera	[at gratʉ'lˈera]

comentador (m)	kommentator (en)	[kɔmɛn'tatʊr]
comentar (vt)	att kommentera	[at kɔmɛn'tɛra]
transmissão (f)	sändning (en)	['sɛndniŋ]

137. Esqui alpino

esqui (m)	skidor (pl)	['ɧidʊr]
esquiar (vi)	att åka skidor	[at 'oːka 'ɧidʊr]
estância (f) de esqui	skidort (en)	['ɧidoːt]
teleférico (m)	skidlift (en)	['ɧidˌlift]

bastões (m pl) de esqui	skidstavar (en)	['ɧidˌstaːvar]
declive (m)	sluttning (en)	['slʉ.tˈniŋ]
slalom (m)	slalom (en)	['slˈalˈom]

138. Ténis. Golfe

golfe (m)	golf (en)	['gɔlˈf]
clube (m) de golfe	golfklubb (en)	['gɔlˈfˌklʉb]
jogador (m) de golfe	golfspelare (en)	['gɔlˈfˌspelˈarə]

buraco (m)	hål (ett)	['hoːlˈ]
taco (m)	klubba (en)	['klʉba]
trolley (m)	golfvagn (en)	['gɔlˈfˌvagn]

| ténis (m) | tennis (en) | ['tɛnis] |
| quadra (f) de ténis | tennisbana (en) | ['tɛnisˌbana] |

| saque (m) | serve (en) | ['sɛrvə] |
| sacar (vi) | att serva | [at 'sɛrva] |

raquete (f)	racket (en)	['raket]
rede (f)	nät (en)	['nɛːt]
bola (f)	boll (en)	['bɔlˈ]

123

139. Xadrez

xadrez (m)	schack (ett)	['ɧak]
peças (f pl) de xadrez	schackpjäser (pl)	['ɧak‚pjæ:sər]
xadrezista (m)	schackspelare (en)	['ɧak‚speˡˈarə]
tabuleiro (m) de xadrez	schackbräde (ett)	['ɧak‚brɛ:də]
peça (f) de xadrez	schackpjäs (en)	['ɧak‚pjæ:s]
brancas (f pl)	vita pjäser (pl)	['vita ‚pjæ:sər]
pretas (f pl)	svarta pjäser (pl)	['sva:ʈa 'pjæ:sər]
peão (m)	bonde (en)	['bʊndə]
bispo (m)	löpare (en)	['ˡʲø:parə]
cavalo (m)	springare (en)	['spriŋarə]
torre (f)	torn (ett)	['tʊ:ɳ]
dama (f)	drottning, dam (en)	['drɔtniŋ], [dam]
rei (m)	kung (en)	['kuŋ]
vez (m)	drag (ett)	['drag]
mover (vt)	att flytta	[at 'flʲyta]
sacrificar (vt)	att offra	[at 'ɔfra]
roque (m)	rockad (en)	[rʊ'kad]
xeque (m)	schack (ett)	['ɧak]
xeque-mate (m)	matt (en)	['mat]
torneio (m) de xadrez	schackturnering (en)	['ɧak tu:'ɳeriŋ]
grão-mestre (m)	stormästare (en)	['stʊr‚mɛstarə]
combinação (f)	kombination (en)	[kɔmbina'ɧʊn]
partida (f)	parti (ett)	[pa:'ʈi:]
jogo (m) de damas	damspel (ett)	['dam‚speˡʲ]

140. Boxe

boxe (m)	boxning (en)	['bʊksniŋ]
combate (m)	match (en)	['matʃ]
duelo (m)	boxningsmatch (en)	['bʊksniŋ‚matʃ]
round (m)	rond (en)	['rɔnd]
ringue (m)	ring (en)	['riŋ]
gongo (m)	gong (en)	['gɔŋ]
murro, soco (m)	slag (ett)	['slʲag]
knockdown (m)	knockdown (en)	['nɔk‚dawn]
nocaute (m)	knockout (en)	[nɔk'aʊt]
nocautear (vt)	att slå ut	[at 'slʲo: ʉt]
luva (f) de boxe	boxhandske (en)	['bʊks‚hanskə]
árbitro (m)	domare (en)	['dʊmarə]
peso-leve (m)	lättvikt (en)	['lʲæt‚vikt]
peso-médio (m)	mellanvikt (en)	['mɛlʲan‚vikt]
peso-pesado (m)	tungvikt (en)	['tuŋ‚vikt]

141. Desportos. Diversos

Português	Sueco	Pronúncia
Jogos (m pl) Olímpicos	de olympiska spelen	[de ʉ'limpiska 'spelʲən]
vencedor (m)	segrare (en)	['sɛg‚rarə]
vencer (vi)	att vinna, att segra	[at 'vina], [at 'sɛgra]
vencer, ganhar (vi)	att vinna	[at 'vina]
líder (m)	ledare (en)	['lʲedarə]
liderar (vt)	att leda	[at 'lʲeda]
primeiro lugar (m)	förstaplats (en)	['fœ:ʂta plʲats]
segundo lugar (m)	andraplats (en)	['andra‚plʲats]
terceiro lugar (m)	tredjeplats (en)	['trɛdjə‚plʲats]
medalha (f)	medalj (en)	[me'dalj]
troféu (m)	trofé (en)	['trʊfe:]
taça (f)	pokal (en)	[pɔ'kalʲ]
prémio (m)	pris (ett)	['pris]
prémio (m) principal	huvudpris (ett)	['hʉ:vʉd‚pris]
recorde (m)	rekord (ett)	[re'kɔ:d]
estabelecer um recorde	att sätta rekord	[at 'sæta re'kɔ:d]
final (m)	final (en)	[fi'nalʲ]
final	final-	[fi'nalʲ-]
campeão (m)	mästare (en)	['mɛstarə]
campeonato (m)	mästerskap (ett)	['mɛstə‚skap]
estádio (m)	stadion (ett)	['stadiʊn]
bancadas (f pl)	läktare (en)	['lʲɛktarə]
fã, adepto (m)	fan (ett)	['fan]
adversário (m)	motståndare (en)	['mʊt‚stɔndarə]
partida (f)	start (en)	['sta:ʈ]
chegada, meta (f)	mål (ett), mållinje (en)	['mo:lʲ], ['mo:lʲ‚linjə]
derrota (f)	nederlag (ett)	['nedə:‚lʲag]
perder (vt)	att förlora	[at fœ:'lʲʊra]
árbitro (m)	domare (en)	['dʊmarə]
júri (m)	jury (en)	['jʉri]
resultado (m)	resultat (ett)	[resulʲ'tat]
empate (m)	oavgjort (ett)	[ʊ:av'jʉ:ʈ]
empatar (vi)	att spela oavgjort	[at 'spelʲa u:av'jʉ:ʈ]
ponto (m)	poäng (en)	[pʊ'ɛŋ]
resultado (m) final	resultat (ett)	[resulʲ'tat]
tempo, período (m)	period (en)	[peri'ʊd]
intervalo (m)	halvtid (en)	['halʲv‚tid]
doping (m)	dopning (en)	['dɔpniŋ]
penalizar (vt)	att straffa	[at 'strafa]
desqualificar (vt)	att diskvalificera	[at diskvalifi'sera]
aparelho (m)	redskap (ett)	['rɛd‚skap]
dardo (m)	spjut (ett)	['spjʉ:t]

125

| peso (m) | kula (en) | ['kʉ:lʲa] |
| bola (f) | boll (en) | ['bɔlʲ] |

alvo, objetivo (m)	mål (ett)	['mo:lʲ]
alvo (~ de papel)	måltavla (en)	['mo:lʲˌtavlʲa]
atirar, disparar (vi)	att skjuta	[at 'hʉ:ta]
preciso (tiro ~)	fullträff	['fulʲˌtrɛf]

treinador (m)	tränare (en)	['trɛ:narə]
treinar (vt)	att träna	[at 'trɛ:na]
treinar-se (vr)	att träna	[at 'trɛ:na]
treino (m)	träning (en)	['trɛ:niŋ]

ginásio (m)	idrottshall (en)	['idrɔtsˌhalʲ]
exercício (m)	övning (en)	['øvniŋ]
aquecimento (m)	uppvärmning (en)	['upˌværmniŋ]

Educação

142. Escola

escola (f)	skola (en)	['skʊlʲa]
diretor (m) de escola	rektor (en)	['rɛktʊr]
aluno (m)	elev (en)	[ɛ'lʲev]
aluna (f)	elev (en)	[ɛ'lʲev]
escolar (m)	skolbarn (ett)	['skʊlʲˌbaːɳ]
escolar (f)	skolflicka (en)	['skʊlʲˌflika]
ensinar (vt)	att undervisa	[at 'undəˌvisa]
aprender (vt)	att lära sig	[at 'lʲæːra sɛj]
aprender de cor	att lära sig utantill	[at 'lʲæːra sɛj 'ʉːtanˌtilʲ]
estudar (vi)	att lära sig	[at 'lʲæːra sɛj]
andar na escola	att gå i skolan	[at 'go: i 'skʊlʲan]
ir à escola	att gå till skolan	[at 'go: tilʲ 'skʊlʲan]
alfabeto (m)	alfabet (ett)	['alʲfabet]
disciplina (f)	ämne (ett)	['ɛmnə]
sala (f) de aula	klassrum (ett)	['klʲasˌruːm]
lição (f)	timme (en)	['timə]
recreio (m)	rast (en)	['rast]
toque (m)	skolklocka (en)	['skʊlʲˌklʲɔkɑ]
carteira (f)	skolbänk (en)	['skʊlʲˌbɛŋk]
quadro (m) negro	tavla (en)	['tavlʲa]
nota (f)	betyg (ett)	[be'tyg]
boa nota (f)	bra betyg (ett)	[bra be'tyg]
nota (f) baixa	dåligt betyg (ett)	['doːlit be'tyg]
dar uma nota	att betygsätta	[at be'tygsæta]
erro (m)	fel (ett)	['felʲ]
fazer erros	att göra misstag	[at 'jøːra 'mistag]
corrigir (vt)	att rätta	[at 'ræta]
cábula (f)	fusklapp (en)	['fuskˌlʲap]
dever (m) de casa	läxor (pl)	['lʲɛːksʊr]
exercício (m)	övning (en)	['øvniŋ]
estar presente	att vara närvarande	[at 'vara 'næːrˌvarandə]
estar ausente	att vara frånvarande	[at 'vara 'froːnˌvarandə]
faltar às aulas	att missa skolan	[at 'misa 'skʊlʲan]
punir (vt)	att straffa	[at 'strafa]
punição (f)	straff (ett)	['straf]
comportamento (m)	uppförande (ett)	['upˌførandə]

boletim (m) escolar	betyg, omdöme (ett)	[be'tyg], ['ɔm‚dø:mə]
lápis (m)	blyertspenna (en)	['blʲyɛ:ʦ‚pɛna]
borracha (f)	suddgummi (ett)	['sud‚gumi]
giz (m)	krita (en)	['krita]
estojo (m)	pennfodral (ett)	['pɛnfʊd‚ralʲ]

pasta (f) escolar	skolväska (en)	['skʊlʲ‚vɛska]
caneta (f)	penna (en)	['pɛna]
caderno (m)	övningsbok (en)	['øvniŋs‚bʊk]
manual (m) escolar	lärobok (en)	['lʲæ:rʊ‚bʊk]
compasso (m)	passare (en)	['pasarə]

| traçar (vt) | att rita | [at 'rita] |
| desenho (m) técnico | teknisk ritning (en) | ['tɛknisk 'ritniŋ] |

poesia (f)	dikt (en)	['dikt]
de cor	utantill	['u:tan‚tilʲ]
aprender de cor	att lära sig utantill	[at 'læ:ra sɛj 'ʉ:tan‚tilʲ]

férias (f pl)	skollov (ett)	['skʊl‚lʲov]
estar de férias	att ha lov	[at ha 'lʲov]
passar as férias	att tillbringa skollovet	[at 'tilʲ‚briŋa 'skʊ‚lʲovet]

teste (m)	prov (ett)	['prʊv]
composição, redação (f)	uppsats (en)	['upsats]
ditado (m)	diktamen (en)	[dik'tamən]
exame (m)	examen (en)	[ɛk'samən]
fazer exame	att ta en examen	[at ta en ɛk'samən]
experiência (~ química)	försök (ett)	['fœ:‚ʂø:k]

143. Colégio. Universidade

academia (f)	akademi (en)	[akade'mi:]
universidade (f)	universitet (ett)	[univɛʂi'tet]
faculdade (f)	fakultet (en)	[fakulʲ'tet]

estudante (m)	student (en)	[stu'dɛnt]
estudante (f)	kvinnlig student (en)	['kvinlig stu'dɛnt]
professor (m)	lärare, föreläsare (en)	['lʲæ:rarə], ['førə‚lʲɛ:sarə]

| sala (f) de palestras | föreläsningssal (en) | [førə'lʲɛsniŋ‚salʲ] |
| graduado (m) | alumn (en) | [a'lʲumn] |

| diploma (m) | diplom (ett) | [dip'lʲɔm] |
| tese (f) | avhandling (en) | ['av‚handliŋ] |

| estudo (obra) | studie (en) | ['studiə] |
| laboratório (m) | laboratorium (ett) | [lʲabora'tɔrium] |

| palestra (f) | föreläsning (en) | ['førə‚lʲɛsniŋ] |
| colega (m) de curso | studiekompis (en) | ['studiə‚kɔmpis] |

| bolsa (f) de estudos | stipendium (ett) | [sti'pɛndium] |
| grau (m) académico | akademisk grad (en) | [aka'demisk grad] |

144. Ciências. Disciplinas

matemática (f)	matematik (en)	[matema'tik]
álgebra (f)	algebra (en)	['alˈgebra]
geometria (f)	geometri (en)	[jeʊmə'tri:]
astronomia (f)	astronomi (en)	[astrʊnɔ'mi:]
biologia (f)	biologi (en)	[biʊlˈɔ'gi:]
geografia (f)	geografi (en)	[jeʊgra'fi:]
geologia (f)	geologi (en)	[jeʊlˈɔ'gi:]
história (f)	historia (en)	[hi'stʊria]
medicina (f)	medicin (en)	[medi'sin]
pedagogia (f)	pedagogik (en)	[pedagɔ'gik]
direito (m)	rätt (en)	['ræt]
física (f)	fysik (en)	[fy'zik]
química (f)	kemi (en)	[ɕe'mi:]
filosofia (f)	filosofi (en)	[filˈɔsɔ'fi:]
psicologia (f)	psykologi (en)	[sykʊlˈɔ'gi:]

145. Sistema de escrita. Ortografia

gramática (f)	grammatik (en)	[grama'tik]
vocabulário (m)	ordförråd (ett)	['ʊ:dfœ:ˌro:d]
fonética (f)	fonetik (en)	[fone'tik]
substantivo (m)	substantiv (ett)	['substanˌtiv]
adjetivo (m)	adjektiv (ett)	['adjɛkˌtiv]
verbo (m)	verb (ett)	[ˈ'vɛrb]
advérbio (m)	adverb (ett)	[ad'vɛrb]
pronome (m)	pronomen (ett)	[prʊ'nʊmən]
interjeição (f)	interjektion (en)	[intɛrjɛk'ɧun]
preposição (f)	preposition (en)	[prepʊsi'ɧun]
raiz (f) da palavra	rot (en)	['rʊt]
terminação (f)	ändelse (en)	['ɛndəlˈsə]
prefixo (m)	prefix (ett)	[prɛ'fiks]
sílaba (f)	stavelse (en)	['stavəlˈsə]
sufixo (m)	suffix (ett)	[su'fi:ks]
acento (m)	betoning (en)	[be'tʊniŋ]
apóstrofo (m)	apostrof (en)	[apʊ'strɔf]
ponto (m)	punkt (en)	['puŋkt]
vírgula (f)	komma (ett)	['kɔma]
ponto e vírgula (m)	semikolon (ett)	['semikʊˌlˈɔn]
dois pontos (m pl)	kolon (ett)	[kʊ'lˈɔn]
reticências (f pl)	tre punkter (pl)	[trɛ 'puŋktər]
ponto (m) de interrogação	frågetecken (ett)	['fro:gəˌtɛkən]
ponto (m) de exclamação	utropstecken (ett)	['ʊtrʊpsˌtɛkən]

aspas (f pl)	anföringstecken (pl)	[anˈfœriŋsˌtɛkən]
entre aspas	inom anföringstecken	[ˈinɔm anˈfœriŋsˌtɛkən]
parênteses (m pl)	parentes (en)	[parɛnˈtes]
entre parênteses	inom parentes	[ˈinɔm parɛnˈtes]
hífen (m)	bindestreck (ett)	[ˈbindəˌstrɛk]
travessão (m)	tankstreck (ett)	[ˈtaŋkˌstrɛk]
espaço (m)	mellanrum (ett)	[ˈmɛlʲanˌruːm]
letra (f)	bokstav (en)	[ˈbʊkstav]
letra (f) maiúscula	stor bokstav (en)	[ˈstʊr ˈbʊkstav]
vogal (f)	vokal (en)	[vʊˈkalʲ]
consoante (f)	konsonant (en)	[kɔnsɔˈnant]
frase (f)	mening, sats (en)	[ˈmeniŋ], [ˈsats]
sujeito (m)	subjekt (ett)	[subˈjɛːkt]
predicado (m)	predikat (ett)	[prediˈkat]
linha (f)	rad (en)	[ˈrad]
em uma nova linha	på ny rad	[pɔ ny ˈrad]
parágrafo (m)	stycke (ett)	[ˈstvkə]
palavra (f)	ord (ett)	[ˈʊːɖ]
grupo (m) de palavras	ordkombination (en)	[ˈʊːɖˌkɔmbinaˈʂʊn]
expressão (f)	uttryck (ett)	[ˈʉtˌtrʏk]
sinónimo (m)	synonym (en)	[synɔˈnym]
antónimo (m)	antonym, motsats (en)	[antɔˈnʏm], [ˈmʊtsats]
regra (f)	regel (en)	[ˈregəlʲ]
exceção (f)	undantag (ett)	[ˈundanˌtaːg]
correto	riktig	[ˈriktig]
conjugação (f)	böjning (en)	[ˈbœjniŋ]
declinação (f)	böjning (en)	[ˈbœjniŋ]
caso (m)	kasus (ett)	[ˈkasus]
pergunta (f)	fråga (en)	[ˈfroːga]
sublinhar (vt)	att understryka	[at ˈundəˌstryka]
linha (f) pontilhada	pricklinje (en)	[ˈprikˌlinjə]

146. Línguas estrangeiras

língua (f)	språk (ett)	[ˈsproːk]
estrangeiro	främmande	[ˈfrɛmandə]
língua (f) estrangeira	främmande språk (ett)	[ˈfrɛmandə sproːk]
estudar (vt)	att studera	[at stuˈdera]
aprender (vt)	att lära sig	[at ˈlʲæːra sɛj]
ler (vt)	att läsa	[at ˈlʲɛːsa]
falar (vi)	att tala	[at ˈtalʲa]
compreender (vt)	att förstå	[at fœːˈʂtoː]
escrever (vt)	att skriva	[at ˈskriva]
rapidamente	snabbt	[ˈsnabt]
devagar	långsamt	[ˈlʲɔŋˌsamt]

fluentemente	flytande	['flʲytandə]
regras (f pl)	regler (pl)	['rɛglʲər]
gramática (f)	grammatik (en)	[grama'tik]
vocabulário (m)	ordförråd (ett)	['ʊːdfœːˌroːd]
fonética (f)	fonetik (en)	[fɔne'tik]

manual (m) escolar	lärobok (en)	['lʲæːrʊˌbʊk]
dicionário (m)	ordbok (en)	['ʊːdˌbʊk]
manual (m) de autoaprendizagem	självinstruerande lärobok (en)	['ɧɛlʲv instrʉ'ɛrandə 'lʲæːrʊˌbʊk]
guia (m) de conversação	parlör (en)	[pa:'lʲøːr]

cassete (f)	kassett (en)	[ka'sɛt]
vídeo cassete (m)	videokassett (en)	['videʊ ka'sɛt]
CD (m)	cd-skiva (en)	['sede ˌɧiva]
DVD (m)	dvd (en)	[deve'deː]

alfabeto (m)	alfabet (ett)	['alʲfabet]
soletrar (vt)	att stava	[at 'stava]
pronúncia (f)	uttal (ett)	['ʉtˌtalʲ]

sotaque (m)	brytning (en)	['brʏtniŋ]
com sotaque	med brytning	[me 'brʏtniŋ]
sem sotaque	utan brytning	['ʉtan 'brʏtniŋ]

palavra (f)	ord (ett)	['ʊːd]
sentido (m)	betydelse (en)	[be'tydəlʲsə]

cursos (m pl)	kurs (en)	['kuːʂ]
inscrever-se (vr)	att anmäla sig	[at 'anˌmɛːlʲa sɛj]
professor (m)	lärare (en)	['lʲæːrarə]

tradução (processo)	översättning (en)	['øːvəˌsætniŋ]
tradução (texto)	översättning (en)	['øːvəˌsætniŋ]
tradutor (m)	översättare (en)	['øːvəˌsætarə]
intérprete (m)	tolk (en)	['tɔlʲk]

poliglota (m)	polyglott (en)	[pʊlʏ'glʲɔt]
memória (f)	minne (ett)	['minə]

147. Personagens de contos de fadas

Pai (m) Natal	Jultomten	['julʲˌtɔmtən]
Cinderela (f)	Askungen	['askuŋən]
sereia (f)	havsfru (en)	['havsˌfrʉː]
Neptuno (m)	Neptunus	[nep'tʉnus]

mago (m)	trollkarl (en)	['trɔlʲˌkar]
fada (f)	fe (en)	['fe]
mágico	troll-, magisk	['trɔlʲ-], ['magisk]
varinha (f) mágica	trollspö (ett)	['trɔlʲˌspøː]

conto (m) de fadas	saga (en)	['saga]
milagre (m)	mirakel (ett)	[mi'rakəlʲ]

131

| anão (m) | gnom, dvärg (en) | [gnʊm], ['dværj] |
| transformar-se em ... | att förvandlas till ... | [at før'vandlas til ...] |

fantasma (m)	fantom, vålnad (ett)	[fan'to:m], ['vɔlʲnad]
espetro (m)	spöke (ett)	['spø:kə]
monstro (m)	monster (ett)	['mɔnstər]
dragão (m)	drake (en)	['drakə]
gigante (m)	jätte (en)	['jætə]

148. Signos do Zodíaco

Carneiro	Väduren	['vɛdɘrən]
Touro	Oxen	['ʊksən]
Gémeos	Tvillingarna	['tviliŋa:ŋa]
Caranguejo	Kräftan	['krɛftan]
Leão	Lejonet	['lʲejɔnet]
Virgem (f)	Jungfrun	['juŋfrʉn]

Balança	Vågen	['vo:gən]
Escorpião	Skorpionen	[skɔrpi'ʊnən]
Sagitário	Skytten	['fʏtən]
Capricórnio	Stenbocken	['sten‚bʊkən]
Aquário	Vattumannen	['vatɵ‚manən]
Peixes	Fiskarna	['fiska:ŋa]

caráter (m)	karaktär (en)	[karak'tæ:r]
traços (m pl) do caráter	karaktärsdrag (ett)	[karak'tæ:ş‚drag]
comportamento (m)	uppförande (ett)	['up‚førandə]
predizer (vt)	att spå	[at spɔ]
adivinha (f)	spåkvinna (en)	['spo:‚kvina]
horóscopo (m)	horoskop (ett)	[hʊrʊ'skɔp]

Artes

149. Teatro

teatro (m)	teater (en)	[te'atər]
ópera (f)	opera (en)	['ʊpera]
opereta (f)	operett (en)	[ʊpe'rɛt]
balé (m)	balett (en)	[ba'lʲet]
cartaz (m)	affisch (en)	[a'fi:ʃ]
companhia (f) teatral	teatertrupp (en)	[te'atər,trup]
turné (digressão)	turné (en)	[tur'ne:]
estar em turné	att vara på turné	[at 'vara pɔ tur'ne:]
ensaiar (vt)	att repetera	[at repe'tera]
ensaio (m)	repetition (en)	[repeti'fʊn]
repertório (m)	repertoar (en)	[repɛ:tʊ'a:r]
apresentação (f)	föreställning (en)	['førə,stɛlʲniŋ]
espetáculo (m)	teaterstycke (ett)	[te'atər,stʏkə]
peça (f)	skådespel (ett), pjäs (en)	['sko:də,spelʲ], [pjæ:s]
bilhete (m)	biljett (en)	[bi'lʲet]
bilheteira (f)	biljettkassa (en)	[bi'lʲet,kasa]
hall (m)	lobby (en)	['lʲobi]
guarda-roupa (m)	garderob (en)	[ga:də'rɔ:b]
senha (f) numerada	nummerbricka (en)	['numər,brika]
binóculo (m)	kikare (en)	['ɕikaro]
lanterninha (m)	platsanvisare (en)	['plʲats,an'visarə]
plateia (f)	parkett (en)	[par'ket]
balcão (m)	balkong (en)	[balʲ'kɔŋ]
primeiro balcão (m)	första raden (en)	['fœ:ʂta 'radən]
camarote (m)	loge (en)	['lʲogə]
fila (f)	rad (en)	['rad]
assento (m)	plats (en)	['plʲats]
público (m)	publik (en)	[pub'lik]
espetador (m)	åskådare (en)	['ɔs,ko:darə]
aplaudir (vt)	att klappa	[at 'klʲapa]
aplausos (m pl)	applåd (en)	[ap'lʲo:d]
ovação (f)	bifall (ett)	['bi,falʲ]
palco (m)	scen (en)	['se:n]
pano (m) de boca	ridå (en)	[ri'do:]
cenário (m)	dekoration (en)	[dekɔra'fʊn]
bastidores (m pl)	kulisser (pl)	[kʉ'lisər]
cena (f)	scen (en)	['se:n]
ato (m)	akt (en)	['akt]
entreato (m)	mellanakt (en)	['mɛlʲan,akt]

150. Cinema

ator (m)	skådespelare (en)	['sko:də‚spelʲarə]
atriz (f)	skådespelerska (en)	['sko:də‚spelʲeʂka]

cinema (m)	filmindustri (en)	['filʲm‚indu'stri:]
filme (m)	film (en)	['filʲm]
episódio (m)	del (en)	['delʲ]

filme (m) policial	kriminalfilm (en)	[krimi'nalʲ‚filʲm]
filme (m) de ação	actionfilm (en)	['ɛkʃən‚filʲm]
filme (m) de aventuras	äventyrsfilm (en)	['ɛ:vɛn‚tyʂ 'filʲm]
filme (m) de ficção científica	science fiction film (en)	['sajəns ‚fikʃən 'filʲm]
filme (m) de terror	skräckfilm (en)	['skrɛk‚filʲm]

comédia (f)	komedi (en), lustspel (ett)	[kome'di:], [lʉ:st‚spel]
melodrama (m)	melodram (en)	[melʲo'dram]
drama (m)	drama (ett)	['drama]

filme (m) ficcional	spelfilm (en)	['spelʲ‚filʲm]
documentário (m)	dokumentärfilm (en)	[dokumən'tæ:r‚filʲm]
desenho (m) animado	tecknad film (en)	['tɛknad 'filʲm]
cinema (m) mudo	stumfilm (en)	['stum‚filʲm]

papel (m)	roll (en)	['rɔlʲ]
papel (m) principal	huvudroll (en)	['hʉ:vɵd‚rɔlʲ]
representar (vt)	att spela	[at 'spelʲa]

estrela (f) de cinema	filmstjärna (en)	['filʲm‚ɧæ:ɳa]
conhecido	välkänd	[vɛlʲ'ɕɛnd]
famoso	berömd	[be'rœmd]
popular	populär	[pɔpʉ'lʲæ:r]

argumento (m)	manus (ett)	['manus]
argumentista (m)	manusförfattare (en)	['manus‚før'fatarə]
realizador (m)	regissör (en)	[reɧi'sø:r]
produtor (m)	producent (en)	[prodʉ'sɛnt]
assistente (m)	assistent (en)	[asi'stɛnt]
diretor (m) de fotografia	kameraman (en)	['kamera‚man]
duplo (m)	stuntman (en)	['stunt‚man]
duplo (m) de corpo	ersättare (en)	[æ:'ʂætarə]

filmar (vt)	att spela in en film	[at 'spelʲa in en 'filʲm]
audição (f)	provspelning (en)	['prʊv‚spɛlʲniŋ]
filmagem (f)	inspelning (en)	['in‚spɛlʲniŋ]
equipe (f) de filmagem	filmteam (ett)	['filʲm‚tim]
set (m) de filmagem	inspelningsplats (en)	['inspɛlʲniŋ‚plʲats]
câmara (f)	filmkamera (en)	['filʲm‚kamera]

cinema (m)	biograf (en)	[biʊ'graf]
ecrã (m), tela (f)	filmduk (en)	['filʲm‚dʉ:k]
exibir um filme	att visa en film	[at 'visa en filʲm]

pista (f) sonora	ljudspår (ett)	['jʉ:d‚spo:r]
efeitos (m pl) especiais	specialeffekter (pl)	[spesi'alʲ ɛ'fɛktər]

legendas (f pl)	undertexter (pl)	['undə,tɛkstər]
crédito (m)	eftertext (ett)	['ɛftə,tɛkst]
tradução (f)	översättning (en)	['øːvə,sætniŋ]

151. Pintura

arte (f)	konst (en)	['kɔnst]
belas-artes (f pl)	de sköna konsterna	[de 'ɧøːna 'kɔnstɛ:ŋa]
galeria (f) de arte	konstgalleri (ett)	['kɔnst galⁱe'riː]
exposição (f) de arte	konst utställning (en)	['kɔnst 'ʉt,stɛlⁱniŋ]

pintura (f)	måleri (ett)	[moːlⁱe'riː]
arte (f) gráfica	grafik (en)	[gra'fik]
arte (f) abstrata	abstrakt konst (en)	[ab'strakt 'kɔnst]
impressionismo (m)	impressionism (en)	[imprɛɧu'nism]

pintura (f), quadro (m)	tavla (en)	['tavlⁱa]
desenho (m)	teckning (en)	['tɛkniŋ]
cartaz, póster (m)	poster, löpsedel (en)	['pɔstər], ['løp,sedelⁱ]

ilustração (f)	illustration (en)	[ilʉstra'ɧʉn]
miniatura (f)	miniatyr (en)	[minia'tyr]
cópia (f)	kopia (en)	[kʊ'pia]
reprodução (f)	reproduktion (en)	[rɛprɔduk'ɧʉn]

mosaico (m)	mosaik (en)	[mʊsa'ik]
vitral (m)	glasmålning (en)	['glⁱas,moːlⁱniŋ]
fresco (m)	fresk (en)	['frɛsk]
gravura (f)	gravyr (en)	[gra'vyr]

busto (m)	byst (en)	['bʏst]
escultura (f)	skulptur (en)	[skʉlⁱp'tʉːr]
estátua (f)	staty (en)	[sta'ty]
gesso (m)	gips (en)	['jips]
em gesso	gips-	['jips-]

retrato (m)	porträtt (en)	[pɔːˈtræt]
autorretrato (m)	självporträtt (en)	['ɧɛlⁱv,pɔːˈtræt]
paisagem (f)	landskapsmålning (en)	['lⁱaŋ,skaps 'moːlⁱniŋ]
natureza (f) morta	stilleben (ett)	['stil,lⁱebən]
caricatura (f)	karikatyr (en)	[karika'tyr]
esboço (m)	skiss (en)	['skis]

tinta (f)	färg (en)	['fæːrj]
aguarela (f)	akvarell (en)	[akva'rɛlⁱ]
óleo (m)	olja (en)	['ɔlja]
lápis (m)	blyertspenna (en)	['blⁱyɛ:ts,pɛna]
tinta da China (f)	tusch (en)	['tuːʃ]
carvão (m)	kol (ett)	['kɔlⁱ]

desenhar (vt)	att teckna	[at 'tɛkna]
pintar (vt)	att måla	[at 'moːlⁱa]
posar (vi)	att posera	[at pʊ'sera]
modelo (m)	modell (en)	[mʊ'dɛlⁱ]

modelo (f)	modell (en)	[mʊ'dɛlʲ]
pintor (m)	konstnär (en)	['kɔnstnæ:r]
obra (f)	konstverk (ett)	['kɔnst‚vɛrk]
obra-prima (f)	mästerverk (ett)	['mɛstər‚vɛrk]
estúdio (m)	ateljé (en)	[ate'lje:]

tela (f)	kanvas, duk (en)	['kanvas], [dʉ:k]
cavalete (m)	staffli (ett)	[staf'li:]
paleta (f)	palett (en)	[pa'lʲet]

moldura (f)	ram (en)	['ram]
restauração (f)	restaurering (en)	[rɛstɔ'reriŋ]
restaurar (vt)	att restaurera	[at rɛstɔ'rera]

152. Literatura & Poesia

literatura (f)	litteratur (en)	[litera'tʉ:r]
autor (m)	författare (en)	[før'fatarə]
pseudónimo (m)	pseudonym (en)	[sydɔ'nym]

livro (m)	bok (en)	['bʊk]
volume (m)	volym (en)	[vɔ'lʲym]
índice (m)	innehållsförteckning (en)	['inəhɔ:lʲs fœ:'ʈɛkniŋ]
página (f)	sida (en)	['sida]
protagonista (m)	huvudperson (en)	['hʉ:vʉd‚pɛ'ʂʊn]
autógrafo (m)	autograf (en)	[atɔ'graf]

conto (m)	novell (en)	[nʊ'vɛlʲ]
novela (f)	kortroman (en)	['kɔ:ʈ rʊ'man]
romance (m)	roman (en)	[rʊ'man]
obra (f)	verk (ett)	['vɛrk]
fábula (m)	fabel (en)	['fabəlʲ]
romance (m) policial	kriminalroman (en)	[krimi'nalʲ rʊ'man]

poesia (obra)	dikt (en)	['dikt]
poesia (arte)	poesi (en)	[pʊe'si:]
poema (m)	epos (ett)	['ɛpɔs]
poeta (m)	poet (en)	[pʊ'et]

ficção (f)	skönlitteratur (en)	['ɧø:n litera'tʉ:r]
ficção (f) científica	science fiction	['sajəns ‚fikʃən]
aventuras (f pl)	äventyr (pl)	['ɛ:vɛn‚tyr]
literatura (f) didática	undervisningslitteratur (en)	['undə‚visniŋ litera'tʉ:r]
literatura (f) infantil	barnlitteratur (en)	['ba:ɳ litera'tʉ:r]

153. Circo

circo (m)	cirkus (en)	['sirkʉs]
circo (m) ambulante	ambulerande cirkus (en)	['ambu‚lerandə 'sirkʉs]
programa (m)	program (ett)	[prɔ'gram]
apresentação (f)	föreställning (en)	['førə‚stɛlʲniŋ]
número (m)	nummer (ett)	['numər]

| arena (f) | arena (en) | [a'rena] |
| pantomima (f) | pantomim (en) | [pantɔ'mim] |

acrobata (m)	akrobat (en)	[akrʊ'bat]
acrobacia (f)	akrobatik (en)	[akrʊba'tik]
ginasta (m)	gymnast (en)	[jym'nast]
ginástica (f)	gymnastik (en)	[jymna'stik]
salto (m) mortal	salto (en)	['salʲtʊ]

homem forte (m)	atlet (en)	[at'lʲet]
domador (m)	djur-tämjare (en)	['jʉːr ˌtɛmjarə]
cavaleiro (m) equilibrista	ryttare (en)	['rʏtarə]
assistente (m)	assistent (en)	[asi'stɛnt]

truque (m)	trick (ett)	['trik]
truque (m) de mágica	magitrick (ett)	[ma'giˌtrik]
mágico (m)	trollkarl (en)	['trɔlʲˌkar]

malabarista (m)	jonglör (en)	[jɔng'lʲøːr]
fazer malabarismos	att jonglera	[at jɔng'lʲera]
domador (m)	dressör (en)	[drɛ'søːr]
adestramento (m)	dressyr (en)	[drɛ'syr]
adestrar (vt)	att dressera	[at drɛ'sera]

154. Música. Música popular

música (f)	musik (en)	[mʉ'siːk]
músico (m)	musiker (en)	['mʉsikər]
instrumento (m) musical	musikinstrument (ett)	[mʉ'siːk instru'mɛnt]
tocar ...	att spela ...	[at 'spelʲa ...]

guitarra (f)	gitarr (en)	[ji'tar]
violino (m)	fiol, violin (en)	[fi'ʊlʲ], [viɔ'lin]
violoncelo (m)	cello (en)	['sɛlʲʊ]
contrabaixo (m)	kontrabas (en)	['kɔntraˌbas]
harpa (f)	harpa (en)	['harpa]

piano (m)	piano (ett)	[pi'anʊ]
piano (m) de cauda	flygel (en)	['flʲygəlʲ]
órgão (m)	orgel (en)	['ɔrjəlʲ]

instrumentos (m pl) de sopro	blåsinstrumenter (pl)	['blʲoːsˌinstru'mɛntər]
oboé (m)	oboe (en)	[ɔb'ɔː]
saxofone (m)	saxofon (en)	[saksʊ'fɔn]
clarinete (m)	klarinett (en)	[klʲari'net]
flauta (f)	flöjt (en)	['flʲøjt]
trompete (m)	trumpet (en)	[trum'pet]

| acordeão (m) | dragspel (ett) | ['dragˌspelʲ] |
| tambor (m) | trumma (en) | ['truma] |

duo, dueto (m)	duo (en)	['dʉːɔ]
trio (m)	trio (en)	['triːɔ]
quarteto (m)	kvartett (en)	[kva'tɛt]

137

coro (m)	kör (en)	['çø:r]
orquestra (f)	orkester (en)	[ɔr'kɛstər]
música (f) pop	popmusik (en)	['pɔp mʉ'si:k]
música (f) rock	rockmusik (en)	['rɔk mʉ'si:k]
grupo (m) de rock	rockband (ett)	['rɔkˌband]
jazz (m)	jazz (en)	['jas]
ídolo (m)	idol (en)	[i'dɔlʲ]
fã, admirador (m)	beundrare (en)	[be'undrarə]
concerto (m)	konsert (en)	[kɔn'sɛ:r]
sinfonia (f)	symfoni (en)	[sʏmfʉ'ni:]
composição (f)	komposition (en)	[kɔmpʉsi'ɧʉn]
compor (vt)	att komponera	[at kɔmpʉ'nera]
canto (m)	sång (en)	['sɔŋ]
canção (f)	sång (en)	['sɔŋ]
melodia (f)	melodi (en)	[melʲɔ'di:]
ritmo (m)	rytm (en)	['rʏtm]
blues (m)	blues (en)	['blʉs]
notas (f pl)	noter (pl)	['nʉtər]
batuta (f)	taktpinne (en)	['taktˌpinə]
arco (m)	stråke (en)	['stro:kə]
corda (f)	sträng (en)	['strɛŋ]
estojo (m)	fodral (ett)	[fʉd'ralʲ]

Descanso. Entretenimento. Viagens

155. Viagens

turismo (m)	turism (en)	[tu'rɪsm]
turista (m)	turist (en)	[tu'rɪst]
viagem (f)	resa (en)	['resa]
aventura (f)	äventyr (ett)	['ɛːvɛn,tyr]
viagem (f)	tripp (en)	['trɪp]
férias (f pl)	semester (en)	[se'mɛstər]
estar de férias	att ha semester	[at ha se'mɛstər]
descanso (m)	uppehåll (ett), vila (en)	['upə'hoːlʲ], ['vilʲa]
comboio (m)	tåg (ett)	['toːg]
de comboio (chegar ~)	med tåg	[me 'toːg]
avião (m)	flygplan (ett)	['flʲygplʲan]
de avião	med flygplan	[me 'flʲygplʲan]
de carro	med bil	[me 'bilʲ]
de navio	med båt	[me 'boːt]
bagagem (f)	bagage (ett)	[ba'gaːʃ]
mala (f)	resväska (en)	['rɛs,vɛska]
carrinho (m)	bagagevagn (en)	[ba'gaːʃ,vagn]
passaporte (m)	pass (ett)	['pas]
visto (m)	visum (ett)	['viːsum]
bilhete (m)	biljett (en)	[bi'lʲet]
bilhete (m) de avião	flygbiljett (en)	['flʲyg bi,lʲet]
guia (m) de viagem	reseguidebok (en)	['rese,gajdbʊk]
mapa (m)	karta (en)	['kaːṭa]
local (m), area (f)	område (ett)	['ɔm,roːdə]
lugar, sítio (m)	plats (en)	['plʲats]
exotismo (m)	(det) exotiska	[ɛ'ksɔtiska]
exótico	exotisk	[ɛk'sɔtisk]
surpreendente	förunderlig	[fø'rundelig]
grupo (m)	grupp (en)	['grup]
excursão (f)	utflykt (en)	['ʉt,flʲykt]
guia (m)	guide (en)	['gajd]

156. Hotel

hotel (m)	hotell (ett)	[hʊ'tɛlʲ]
motel (m)	motell (ett)	[mʊ'tɛlʲ]
três estrelas	trestjärnigt	['tre,ɧæːnɪt]

139

cinco estrelas	femstjärnigt	[fɛm̩ˌɧæːɳit]
ficar (~ num hotel)	att bo	[at 'buː]
quarto (m)	rum (ett)	['ruːm]
quarto (m) individual	enkelrum (ett)	['ɛŋkəlʲˌruːm]
quarto (m) duplo	dubbelrum (ett)	['dubəlʲˌruːm]
reservar um quarto	att boka rum	[at 'buka 'ruːm]
meia pensão (f)	halvpension (en)	['halʲv̩ˌpan'ɧun]
pensão (f) completa	helpension (en)	['helʲˌpan'ɧun]
com banheira	med badkar	[me 'badˌkar]
com duche	med dusch	[me 'duʃ]
televisão (m) satélite	satellit-TV (en)	[satɛ'liːt 'teve]
ar (m) condicionado	luftkonditionerare (en)	['luftˌkɔndiɧu'nerarə]
toalha (f)	handduk (en)	['handˌduːk]
chave (f)	nyckel (en)	['nʏkəlʲ]
administrador (m)	administratör (en)	[administra'tør]
camareira (f)	städerska (en)	['stɛːdɛʂka]
bagageiro (m)	bärare (en)	['bæːrarə]
porteiro (m)	portier (en)	[pɔː'tʲeː]
restaurante (m)	restaurang (en)	[rɛstɔ'raŋ]
bar (m)	bar (en)	['bar]
pequeno-almoço (m)	frukost (en)	['fruːkɔst]
jantar (m)	kvällsmat (en)	['kvɛlʲsˌmat]
buffet (m)	buffet (en)	[bu'fet]
hall (m) de entrada	lobby (en)	['lʲɔbi]
elevador (m)	hiss (en)	['his]
NÃO PERTURBE	STÖR EJ!	['støːr ɛj]
PROIBIDO FUMAR!	RÖKNING FÖRBJUDEN	['rœkniŋ før'bjuːdən]

157. Livros. Leitura

livro (m)	bok (en)	['buk]
autor (m)	författare (en)	[før'fatarə]
escritor (m)	författare (en)	[før'fatarə]
escrever (vt)	att skriva	[at 'skriva]
leitor (m)	läsare (en)	['lʲɛːsarə]
ler (vt)	att läsa	[at 'lʲɛːsa]
leitura (f)	läsning (en)	['lʲɛsniŋ]
para si	för sig själv	[før ˌsɛj 'ɧɛlʲv]
em voz alta	högt	['hœgt]
publicar (vt)	att publicera	[at publi'sera]
publicação (f)	publicering (en)	[publi'seriŋ]
editor (m)	förläggare (en)	['fœːˌlʲɛgarə]
editora (f)	förlag (ett)	[fœː'lʲag]
sair (vi)	att komma ut	[at 'kɔma ut]

Português	Sueco	Pronúncia
lançamento (m)	utgåva (en)	['ʉt,go:va]
tiragem (f)	upplaga (en)	['up,lʲaga]
livraria (f)	bokhandel (en)	['bʊk,handəlʲ]
biblioteca (f)	bibliotek (ett)	[bibliʊ'tek]
novela (f)	kortroman (en)	['kɔ:ʈ rʊ'man]
conto (m)	novell (en)	[nʊ'vɛlʲ]
romance (m)	roman (en)	[rʊ'man]
romance (m) policial	kriminalroman (en)	[krimi'nalʲ rʊ'man]
memórias (f pl)	memoarer (pl)	[memʊ'arər]
lenda (f)	legend (en)	[lʲe'gɛnd]
mito (m)	myt (en)	['myt]
poesia (f)	dikter (pl)	['diktər]
autobiografia (f)	självbiografi (en)	['ɧɛlʲv biʊgra'fi:]
obras (f pl) escolhidas	utvalda verk (pl)	['ʉt,valʲda vɛrk]
ficção (f) científica	science fiction	['sajəns ,fikʃən]
título (m)	titel (en)	['titəlʲ]
introdução (f)	inledning (en)	['in,lʲednin]
folha (f) de rosto	titelsida (en)	['titəlʲ,sida]
capítulo (m)	kapitel (ett)	[ka'pitəlʲ]
excerto (m)	utdrag (ett)	['ʉt,drag]
episódio (m)	episod (en)	[ɛpi'sʊd]
tema (m)	handling (en)	['handlin]
conteúdo (m)	innehåll (ett)	['ine,ho:lʲ]
índice (m)	innehållsförteckning (en)	['ineho:lʲs fœ:'ʈɛknin]
protagonista (m)	huvudperson (en)	['hʉ:vʉd,pɛ'ʂʊn]
tomo, volume (m)	volym (en)	[vɔ'lʲym]
capa (f)	omslag (ett)	['ɔm,slʲag]
encadernação (f)	bokband (ett)	['bʊk,band]
marcador (m) de livro	bokmärke (ett)	['bʊk,mæ:rkə]
página (f)	sida (en)	['sida]
folhear (vt)	att bläddra	[at 'blʲɛdra]
margem (f)	marginaler (pl)	[margi'nalʲer]
anotação (f)	annotering (ett)	[anɔ'tɛrin]
nota (f) de rodapé	anmärkning (en)	['an,mæ:rknin]
texto (m)	text (en)	['tɛkst]
fonte (f)	typsnitt (ett)	['typsnit]
gralha (f)	tryckfel (ett)	['trʏk,felʲ]
tradução (f)	översättning (en)	['ø:və,ʂætnin]
traduzir (vt)	att översätta	[at 'ø:və,ʂæta]
original (m)	original (ett)	[ɔrigi'nalʲ]
famoso	berömd	[be'rœmd]
desconhecido	okänd	[ʊ:'ɕɛnd]
interessante	intressant	[intrɛ'sant]
best-seller (m)	bestseller (en)	['bɛst,sɛ:lʲər]

dicionário (m)	ordbok (en)	['uːdˌbuk]
manual (m) escolar	lärobok (en)	['lˈæːruˌbuk]
enciclopédia (f)	encyklopedi (en)	[ɛnsʏklˈɔpeˈdiː]

158. Caça. Pesca

caça (f)	jakt (en)	['jakt]
caçar (vi)	att jaga	[at 'jaga]
caçador (m)	jägare (en)	['jɛːgarə]

atirar (vi)	att skjuta	[at 'ɧʉːta]
caçadeira (f)	gevär (ett)	[jeˈvæːr]
cartucho (m)	patron (en)	[paˈtrun]
chumbo (m) de caça	hagel (ett)	['hagəlʲ]

armadilha (f)	sax (en)	['saks]
armadilha (com corda)	fälla (en)	['fɛlʲa]
cair na armadilha	att fångas i fälla	[at 'fɔŋas i 'fɛlʲa]
pôr a armadilha	att gillra en fälla	[at 'jilʲra en 'fɛlʲa]

caçador (m) furtivo	tjuvskytt (en)	['ɕɐ̈ːvˌɧʏt]
caça (f)	vilt (ett)	['vilʲt]
cão (m) de caça	jakthund (en)	['jaktˌhund]
safári (m)	safari (en)	[saˈfari]
animal (m) empalhado	uppstoppat djur (ett)	['upˌstɔpat jʉːr]

pescador (m)	fiskare (en)	['fiskarə]
pesca (f)	fiske (ett)	['fiskə]
pescar (vt)	att fiska	[at 'fiska]

cana (f) de pesca	fiskespö (ett)	['fiskəˌspøː]
linha (f) de pesca	fiskelina (en)	['fiskəˌlina]
anzol (m)	krok (en)	['kruk]

| boia (f) | flöte (ett) | ['flʲøːtə] |
| isca (f) | agn (en) | ['agn] |

| lançar a linha | att kasta ut | [at 'kasta ɯt] |
| morder (vt) | att nappa | [at 'napa] |

| pesca (f) | fångst (en) | ['fɔŋst] |
| buraco (m) no gelo | hål (ett) i isen | ['hoːlʲ i 'isən] |

| rede (f) | nät (ett) | ['nɛːt] |
| barco (m) | båt (en) | ['boːt] |

pescar com rede	att fiska med nät	[at 'fiska me 'nɛːt]
lançar a rede	att kasta nätet	[at 'kasta 'nɛːtət]
puxar a rede	att dra upp nätet	[at 'dra up 'nɛːtət]
cair nas malhas	att bli fångad i nätet	[at bli foːŋad i 'nɛːtət]

baleeiro (m)	valfångare (en)	['valʲˌfɔŋarə]
baleeira (f)	valfångstbåt (ett)	['valʲfɔŋstˌboːt]
arpão (m)	harpun (en)	[harˈpʉːn]

159. Jogos. Bilhar

bilhar (m)	biljard (en)	[bi'lja:d]
sala (f) de bilhar	biljardsalong (en)	[bi'lja:d sa'lɔŋ]
bola (f) de bilhar	biljardboll (en)	[bi'lja:d‿bɔlʲ]
embolsar uma bola	att sänka en boll	[at 'sɛŋka en 'bɔlʲ]
taco (m)	kö (en)	['kø:]
caçapa (f)	hål (ett)	['ho:lʲ]

160. Jogos. Jogar cartas

ouros (m pl)	ruter (pl)	['rʉ:tər]
espadas (f pl)	spader (pl)	['spadər]
copas (f pl)	hjärter	['jæ:tər]
paus (m pl)	klöver (pl)	['klʲø:vər]
ás (m)	äss (ett)	['ɛs]
rei (m)	kung (en)	['kuŋ]
dama (f)	dam (en)	['dam]
valete (m)	knekt (en)	['knɛkt]
carta (f) de jogar	kort (ett)	['kɔ:t]
cartas (f pl)	kort (pl)	['kɔ:t]
trunfo (m)	trumf (en)	['trumf]
baralho (m)	kortlek (en)	['kɔ:t‿lʲek]
ponto (m)	poäng (en)	[pʊ'ɛŋ]
dar, distribuir (vt)	att ge, att dela ut	[at je:], [at 'delʲa ʉt]
embaralhar (vt)	att blanda	[at 'blʲandå]
vez, jogada (f)	utspel (ett)	['ʉtspelʲ]
batoteiro (m)	falskspelare (en)	['falʲsk‿spelʲarə]

161. Casino. Roleta

casino (m)	kasino (ett)	[ka'sinʊ]
roleta (f)	roulett (ett)	[ru'lʲet]
aposta (f)	insats (en)	['in‿sats]
apostar (vt)	att satsa	[at 'satsa]
vermelho (m)	röd (en)	['rø:d]
preto (m)	svart (en)	['sva:t]
apostar no vermelho	att satsa på rött	[at 'satsa pɔ 'rœt]
apostar no preto	att satsa på svart	[at 'satsa pɔ 'sva:t]
crupiê (m, f)	croupier (en)	[krʊ'pje:]
girar a roda	att snurra hjulet	[at 'snurra 'jʉ:lʲet]
regras (f pl) do jogo	spelregler (pl)	['spelʲˌrɛglʲər]
ficha (f)	spelmark (en)	['spelʲmark]
ganhar (vi, vt)	att vinna	[at 'vina]
ganho (m)	vinst (en)	['vinst]

| perder (dinheiro) | att förlora | [at fœ:'ǀʊra] |
| perda (f) | förlust (en) | [fœ:'ǀʉ:st] |

jogador (m)	spelare (en)	['spelʲarə]
blackjack (m)	blackjack (ett)	['blʲɛkʃɛk]
jogo (m) de dados	tärningsspel (ett)	['tæːnɪŋsˌspelʲ]
dados (m pl)	tärningar (pl)	['tɛɳɪŋar]
máquina (f) de jogo	spelautomat (en)	['spelʲ aʊtʊ'mat]

162. Descanso. Jogos. Diversos

passear (vi)	att promenera, att ströva	[at prʊme'nera], [at 'strø:va]
passeio (m)	promenad (en)	[prʊme'nad]
viagem (f) de carro	utflykt, biltur (en)	['ʉtˌflʲykt], ['bilʲˌtʉr]
aventura (f)	äventyr (ett)	['ɛːvɛnˌtyr]
piquenique (m)	picknick (en)	['piknik]

jogo (m)	spel (ett)	['spelʲ]
jogador (m)	spelare (en)	['spelʲarə]
partida (f)	parti (ett)	[pa:'ʈi:]

colecionador (m)	samlare (en)	['samlʲarə]
colecionar (vt)	att samla	[at 'samlʲa]
coleção (f)	samling (en)	['samlɪŋ]

palavras (f pl) cruzadas	korsord (ett)	['kɔːʂˌʊːd]
hipódromo (m)	galoppbana (en)	[ga'lʲɔpˌbana]
discoteca (f)	diskotek (ett)	[diskɔ'tek]

| sauna (f) | sauna (en) | ['sauna] |
| lotaria (f) | lotteri (ett) | [lʲote'ri:] |

campismo (m)	campingresa (en)	['kampɪŋˌresa]
acampamento (m)	läger (ett)	['lʲɛ:gər]
tenda (f)	tält (ett)	['tɛlʲt]
bússola (f)	kompass (en)	[kɔm'pas]
campista (m)	campare (en)	['kamparə]

ver (vt), assistir à ...	att se på	[at 'se: pɔ]
telespectador (m)	tv-tittare (en)	['teveˌtitarə]
programa (m) de TV	tv-show (ett)	['teveʃow]

163. Fotografia

| máquina (f) fotográfica | kamera (en) | ['kamera] |
| foto, fotografia (f) | foto, fotografi (ett) | ['fʊtʊ], [fʊtʊgra'fi:] |

fotógrafo (m)	fotograf (en)	[fʊtʊ'graf]
estúdio (m) fotográfico	fotoateljé (en)	['fʊtʊ ateˌlje:]
álbum (m) de fotografias	fotoalbum (ett)	['fʊtʊ ˌalʲbum]
objetiva (f)	objektiv (ett)	[ɔbjɛk'tiv]
teleobjetiva (f)	teleobjektiv (ett)	['telʲe ɔbjɛk'tiv]

| filtro (m) | filter (ett) | ['fil'tər] |
| lente (f) | lins (en) | ['lins] |

ótica (f)	optik (en)	[ɔp'tik]
abertura (f)	bländare (en)	['bl'ɛndarə]
exposição (f)	exponeringstid (en)	[ɛkspʊ'neriŋs‚tid]
visor (m)	sökare (en)	['sø:karə]

câmara (f) digital	digitalkamera (en)	[digi'tal' ‚kamera]
tripé (m)	stativ (ett)	[sta'tiv]
flash (m)	blixt (en)	['blikst]

fotografar (vt)	att fotografera	[at fʊtʊgra'fera]
tirar fotos	att ta bilder	[at ta 'bil'dər]
fotografar-se	att bli fotograferad	[at bli fʊtʊgra'ferad]

foco (m)	skärpa (en)	['ɧærpa]
focar (vt)	att ställa in skärpan	[at 'stɛl'a in 'ɧærpan]
nítido	skarp	['skarp]
nitidez (f)	skärpa (en)	['ɧærpa]

| contraste (m) | kontrast (en) | [kɔn'trast] |
| contrastante | kontrast- | [kɔn'trast-] |

retrato (m)	bild (en)	['bil'd]
negativo (m)	negativ (ett)	['nega‚tiv]
filme (m)	film (en)	['fil'm]
fotograma (m)	bild, kort (en)	['bil'd], ['kɔ:t]
imprimir (vt)	att skriva ut	[at 'skriva ʉt]

164. Praia. Natação

praia (f)	badstrand (en)	['bad‚strand]
areia (f)	sand (en)	['sand]
deserto	öde	['ø:də]

bronzeado (m)	solbränna (en)	['sʊl'‚brɛna]
bronzear-se (vr)	att sola sig	[at 'sʊl'a: sɛj]
bronzeado	solbränd	['sʊl'‚brɛnd]
protetor (m) solar	solkräm (en)	['sʊl'‚krɛm]

biquíni (m)	bikini (en)	[bi'kini]
fato (m) de banho	baddräkt (en)	['bad‚drɛkt]
calção (m) de banho	simbyxor (pl)	['sim‚byksʊr]

piscina (f)	simbassäng (en)	['simba‚sɛŋ]
nadar (vi)	att simma	[at 'sima]
duche (m)	dusch (en)	['duʃ]
mudar de roupa	att klä om sig	[at 'kl'ɛ ɔm sɛj]
toalha (f)	handduk (en)	['hand‚dʉ:k]

barco (m)	båt (en)	['bo:t]
lancha (f)	motorbåt (en)	['mʊtʊr‚bo:t]
esqui (m) aquático	vattenskidor (pl)	['vatən‚ɧidʊr]

barco (m) de pedais	vattencykel (en)	['vatən,sykəlʲ]
surf (m)	surfing (en)	['suːrfiŋ]
surfista (m)	surfare (en)	['suːrfarə]

equipamento (m) de mergulho	dykapparat (en)	['dyk,apa'rat]
barbatanas (f pl)	simfenor (pl)	['sim,fœnʊr]
máscara (f)	mask (en)	['mask]
mergulhador (m)	dykare (en)	['dykarə]
mergulhar (vi)	att dyka	[at 'dyka]
debaixo d'água	under vatten	['undə,vatən]

guarda-sol (m)	parasoll (en)	[para'solʲ]
espreguiçadeira (f)	liggstol (en)	['lig,stʊlʲ]
óculos (m pl) de sol	solglasögon (pl)	['sʊlʲglʲas,øːgɔn]
colchão (m) de ar	luftmadrass (en)	['lʊft,mad'ras]

| brincar (vi) | att leka | [at 'lʲeka] |
| ir nadar | att bada | [at 'bada] |

bola (f) de praia	boll (en)	['bolʲ]
encher (vt)	att blåsa upp	[at 'blʲoːsa up]
inflável, de ar	uppblåsbar	['up,blʲoːsbar]

onda (f)	våg (en)	['voːg]
boia (f)	boj (en)	['bɔj]
afogar-se (pessoa)	att drunkna	[at 'drʊŋkna]

salvar (vt)	att rädda	[at 'rɛda]
colete (m) salva-vidas	räddningsväst (en)	['rɛdniŋ,vɛst]
observar (vt)	att observera	[at ɔbsɛr'vera]
nadador-salvador (m)	badvakt (en)	['bad,vakt]

EQUIPAMENTO TÉCNICO. TRANSPORTES

Equipamento técnico. Transportes

165. Computador

computador (m)	dator (en)	['datʊr]
portátil (m)	bärbar dator (en)	['bærbar 'datʊr]
ligar (vt)	att slå på	[at 'slʲoː pɔ]
desligar (vt)	att slå av	[at 'slʲoː 'av]
teclado (m)	tangentbord (ett)	[tanˈjentˌbuːɖ]
tecla (f)	tangent (en)	[tanˈjent]
rato (m)	mus (en)	['mʉːs]
tapete (m) de rato	musmatta (en)	['mʉːsˌmata]
botão (m)	knapp (en)	['knap]
cursor (m)	markör (en)	[marˈkøːr]
monitor (m)	monitor, bildskärm (en)	[mɔniˈtor], ['bilʲdɧæːrm]
ecrã (m)	skärm (en)	['ɧæːrm]
disco (m) rígido	hårddisk (en)	['hoːɖˌdisk]
capacidade (f) do disco rígido	hårddisk kapacitet (en)	['hoːɖˌdisk kapasiˈtet]
memória (f)	minne (ett)	['minəɭ]
memória RAM (f)	operativminne (ett)	[ɔperaˈtivˌminə]
ficheiro (m)	fil (en)	['filʲ]
pasta (f)	mapp (en)	['map]
abrir (vt)	att öppna	[at 'øpna]
fechar (vt)	att stänga	[at 'stɛŋa]
guardar (vt)	att bevara	[at beˈvara]
apagar, eliminar (vt)	att ta bort, att radera	[at ta 'bɔːʈ], [at raˈdera]
copiar (vt)	att kopiera	[at kɔˈpjera]
ordenar (vt)	att sortera	[at sɔːˈʈera]
copiar (vt)	att överföra	[at øːvəˌføra]
programa (m)	program (ett)	[prɔˈgram]
software (m)	programvara (en)	[prɔˈgramˌvara]
programador (m)	programmerare (en)	[prɔgraˈmerarə]
programar (vt)	att programmera	[at prɔgraˈmera]
hacker (m)	hackare (en)	['hakarə]
senha (f)	lösenord (ett)	['lʲøːsənˌʉːɖ]
vírus (m)	virus (ett)	['viːrʉs]
detetar (vt)	att upptäcka	[at 'upˌtɛka]
byte (m)	byte (ett)	['bajt]

megabyte (m)	megabyte (en)	['megaˌbajt]
dados (m pl)	data (pl)	['data]
base (f) de dados	databas (en)	['dataˌbas]

cabo (m)	kabel (en)	['kabəlʲ]
desconectar (vt)	att koppla från	[at 'koplʲa frɔn]
conetar (vt)	att koppla	[at 'koplʲa]

166. Internet. E-mail

internet (f)	Internet	['intɛːˌŋɛt]
browser (m)	webbläsare (en)	['vɛbˌlʲɛːsarə]
motor (m) de busca	sökmotor (en)	['søːkˌmʊtʊr]
provedor (m)	leverantör (en)	[lʲevəran'tøːr]

webmaster (m)	webbmästare (en)	['vɛbˌmɛstarə]
website, sítio web (m)	webbplats (en)	['vɛbˌplʲats]
página (f) web	webbsida (en)	['vɛbˌsida]

| endereço (m) | adress (en) | [a'drɛs] |
| livro (m) de endereços | adressbok (en) | [a'drɛsˌbʊk] |

caixa (f) de correio	brevlåda (en)	['brevˌlʲoːda]
correio (m)	post (en)	['pɔst]
cheia (caixa de correio)	full	['fulʲ]

mensagem (f)	meddelande (ett)	[me'delʲandə]
mensagens (f pl) recebidas	inkommande meddelanden	[in'kɔmandə me'delʲandən]
mensagens (f pl) enviadas	utgående meddelanden	['ʉtˌgoːəndə me'delʲandən]
remetente (m)	avsändare (en)	['avˌsɛndarə]
enviar (vt)	att skicka	[at 'ɧika]
envio (m)	avsändning (en)	['avˌsɛndniŋ]
destinatário (m)	mottagare (en)	['mɔtˌtagarə]
receber (vt)	att ta emot	[at ta ɛmoːt]

| correspondência (f) | korrespondens (en) | [kɔrɛspon'dɛns] |
| corresponder-se (vr) | att brevväxla | [at 'brevˌvɛkslʲa] |

ficheiro (m)	fil (en)	['filʲ]
fazer download, baixar	att ladda ner	[at 'lʲada ner]
criar (vt)	att skapa	[at 'skapa]
apagar, eliminar (vt)	att ta bort, att radera	[at ta 'bɔːt], [at ra'dera]
eliminado	borttagen	['bɔːtˌtaːgən]

conexão (f)	förbindelse (en)	[før'bindəlʲsə]
velocidade (f)	hastighet (en)	['hastigˌhet]
modem (m)	modem (ett)	[mʉ'dem]
acesso (m)	tillträde (ett)	['tilʲtrɛːdə]
porta (f)	port (en)	['pɔːt]

conexão (f)	uppkoppling (en)	['upˌkoplʲiŋ]
conetar (vi)	att ansluta	[at 'anˌslʉːta]
escolher (vt)	att välja	[at 'vɛlja]
buscar (vt)	att söka efter ...	[at 'søːka ˌɛftər ...]

167. Eletricidade

eletricidade (f)	elektricitet (en)	[ɛlʲektrisiˈtet]
elétrico	elektrisk	[ɛˈlʲektrisk]
central (f) elétrica	kraftverk (ett)	[ˈkraftˌvɛrk]
energia (f)	energi (en)	[ɛnerˈɕi]
energia (f) elétrica	elkraft (en)	[ˈɛlʲˌkraft]
lâmpada (f)	glödlampa (en)	[ˈglʲøːdˌlʲampa]
lanterna (f)	ficklampa (en)	[ˈfikˌlʲampa]
poste (m) de iluminação	gatlykta (en)	[ˈgatˌlʲykta]
luz (f)	ljus (ett)	[ˈjʉːs]
ligar (vt)	att slå på	[at ˈslʲoː pɔ]
desligar (vt)	att slå av	[at ˈslʲoː ˈav]
apagar a luz	att släcka ljuset	[at ˈslʲɛka ˈjʉːsət]
fundir (vi)	att brinna ut	[at ˈbrina ʉt]
curto-circuito (m)	kortslutning (en)	[ˈkɔːtˌslʉːtniŋ]
rutura (f)	kabelbrott (ett)	[ˈkabəlʲˌbrɔt]
contacto (m)	kontakt (en)	[kɔnˈtakt]
interruptor (m)	strömbrytare (en)	[ˈstrøːmˌbrytarə]
tomada (f)	eluttag (ett)	[ˈɛlʲˌʉːˈtag]
ficha (f)	stickkontakt (en)	[ˈstik kɔnˈtakt]
extensão (f)	grenuttag (ett)	[ˈgrenʉːˌtag]
fusível (m)	säkring (en)	[ˈsɛkriŋ]
fio, cabo (m)	ledning (en)	[ˈlʲedniŋ]
instalação (f) elétrica	ledningsnät (ett)	[ˈlʲedniŋsˌnɛːt]
ampere (m)	ampere (en)	[amˈpɛr]
amperagem (f)	strömstyrka (en)	[ˈstrøːmˌstyrka]
volt (m)	volt (en)	[ˈvɔlʲt]
voltagem (f)	spänning (en)	[ˈspɛniŋ]
aparelho (m) elétrico	elektrisk apparat (en)	[ɛˈlʲektrisk apaˈrat]
indicador (m)	indikator (en)	[indiˈkatʊr]
eletricista (m)	elektriker (en)	[ɛˈlʲektrikər]
soldar (vt)	att löda	[at ˈlʲøːda]
ferro (m) de soldar	lödkolv (en)	[ˈlʲøːdˌkɔlʲv]
corrente (f) elétrica	ström (en)	[ˈstrøːm]

168. Ferramentas

ferramenta (f)	verktyg (ett)	[ˈvɛrkˌtyg]
ferramentas (f pl)	verktyg (pl)	[ˈvɛrkˌtyg]
equipamento (m)	utrustning (en)	[ˈʉˌtrustniŋ]
martelo (m)	hammare (en)	[ˈhamarə]
chave (f) de fendas	skruvmejsel (en)	[ˈskrʉːvˌmɛjsəlʲ]
machado (m)	yxa (en)	[ˈyksa]

serra (f)	såg (en)	['so:g]
serrar (vt)	att såga	[at 'so:ga]
plaina (f)	hyvel (en)	['hyvəlʲ]
aplainar (vt)	att hyvla	[at 'hyvlʲa]
ferro (m) de soldar	lödkolv (en)	['lʲø:d‚kɔlʲv]
soldar (vt)	att löda	[at 'lʲø:da]

lima (f)	fil (en)	['filʲ]
tenaz (f)	kniptång (en)	['knip‚tɔŋ]
alicate (m)	flacktång (en)	['flʲak‚tɔŋ]
formão (m)	stämjärn, huggjärn (ett)	['stɛm‚jæ:n], ['hug‚jæ:n]

broca (f)	borr (en)	['bɔr]
berbequim (f)	borrmaskin (en)	['bɔr‚ma'ɧi:n]
furar (vt)	att borra	[at 'bɔra]

faca (f)	kniv (en)	['kniv]
lâmina (f)	blad (ett)	['blʲad]

afiado	skarp	['skarp]
cego	slö	['slʲø:]
embotar-se (vr)	att bli slö	[at bli 'slʲø:]
afiar, amolar (vt)	att slipa, att vässa	[at 'slipa], [at 'vɛsa]

parafuso (m)	bult (en)	['bulʲt]
porca (f)	mutter (en)	['mutər]
rosca (f)	gänga (en)	['jɛŋa]
parafuso (m) para madeira	skruv (en)	['skrʉ:v]

prego (m)	spik (en)	['spik]
cabeça (f) do prego	spikhuvud (ett)	['spik‚hʉ:vʉd]

régua (f)	linjal (en)	[li'njalʲ]
fita (f) métrica	måttband (ett)	['mɔt‚band]
nível (m)	vattenpass (ett)	['vatən‚pas]
lupa (f)	lupp (en)	['lʉp]

medidor (m)	mätinstrument (ett)	['mɛ:t‚instru'mɛnt]
medir (vt)	att mäta	[at 'mɛ:ta]
escala (f)	skala (en)	['skalʲa]
indicação (f), registo (m)	avläsningar (pl)	['av‚lʲɛsniŋar]

compressor (m)	kompressor (en)	[kɔm'prɛsʉr]
microscópio (m)	mikroskop (ett)	[mikrʉ'skɔp]

bomba (f)	pump (en)	['pump]
robô (m)	robot (en)	['rɔbɔt]
laser (m)	laser (en)	['lʲasər]

chave (f) de boca	skruvnyckel (en)	['skrʉ:v‚nʏkəlʲ]
fita (f) adesiva	tejp (en)	['tɛjp]
cola (f)	lim (ett)	['lim]

lixa (f)	sandpapper (ett)	['sand‚papər]
mola (f)	fjäder (en)	['fjɛ:dər]
íman (m)	magnet (en)	[mag'net]

luvas (f pl)	handskar (pl)	['hanskar]
corda (f)	rep (ett)	['rep]
cordel (m)	snör (ett)	['snø:r]
fio (m)	tråd, ledning (en)	['tro:d], ['lʲedniŋ]
cabo (m)	kabel (en)	['kabəlʲ]

marreta (f)	slägga (en)	['slʲɛga]
pé de cabra (m)	spett, järnspett (ett)	['spɛt], ['jæ:n̩ˌspɛt]
escada (f) de mão	stege (en)	['stegə]
escadote (m)	trappstege (en)	['trapˌstegə]

enroscar (vt)	att skruva fast	[at 'skrʉ:va fast]
desenroscar (vt)	att skruva av	[at 'skrʉ:va av]
apertar (vt)	att klämma	[at 'klʲɛma]
colar (vt)	att klistra, att limma	[at 'klistra], [at 'lima]
cortar (vt)	att skära	[at 'ŋæ:ra]

falha (mau funcionamento)	funktionsstörning (en)	[fuŋk'ŋʊnsˌstø:ŋiŋ]
conserto (m)	reparation (en)	[repara'ŋʊn]
consertar, reparar (vt)	att reparera	[at repa'rera]
regular, ajustar (vt)	att justera	[at ŋu'stera]

verificar (vt)	att checka	[at 'ɕɛka]
verificação (f)	kontroll (en)	[kɔn'trolʲ]
indicação (f), registo (m)	avläsningar (pl)	['avˌlʲɛsniŋar]

| seguro | pålitlig | ['poˌlitlig] |
| complicado | komplex | [kɔm'plʲeks] |

enferrujar (vi)	att rosta	[at 'rɔsta]
enferrujado	rostig	['rɔstig]
ferrugem (f)	rost (en)	['rɔst]

Transportes

169. Avião

avião (m)	flygplan (ett)	['fl^jygpl^jan]
bilhete (m) de avião	flygbiljett (en)	['fl^jyg bi,l^jet]
companhia (f) aérea	flygbolag (ett)	['fl^jyg,bul^jag]
aeroporto (m)	flygplats (en)	['fl^jyg,pl^jats]
supersónico	överljuds-	['ø:vər,jʉ:ds-]
comandante (m) do avião	kapten (en)	[kap'ten]
tripulação (f)	besättning (en)	[be'sætniŋ]
piloto (m)	pilot (en)	[pi'l^jʊt]
hospedeira (f) de bordo	flygvärdinna (en)	['fl^jyg,væ:dɪna]
copiloto (m)	styrman (en)	['styr,man]
asas (f pl)	vingar (pl)	['viŋar]
cauda (f)	stjärtfena (en)	['ɧæ:ʈ fe:na]
cabine (f) de pilotagem	cockpit, förarkabin (en)	['kɔkpit], ['fø:rar,ka'bin]
motor (m)	motor (en)	['mʊtʊr]
trem (m) de aterragem	landningsställ (ett)	['landniŋs,stɛl^j]
turbina (f)	turbin (en)	[tur'bin]
hélice (f)	propeller (en)	[prʊ'pɛl^jər]
caixa-preta (f)	svart låda (en)	['sva:ʈ 'l^jo:da]
coluna (f) de controlo	styrspak (ett)	['sty:,ʂpak]
combustível (m)	bränsle (ett)	['brɛnsl^je]
instruções (f pl) de segurança	säkerhetsinstruktion (en)	['sɛ:kərhets instruk'ɧʊn]
máscara (f) de oxigénio	syremask (en)	['syre,mask]
uniforme (m)	uniform (en)	[uni'fɔrm]
colete (m) salva-vidas	räddningsväst (en)	['rɛdniŋ,vɛst]
paraquedas (m)	fallskärm (en)	['fal^j,ɧæ:rm]
descolagem (f)	start (en)	['sta:ʈ]
descolar (vi)	att lyfta	[at 'l^jyfta]
pista (f) de descolagem	startbana (en)	['sta:ʈ,ba:na]
visibilidade (f)	siktbarhet (en)	['siktbar,het]
voo (m)	flygning (en)	['fl^jygniŋ]
altura (f)	höjd (en)	['hœjd]
poço (m) de ar	luftgrop (en)	['lʉft,grʊp]
assento (m)	plats (en)	['pl^jats]
auscultadores (m pl)	hörlurar (pl)	['hœ:,[^jʉ:rar]
mesa (f) rebatível	utfällbart bord (ett)	['ʉtfɛl^j,bart 'bʊ:d]
vigia (f)	fönster (ett)	['fœnstər]
passagem (f)	mittgång (en)	['mit,gɔŋ]

170. Comboio

comboio (m)	tåg (ett)	['to:g]
comboio (m) suburbano	lokaltåg, pendeltåg (ett)	[lʲɔ'kalʲˌtoːg], ['pendəlˌtoːg],
comboio (m) rápido	expresståg (ett)	[ɛks'prɛsˌtoːg]
locomotiva (f) diesel	diesellokomotiv (ett)	['disəlʲ lʲɔkɔmɔ'tiv]
locomotiva (f) a vapor	ånglokomotiv (en)	['ɔŋˌlʲɔkɔmɔ'tiv]
carruagem (f)	vagn (en)	['vagn]
carruagem restaurante (f)	restaurangvagn (en)	[rɛstɔ'raŋˌvagn]
carris (m pl)	räls, rälsar (pl)	['rɛlʲs], ['rɛlʲsar]
caminho de ferro (m)	järnväg (en)	['jæːnˌvɛːg]
travessa (f)	sliper (en)	['slipər]
plataforma (f)	perrong (en)	[pɛ'rɔŋ]
linha (f)	spår (ett)	['spoːr]
semáforo (m)	semafor (en)	[sema'fɔr]
estação (f)	station (en)	[sta'ɧʊn]
maquinista (m)	lokförare (en)	['lʲʊkˌføːrarə]
bagageiro (m)	bärare (en)	['bæːrarə]
hospedeiro, -a	tågvärd (en)	['toːgˌvæːɖ]
(da carruagem)		
passageiro (m)	passagerare (en)	[pasa'ɧerarə]
revisor (m)	kontrollant (en)	[kɔntrɔ'lʲant]
corredor (m)	korridor (en)	[kɔri'dɔːr]
freio (m) de emergência	nödbroms (en)	['nøːdˌbrɔms]
compartimento (m)	kupé (en)	[kʉ'peː]
cama (f)	slaf, säng (en)	['slaf], ['sɛŋ]
cama (f) de cima	överslaf (en)	['øvəˌslaf]
cama (f) de baixo	underslaf (en)	['undəˌslaf]
roupa (f) de cama	sängkläder (pl)	['sɛŋˌklʲɛːdər]
bilhete (m)	biljett (en)	[bi'lʲet]
horário (m)	tidtabell (en)	['tid ta'bɛlʲ]
painel (m) de informação	informationstavla (en)	[infɔrma'ɧʊnsˌtavlʲa]
partir (vt)	att avgå	[at 'avˌgoː]
partida (f)	avgång (en)	['avˌgɔŋ]
chegar (vi)	att ankomma	[at 'anˌkɔma]
chegada (f)	ankomst (en)	['anˌkɔmst]
chegar de comboio	att ankomma med tåget	[at 'anˌkɔma me 'toːgət]
apanhar o comboio	att stiga på tåget	[at 'stiga pɔ 'toːgət]
sair do comboio	att stiga av tåget	[at 'stiga av 'toːgət]
acidente (m) ferroviário	tågolycka (en)	['toːg ʊː'lʲyka]
descarrilar (vi)	att spåra ur	[at 'spoːra ʉːr]
locomotiva (f) a vapor	ånglokomotiv (en)	['ɔŋˌlʲɔkɔmɔ'tiv]
fogueiro (m)	eldare (en)	['ɛlʲdarə]
fornalha (f)	eldstad (en)	['ɛlʲdˌstad]
carvão (m)	kol (ett)	['kɔlʲ]

171. Barco

navio (m)	skepp (ett)	['ʃɛp]
embarcação (f)	fartyg (ett)	['fa:ˌtyg]
vapor (m)	ångbåt (en)	['ɔŋˌbo:t]
navio (m)	flodbåt (en)	['flʲʊdˌbo:t]
transatlântico (m)	kryssningfartyg (ett)	['krysniŋˌfa:'tyg]
cruzador (m)	kryssare (en)	['krʏsarə]
iate (m)	jakt (en)	['jakt]
rebocador (m)	bogserbåt (en)	['bʊksɛ:rˌbo:t]
barcaça (f)	pråm (en)	['pro:m]
ferry (m)	färja (en)	['fæ:rja]
veleiro (m)	segelbåt (en)	['segəlʲˌbo:t]
bergantim (m)	brigantin (en)	[brigan'tin]
quebra-gelo (m)	isbrytare (en)	['isˌbrytarə]
submarino (m)	ubåt (en)	[ʉ:'bo:t]
bote, barco (m)	båt (en)	['bo:t]
bote, dingue (m)	jolle (en)	['jolʲe]
bote (m) salva-vidas	livbåt (en)	['livˌbo:t]
lancha (f)	motorbåt (en)	['mʊtʊrˌbo:t]
capitão (m)	kapten (en)	[kap'ten]
marinheiro (m)	matros (en)	[ma'trʊs]
marujo (m)	sjöman (en)	['ʃø:ˌman]
tripulação (f)	besättning (en)	[be'sætniŋ]
contramestre (m)	båtsman (en)	['botsman]
grumete (m)	jungman (en)	['jʉŋˌman]
cozinheiro (m) de bordo	kock (en)	['kok]
médico (m) de bordo	skeppsläkare (en)	['ʃɛpˌlʲɛ:karə]
convés (m)	däck (ett)	['dɛk]
mastro (m)	mast (en)	['mast]
vela (f)	segel (ett)	['segəlʲ]
porão (m)	lastrum (ett)	['lʲastˌru:m]
proa (f)	bog (en)	['bʊg]
popa (f)	akter (en)	['aktər]
remo (m)	åra (en)	['o:ra]
hélice (f)	propeller (en)	[prʊ'pɛlʲər]
camarote (m)	hytt (en)	['hʏt]
sala (f) dos oficiais	officersmäss (en)	[ɔfi'se:rsˌmɛs]
sala (f) das máquinas	maskinrum (ett)	[ma'ʃi:nˌru:m]
ponte (m) de comando	kommandobrygga (en)	[kɔm'andʊˌbrʏga]
sala (f) de comunicações	radiohytt (en)	['radiʊˌhʏt]
onda (f) de rádio	våg (en)	['vo:g]
diário (m) de bordo	loggbok (en)	['lʲogˌbʊk]
luneta (f)	tubkikare (en)	['tʉbˌçikarə]
sino (m)	klocka (en)	['klʲɔka]

bandeira (f)	flagga (en)	['flːaga]
cabo (m)	tross (en)	['trɔs]
nó (m)	knop, knut (en)	['knʊp], ['knʉt]
corrimão (m)	räcken (pl)	['rɛkən]
prancha (f) de embarque	landgång (en)	['lːandˌgɔŋ]
âncora (f)	ankar (ett)	['aŋkar]
recolher a âncora	att lätta ankar	[at 'lːæta 'aŋkar]
lançar a âncora	att kasta ankar	[at 'kasta 'aŋkar]
amarra (f)	ankarkätting (en)	['aŋkarˌçætiŋ]
porto (m)	hamn (en)	['hamn]
cais, amarradouro (m)	kaj (en)	['kaj]
atracar (vi)	att förtöja	[at fœː'tœːja]
desatracar (vi)	att kasta loss	[at 'kasta 'lːɔs]
viagem (f)	resa (en)	['resa]
cruzeiro (m)	kryssning (en)	['krʏsniŋ]
rumo (m), rota (f)	kurs (en)	['kuːʂ]
itinerário (m)	rutt (en)	['rut]
canal (m) navegável	farled, segelled (en)	['faːˌ[led], ['segəlˌled]
banco (m) de areia	grund (ett)	['grʉnd]
encalhar (vt)	att gå på grund	[at 'goː pɔ 'grʉnd]
tempestade (f)	storm (en)	['stɔrm]
sinal (m)	signal (en)	[sig'nalʲ]
afundar-se (vr)	att sjunka	[at 'ɧuŋka]
Homem ao mar!	Man överbord!	['man 'øːvəˌbuːɖ]
SOS	SOS	[ɛso'ɛs]
boia (f) salva-vidas	livboj (en)	['livˌbɔj]

172. Aeroporto

aeroporto (m)	flygplats (en)	['flʲyg,plʲats]
avião (m)	flygplan (ett)	['flʲygplʲan]
companhia (f) aérea	flygbolag (ett)	['flʲyg,bʉlʲag]
controlador (m) de tráfego aéreo	flygledare (en)	['flʲyg,lʲedarə]
partida (f)	avgång (en)	['av,gɔŋ]
chegada (f)	ankomst (en)	['aŋ,kɔmst]
chegar (~ de avião)	att ankomma	[at 'aŋ,kɔma]
hora (f) de partida	avgångstid (en)	['avgɔŋsˌtid]
hora (f) de chegada	ankomsttid (en)	['aŋkɔmstˌtid]
estar atrasado	att bli försenad	[at bli fœː'ʂɛnad]
atraso (m) de voo	avgångsförsening (en)	['avgɔŋsˌfœː'ʂɛniŋ]
painel (m) de informação	informationstavla (en)	[infɔrma'ɧʉnsˌtavlʲa]
informação (f)	information (en)	[infɔrma'ɧʉn]
anunciar (vt)	att meddela	[at 'me,delʲa]

155

voo (m)	flyg (ett)	['fliyg]
alfândega (f)	tull (en)	['tulj]
funcionário (m) da alfândega	tulltjänsteman (en)	['tulj 'ɕɛnstə,man]

declaração (f) alfandegária	tulldeklaration (en)	['tulj,dɛklʲara'ɧun]
preencher (vt)	att fylla i	[at 'fylʲa 'i]
preencher a declaração	att fylla i en tulldeklaration	[at 'fylʲa i en 'tulj,dɛklʲara'ɧun]
controlo (m) de passaportes	passkontroll (en)	['paskɔn,trolj]

bagagem (f)	bagage (ett)	[ba'ga:ʃ]
bagagem (f) de mão	handbagage (ett)	['hand ba,ga:ʃ]
carrinho (m)	bagagevagn (en)	[ba'ga:ʃ ,vagn]

aterragem (f)	landning (en)	['lʲandniŋ]
pista (f) de aterragem	landningsbana (en)	['lʲandniŋs,bana]
aterrar (vi)	att landa	[at 'lʲanda]
escada (f) de avião	trappa (en)	['trapa]

check-in (m)	incheckning (en)	['in,ɕɛkniŋ]
balcão (m) do check-in	incheckningsdisk (en)	['in,ɕɛkniŋs 'disk]
fazer o check-in	att checka in	[at 'ɕɛka in]
cartão (m) de embarque	boardingkort (ett)	['bɔ:dɪŋ,kɔ:t]
porta (f) de embarque	gate (en)	['gejt]

trânsito (m)	transit (en)	['transit]
esperar (vi, vt)	att vänta	[at 'vɛnta]
sala (f) de espera	väntsal (en)	['vɛnt,salʲ]
despedir-se de ...	att vinka av	[at 'viŋka av]
despedir-se (vr)	att säga adjö	[at 'sɛ:ja a'jø:]

173. Bicicleta. Motocicleta

bicicleta (f)	cykel (en)	['sykəlʲ]
scotter, lambreta (f)	scooter (en)	['sku:tər]
mota (f)	motorcykel (en)	['mutur,sykəlʲ]

ir de bicicleta	att cykla	[at 'sʏklʲa]
guiador (m)	styre (ett)	['styrə]
pedal (m)	pedal (en)	[pe'dalʲ]
travões (m pl)	bromsar (pl)	['brɔmsar]
selim (m)	sadel (en)	['sadəlʲ]

bomba (f) de ar	pump (en)	['pump]
porta-bagagens (m)	bagagehållare (en)	[ba'ga:ʃ ,ho:lʲarə]
lanterna (f)	lykta (en)	['lʲykta]
capacete (m)	hjälm (en)	['jɛlʲm]

roda (f)	hjul (ett)	['ju:lʲ]
guarda-lamas (m)	stänkskärm (en)	['stɛŋk,ɧæ:rm]
aro (m)	fälg (en)	['fɛlj]
raio (m)	eker (en)	['ɛkər]

Carros

174. Tipos de carros

carro, automóvel (m)	bil (en)	['bilʲ]
carro (m) desportivo	sportbil (en)	['spɔːtˌbilʲ]
limusine (f)	limousine (en)	[limu'siːn]
todo o terreno (m)	terrängbil (en)	[tɛ'rɛŋˌbilʲ]
descapotável (m)	cabriolet (en)	[kabriɔ'lʲeː]
minibus (m)	minibuss (en)	['miniˌbus]
ambulância (f)	ambulans (en)	[ambʉ'lʲans]
limpa-neve (m)	snöplog (en)	['snøːˌplʲʊg]
camião (m)	lastbil (en)	['lʲastˌbilʲ]
camião-cisterna (m)	tankbil (en)	['taŋkˌbilʲ]
carrinha (f)	skåpbil (en)	['skoːpˌbilʲ]
camião-trator (m)	dragbil (en)	['dragˌbilʲ]
atrelado (m)	släpvagn (en)	['slʲɛpˌvagn]
confortável	komfortabel	[kɔmfo'ʈabelʲ]
usado	begagnad	[be'gagnad]

175. Carros. Carroçaria

capô (m)	motorhuv (en)	['mʊtʊr hʉːv]
guarda-lamas (m)	stänkskärm (en)	['stɛŋkˌɧæːrm]
tejadilho (m)	tak (ett)	['tak]
para-brisa (m)	vindruta (en)	['vindˌrʉta]
espelho (m) retrovisor	backspegel (en)	['bakˌspegelʲ]
lavador (m)	vindrutespolar (en)	['vindrʉtəˌspʊlʲar]
limpa-para-brisas (m)	vindrutetorkare (en)	['vindrʉtəˌtorkarə]
vidro (m) lateral	sidoruta (en)	['sidʊˌrʉːta]
elevador (m) do vidro	fönsterhiss (en)	['fœnstərˌhis]
antena (f)	antenn (en)	[an'tɛn]
teto solar (m)	taklucka (en), soltak (ett)	['takˌlʉka], ['solˌtak]
para-choques (m pl)	stötfångare (en)	['støːtˌfoŋarə]
bagageira (f)	bagageutrymme (ett)	[ba'gaːʃ 'ʉtˌrʏmə]
bagageira (f) de tejadilho	takräcke (ett)	['takˌrɛkə]
porta (f)	dörr (en)	['dœr]
maçaneta (f)	dörrhandtag (ett)	['dœrˌhantag]
fechadura (f)	dörrlås (ett)	['dœrˌlʲoːs]
matrícula (f)	nummerplåt (en)	['numərˌplʲoːt]
silenciador (m)	ljuddämpare (en)	['jʉːdˌdɛmparə]

157

tanque (m) de gasolina	bensintank (en)	[bɛn'sin͵taŋk]
tubo (m) de escape	avgasrör (ett)	['avgas͵rø:r]

acelerador (m)	gas (en)	['gas]
pedal (m)	pedal (en)	[pe'dalʲ]
pedal (m) do acelerador	gaspedal (en)	['gas pe'dalʲ]

travão (m)	broms (en)	['brɔms]
pedal (m) do travão	bromspedal (en)	['brɔms pe'dalʲ]
travar (vt)	att bromsa	[at 'brɔmsa]
travão (m) de mão	handbroms (en)	['hand͵brɔms]

embraiagem (f)	koppling (en)	['kopliŋ]
pedal (m) da embraiagem	kopplingspedal (en)	['kopliŋs pe'dalʲ]
disco (m) de embraiagem	kopplingslamell (en)	['kopliŋs la'mɛlʲ]
amortecedor (m)	stötdämpare (en)	['stø:t͵dɛmparə]

roda (f)	hjul (ett)	['juː:lʲ]
pneu (m) sobresselente	reservhjul (ett)	[re'sɛrvjuː:lʲ]
pneu (m)	däck (ett)	['dɛk]
tampão (m) de roda	navkapsel (en)	['nav͵kapsəlʲ]

rodas (f pl) motrizes	drivhjul (pl)	['drivjuː:lʲ]
de tração dianteira	framhjulsdriven	['framjuː:lʲs͵drivən]
de tração traseira	bakhjulsdriven	['bakjuː:lʲs͵drivən]
de tração às 4 rodas	fyrahjulsdriven	['fyrajuː:lʲs͵drivən]

caixa (f) de mudanças	växellåda (en)	['vɛksəl͵lʲo:da]
automático	automatisk	[autʊ'matisk]
mecânico	mekanisk	[me'kanisk]
alavanca (f) das mudanças	växelspak (en)	['vɛksəlʲ͵spak]

farol (m)	strålkastare (en)	['stro:lʲ͵kastarə]
faróis, luzes	strålkastare (pl)	['stro:lʲ͵kastarə]

médios (m pl)	halvljus (ett)	[halʲvjuː:s]
máximos (m pl)	helljus (ett)	['hɛlʲ:juː:s]
luzes (f pl) de stop	stopplius (ett)	['stɔpjuː:s]

mínimos (m pl)	positionsljus (ett)	[pʊsi'ɦʊnsjuː:s]
luzes (f pl) de emergência	nödljus (ett)	['nø:djuː:s]
faróis (m pl) antinevoeiro	dimlykta (en)	['dim͵lʲykta]
pisca-pisca (m)	blinker (en)	['bliŋkər]
luz (f) de marcha atrás	backljus (ett)	['bakjuː:s]

176. Carros. Habitáculo

interior (m) do carro	interiör, inredning (en)	[intɛ'rjø:r], ['in͵redniŋ]
de couro, de pele	läder-	['lʲɛ:dər-]
de veludo	velour-	[ve'lʊːr-]
estofos (m pl)	klädsel (en)	['klʲɛdsəlʲ]

indicador (m)	instrument (ett)	[instru'mɛnt]
painel (m) de instrumentos	instrumentpanel (en)	[instru'mɛnt pa'nəlʲ]

| velocímetro (m) | hastighetsmätare (en) | ['hastighets,mɛ:tarə] |
| ponteiro (m) | visare (en) | ['visarə] |

conta-quilómetros (m)	vägmätare (en)	['vɛ:g,mɛ:tarə]
sensor (m)	indikator (en)	[indi'katʊr]
nível (m)	nivå (en)	[ni'vo:]
luz (f) avisadora	varningslampa (en)	['va:ɳiŋs ,lʲampa]

volante (m)	ratt (en)	['rat]
buzina (f)	horn (ett)	['hʊ:ɳ]
botão (m)	knapp (en)	['knap]
interruptor (m)	omskiftare (en)	['ɔm,ɧiftarə]

assento (m)	säte (ett)	['sɛtə]
costas (f pl) do assento	ryggstöd (ett)	['rʏg,stø:d]
cabeceira (f)	nackstöd (ett)	['nak,stø:d]
cinto (m) de segurança	säkerhetsbälte (ett)	['sɛ:kərhets,bɛlʲtə]
apertar o cinto	att sätta fast säkerhetsbältet	[at 'sæta fast 'sɛkərhets,bɛlʲtət]
regulação (f)	justering (en)	[ɧu'ste:riŋ]

| airbag (m) | krockkudde (en) | ['krɔk,kudə] |
| ar (m) condicionado | luftkonditionerare (en) | ['lʉft,kɔndiɧu'nerarə] |

rádio (m)	radio (en)	['radiʊ]
leitor (m) de CD	cd-spelare (en)	['sede ,spelʲarə]
ligar (vt)	att slå på	[at 'slʲo: pɔ]
antena (f)	antenn (en)	[an'tɛn]
porta-luvas (m)	handskfack (ett)	['hansk,fak]
cinzeiro (m)	askkopp (en)	['askop]

177. Carros. Motor

motor (m)	motor (en)	['mʊtʊr]
diesel	diesel-	['disəlʲ-]
a gasolina	bensin-	[bɛn'sin-]

cilindrada (f)	motorvolym (en)	['mʊtʊr vɔ'lʲym]
potência (f)	styrka (en)	['styrka]
cavalo-vapor (m)	hästkraft (en)	['hɛst,kraft]
pistão (m)	kolv (en)	['kɔlʲv]
cilindro (m)	cylinder (en)	[sy'lindər]
válvula (f)	ventil (en)	[vɛn'tilʲ]

injetor (m)	injektor (en)	[in'jɛktʊr]
gerador (m)	generator (en)	[jene'ratur]
carburador (m)	förgasare (en)	[før'gasarə]
óleo (m) para motor	motorolja (en)	['mʊtʊr,ɔlja]

radiador (m)	kylare (en)	['çylʲarə]
refrigerante (m)	kylvätska (en)	['çylʲ,vɛtska]
ventilador (m)	fläkt (en)	['flʲɛkt]
bateria (f)	batteri (ett)	[batɛ'ri:]
dispositivo (m) de arranque	starter, startmotor (en)	[sta:tə], ['sta:t̪,mʊtʊr]

ignição (f)	tändning (en)	['tɛndniŋ]
vela (f) de ignição	tändstift (ett)	['tɛnd,stift]
borne (m)	klämma (en)	['klʲɛma]
borne (m) positivo	plusklämma (en)	['plʉs,klʲɛma]
borne (m) negativo	minusklämma (en)	['minus,klʲɛma]
fusível (m)	säkring (en)	['sɛkriŋ]
filtro (m) de ar	luftfilter (ett)	['lʉft,filʲtər]
filtro (m) de óleo	oljefilter (ett)	['ɔljə,filʲtər]
filtro (m) de combustível	bränslefilter (ett)	['brɛnslʲe,filʲtər]

178. Carros. Batidas. Reparação

acidente (m) de carro	bilolycka (en)	['bilʲ ʊ:'lʲyka]
acidente (m) rodoviário	trafikolycka (en)	[tra'fik ʊ:'lʲyka]
ir contra ...	att köra in i ...	[at 'çø:ra in i ...]
sofrer um acidente	att haverera	[at have'rera]
danos (m pl)	skada (en)	['skada]
intato	oskadad	[ʊ:'skadad]
avaria (no motor, etc.)	haveri (ett)	[have'ri:]
avariar (vi)	att bryta ihop	[at 'bryta i'hʊp]
cabo (m) de reboque	bogserlina (en)	['bʊksɛ:r,lina]
furo (m)	punktering (en)	[puŋk'teriŋ]
estar furado	att vara punkterat	[at 'vara puŋk'terat]
encher (vt)	att pumpa upp	[at 'pumpa up]
pressão (f)	tryck (ett)	['trʏk]
verificar (vt)	att checka	[at 'çɛka]
reparação (f)	reparation (en)	[repara'fjʊn]
oficina (f)	bilverkstad (en)	['bilʲvɛrk,stad]
de reparação de carros		
peça (f) sobresselente	reservdel (en)	[re'sɛrv,delʲ]
peça (f)	del (en)	['delʲ]
parafuso (m)	bult (en)	['bulʲt]
parafuso (m)	skruv (en)	['skrʉ:v]
porca (f)	mutter (en)	['mutər]
anilha (f)	bricka (en)	['brika]
rolamento (m)	lager (ett)	['lʲagər]
tubo (m)	rör (ett)	['rø:r]
junta (f)	tätning (en)	['tɛtniŋ]
fio, cabo (m)	ledning (en)	['lʲedniŋ]
macaco (m)	domkraft (en)	['dʊm,kraft]
chave (f) de boca	skruvnyckel (en)	['skrʉ:v,nʏkəlʲ]
martelo (m)	hammare (en)	['hamarə]
bomba (f)	pump (en)	['pump]
chave (f) de fendas	skruvmejsel (en)	['skrʉ:v,mɛjsəlʲ]
extintor (m)	brandsläckare (en)	['brand,slʲɛkarə]
triângulo (m) de emergência	varningstriangel (en)	['va:ŋiŋs tri'aŋəlʲ]

parar (vi) (motor)	att stanna	[at 'stana]
paragem (f)	tjuvstopp (ett)	['ɕʉvstɔp]
estar quebrado	att vara trasig	[at 'vara ˌtrasig]

superaquecer-se (vr)	att bli överhettad	[at bli 'øvəˌhɛtad]
entupir-se (vr)	att bli igensatt	[at bli 'ijɛnsat]
congelar-se (vr)	att frysa	[at 'frysa]
rebentar (vi)	att spricka, att brista	[at 'sprika], [at 'brista]

pressão (f)	tryck (ett)	['trʏk]
nível (m)	nivå (en)	[ni'vo:]
frouxo	slak	['slʲak]

mossa (f)	buckla (en)	['buklʲa]
ruído (m)	knackande ljud (ett)	['knakandəjʉ:d]
fissura (f)	spricka (en)	['sprika]
arranhão (m)	repa, skråma (en)	['repa], ['skroma]

179. Carros. Estrada

estrada (f)	väg (en)	['vɛ:g]
autoestrada (f)	huvudväg (en)	['hʉ:vʉdˌvɛ:g]
rodovia (f)	motorväg (en)	['mʊtʊrˌvɛ:g]
direção (f)	riktning (en)	['riktniŋ]
distância (f)	avstånd (ett)	['avˌstɔnd]

ponte (f)	bro (en)	['brʊ]
parque (m) de estacionamento	parkeringsplats (en)	[par'keriŋsˌplʲats]
praça (f)	torg (ett)	['tɔrj]
nó (m) rodoviário	trafikplats, vägkorsning (en)	[tra'fikˌplʲats], ['vɛ·gˌkɔ·ˈsniŋ]
túnel (m)	tunnel (en)	['tunelʲ]

posto (m) de gasolina	bensinstation (en)	[bɛn'sinˌsta'ŋʊn]
parque (m) de estacionamento	parkeringsplats (en)	[par'keriŋsˌplʲats]
bomba (f) de gasolina	bensinpump (en)	[bɛn'sinˌpump]
oficina (f) de reparação de carros	bilverkstad (en)	['bilʲvɛrkˌstad]
abastecer (vt)	att tanka	[at 'taŋka]
combustível (m)	bränsle (ett)	['brɛnslʲe]
bidão (m) de gasolina	dunk (en)	['du:ŋk]

asfalto (m)	asfalt (en)	['asfalʲt]
marcação (f) de estradas	vägmarkering (en)	['vɛ:gˌmar'keriŋ]
lancil (m)	trottoarkant (en)	[trɔtʉ'arˌkant]
proteção (f) guard-rail	vägräcke (ett)	['vɛ:gˌrɛkə]
valeta (f)	vägdike (ett)	['vɛ:gˌdikə]
berma (f) da estrada	vägkant (en)	['vɛ:gˌkant]
poste (m) de luz	lyktstolpe (en)	['lʲykˌstolʲpə]

conduzir, guiar (vt)	att köra	[at 'ɕø:ra]
virar (ex. ~ à direita)	att svänga	[at 'svɛŋa]
dar retorno	att göra en u-sväng	[at 'jø:ra en 'ʉːˌsvɛŋ]
marcha-atrás (f)	backning (en)	['bakniŋ]

buzinar (vi)	att tuta	[at 'tɵːta]
buzina (f)	tuta (en)	['tɵːta]
atolar-se (vr)	att köra fast	[at 'ɕøːra fast]
patinar (na lama)	att spinna	[at 'spina]
desligar (vt)	att stanna	[at 'stana]

velocidade (f)	hastighet (en)	['hastiɡˌhet]
exceder a velocidade	att överstiga	[at 'øːvəˌʂtiga
	hastighetsgränsen	'hastiɡheʦˌɡrɛnsən]
multar (vt)	att bötfälla	[at 'bøtˌfɛlʲa]
semáforo (m)	trafikljus (ett)	[tra'fikˌjɵːs]
carta (f) de condução	körkort (ett)	['ɕøːrˌkɔːt]

passagem (f) de nível	överkörsväg (en)	['øːvəˌɕøːˌʂvɛːɡ]
cruzamento (m)	korsning (en)	['kɔːʂniŋ]
passadeira (f)	övergångsställe (ett)	['øːvərɡɔŋsˌstɛlʲe]
curva (f)	kurva, krök (en)	['kurva], ['krøːk]
zona (f) pedonal	gånggata (en)	['ɡɔŋˌɡata]

180. Sinais de trânsito

código (m) da estrada	trafiklag (en)	[tra'fikˌlaɡ]
sinal (m) de trânsito	vägmärke (ett)	['vɛːɡˌmæːrkə]
ultrapassagem (f)	omkörning (en)	['ɔmˌɕøːˌɳiŋ]
curva (f)	krök, kurva (en)	['krøːk], ['kurva]
inversão (f) de marcha	U-sväng (en)	['ɵːˌsvɛŋ]
rotunda (f)	rondell (en)	['runˌdɛlʲ]

sentido proibido	Förbud mot infart	[før'bjɵːd mʊt 'infaːt
	med fordon	mɛ 'fʊːdɔn]
trânsito proibido	förbud mot fordonstrafik	[før'bjɵːd mʊt 'fʊːdɔns tra'fik]
proibição de ultrapassar	Förbud mot omkörning	[før'bjɵːd mʊt 'ɔmˌɕøːˌɳiŋ]
estacionamento proibido	Förbud mot	[før'bjɵːd mʊt
	att parkera fordon	at par'kera 'fʊːdɔn]
paragem proibida	Förbud att stanna	[før'bjɵːd at 'stana
	och parkera fordon	ɔ par'kera 'fʊːdɔn]

curva (f) perigosa	Farlig kurva	['faːl̪iɡ ˌkurva]
descida (f) perigosa	Nedförslutning	['nɛdførˌslɵːtniŋ]
trânsito de sentido único	Enkelriktad trafik	['ɛŋkəlʲˌriktad tra'fik]
passadeira (f)	övergångsställe (ett)	['øːvərɡɔŋsˌstɛlʲe]
pavimento (m) escorregadio	Slirig väg	['sliriɡ vɛːɡ]
cedência de passagem	Väjningsplikt	['vɛjniŋsˌplikt]

PESSOAS. EVENTOS

Eventos

181. Férias. Evento

festa (f)	fest (en)	['fɛst]
festa (f) nacional	nationaldag (en)	[natʃʉ'nalʲˌdag]
feriado (m)	helgdag (en)	['hɛljˌdag]
festejar (vt)	att fira	[at 'fira]
evento (festa, etc.)	begivenhet (en)	[be'jivənˌhet]
evento (banquete, etc.)	evenemang (ett)	[ɛvenə'maŋ]
banquete (m)	bankett (en)	[baŋ'ket]
receção (f)	reception (en)	[resɛp'ʃʊn]
festim (m)	fest (en)	['fɛst]
aniversário (m)	årsdag (en)	['oːʂˌdag]
jubileu (m)	jubileum (ett)	[jʉbi'lʲeum]
celebrar (vt)	att fira	[at 'fira]
Ano (m) Novo	nyår (ett)	['nyˌoːr]
Feliz Ano Novo!	Gott Nytt År!	[gɔt nʏt 'oːr]
Pai (m) Natal	Jultomten	['julʲˌtɔmtən]
Natal (m)	jul (en)	['juːlʲ]
Feliz Natal!	God jul!	[ˌgʊd 'juːlʲ]
árvore (f) de Natal	julgran (en)	['julʲˌgran]
fogo (m) de artifício	fyrverkeri (ett)	[fyrvɛrke'riː]
boda (f)	bröllop (ett)	['brœlʲɔp]
noivo (m)	brudgum (en)	['brʉːdˌguːm]
noiva (f)	brud (en)	['brʉːd]
convidar (vt)	att inbjuda, att invitera	[at in'bjʉːda], [at invi'tera]
convite (m)	inbjudan (en)	[in'bjʉːdan]
convidado (m)	gäst (en)	['jɛst]
visitar (vt)	att besöka	[at be'søːka]
receber os hóspedes	att hälsa på gästerna	[at 'hɛlʲsa pɔ 'jɛsteŋa]
presente (m)	gåva, present (en)	['goːva], [pre'sɛnt]
oferecer (vt)	att ge	[at je:]
receber presentes	att få presenter	[at fo: pre'sɛntər]
ramo (m) de flores	bukett (en)	[bʉ'kɛt]
felicitações (f pl)	lyckönskning (en)	['lʲykˌønskniŋ]
felicitar (dar os parabéns)	att gratulera	[at gratʉ'lʲera]
cartão (m) de parabéns	gratulationskort (ett)	[gratʉlʲa'ʃʊnsˌkoːt]

163

| enviar um postal | att skicka vykort | [at 'ɧika 'vyˌkɔːt] |
| receber um postal | att få vykort | [at foː 'vyˌkɔːt] |

brinde (m)	skål (en)	['skoːlⁱ]
oferecer (vt)	att bjuda	[at 'bjʉːda]
champanhe (m)	champagne (en)	[ɧamˈpanʲ]

divertir-se (vr)	att ha roligt	[at ha 'rʊlit]
diversão (f)	uppsluppenhet (en)	['upˌslupənhet]
alegria (f)	glädje (en)	['glʲɛdjə]

| dança (f) | dans (en) | ['dans] |
| dançar (vi) | att dansa | [at 'dansa] |

| valsa (f) | vals (en) | ['valⁱs] |
| tango (m) | tango (en) | ['taŋgɔ] |

182. Funerais. Enterro

cemitério (m)	kyrkogård (en)	['ɕyrkʉˌgoːd]
sepultura (f), túmulo (m)	grav (en)	['grav]
cruz (f)	kors (ett)	['kɔːʂ]
lápide (f)	gravsten (en)	['gravˌsten]
cerca (f)	stängsel (ett)	['stɛŋsəlⁱ]
capela (f)	kapell (ett)	[kaˈpɛlⁱ]

morte (f)	död (en)	['døːd]
morrer (vi)	att dö	[at 'døː]
defunto (m)	den avlidne	[dɛn 'avˌlidnə]
luto (m)	sorg (en)	['sɔrj]

enterrar, sepultar (vt)	att begrava	[at beˈgrava]
agência (f) funerária	begravningsbyrå (en)	[beˈgravniŋsˌbyroː]
funeral (m)	begravning (en)	[beˈgravniŋ]

coroa (f) de flores	krans (en)	['krans]
caixão (m)	likkista (en)	['likˌɕista]
carro (m) funerário	likvagn (en)	['likˌvagn]
mortalha (f)	liksvepning (en)	['likˌsvɛpniŋ]

procissão (f) funerária	begravningståg (ett)	[beˈgravniŋsˌtoːg]
urna (f) funerária	gravurna (en)	['gravˌuːɳa]
crematório (m)	krematorium (ett)	[kremaˈtɔrium]

obituário (m), necrologia (f)	nekrolog (en)	[nɛkrʊˈlʲɔg]
chorar (vi)	att gråta	[at 'groːta]
soluçar (vi)	att snyfta	[at 'snyfta]

183. Guerra. Soldados

| pelotão (m) | pluton (en) | [plʉˈtʊn] |
| companhia (f) | kompani (ett) | [kɔmpaˈniː] |

regimento (m)	regemente (ett)	[rege'mɛntə]
exército (m)	här, armé (en)	['hæ:r], [ar'me:]
divisão (f)	division (en)	[divi'ʃʊn]

| destacamento (m) | trupp (en) | ['trup] |
| hoste (f) | här (en) | ['hæ:r] |

| soldado (m) | soldat (en) | [sʊlʲ'dat] |
| oficial (m) | officer (en) | [ɔfi'se:r] |

soldado (m) raso	menig (en)	['menig]
sargento (m)	sergeant (en)	[sɛr'ɧant]
tenente (m)	löjtnant (en)	['lʲœjtˌnant]
capitão (m)	kapten (en)	[kap'ten]
major (m)	major (en)	[ma'jʊ:r]
coronel (m)	överste (en)	['ø:vəʂtə]
general (m)	general (en)	[jene'ralʲ]

marujo (m)	sjöman (en)	['ɧø:ˌman]
capitão (m)	kapten (en)	[kap'ten]
contramestre (m)	båtsman (en)	['bɔtsman]

artilheiro (m)	artillerist (en)	[a:tilʲe'rist]
soldado (m) paraquedista	fallskärmsjägare (en)	['falʲɧæ:rms ˌjɛ:garə]
piloto (m)	flygare (en)	['flʲygarə]
navegador (m)	styrman (en)	['styrˌman]
mecânico (m)	mekaniker (en)	[me'kanikər]

sapador (m)	pionjär (en)	[piʊ'njæ:r]
paraquedista (m)	fallskärmshoppare (en)	['falʲɧæ:rms ˌhɔparə]
explorador (m)	spaningssoldat (en)	['spaniŋs sʊlʲ'dat]
franco-atirador (m)	prickskytt (en)	['prikˌɧyt]

patrulha (f)	patrull (en)	[pat'rulʲ]
patrulhar (vt)	att patrullera	[at patru'lʲera]
sentinela (f)	vakt (en)	['vakt]

| guerreiro (m) | krigare (en) | ['krigarə] |
| patriota (m) | patriot (en) | [patri'ʊt] |

| herói (m) | hjälte (en) | ['jɛlʲtə] |
| heroína (f) | hjältinna (en) | ['jɛlʲiˌtina] |

| traidor (m) | förrädare (en) | [fœ:'rɛ:darə] |
| trair (vt) | att förråda | [at fœ:'ro:da] |

| desertor (m) | desertör (en) | [desɛ:'tø:r] |
| desertar (vt) | att desertera | [at desɛ:'tera] |

mercenário (m)	legosoldat (en)	['lʲegʊˌsʊlʲ'dat]
recruta (m)	rekryt (en)	[rɛk'ryt]
voluntário (m)	frivillig (en)	['friˌvilig]

morto (m)	döda (en)	['dø:da]
ferido (m)	sårad (en)	['so:rad]
prisioneiro (m) de guerra	fånge (en)	['fɔŋə]

184. Guerra. Ações militares. Parte 1

guerra (f)	krig (ett)	['krig]
guerrear (vt)	att vara i krig	[at 'vara i ˌkrig]
guerra (f) civil	inbördeskrig (ett)	['inbø:dɛsˌkrig]
perfidamente	lömsk, förrädisk	['lʲømsk], [fœ:'rɛdisk]
declaração (f) de guerra	krigsförklaring (en)	['krigsˌførʲklʲarin]
declarar (vt) guerra	att förklara	[at førʲklʲara]
agressão (f)	aggression (en)	[agrɛ'ɧʋn]
atacar (vt)	att angripa	[at 'anˌgripa]
invadir (vt)	att invadera	[at inva'dera]
invasor (m)	angripare (en)	['anˌgriparə]
conquistador (m)	erövrare (en)	[ɛ'rœvrarə]
defesa (f)	försvar (ett)	[fœ:'ʂvar]
defender (vt)	att försvara	[at fœ:'ʂvara]
defender-se (vr)	att försvara sig	[at fœ:'ʂvara sɛj]
inimigo (m)	fiende (en)	['fjɛndə]
adversário (m)	motståndare (en)	['mʋtˌstɔndarə]
inimigo	fientlig	['fjɛntlig]
estratégia (f)	strategi (en)	[strate'ɧi:]
tática (f)	taktik (en)	[tak'tik]
ordem (f)	order (en)	['ɔ:dər]
comando (m)	order, kommando (en)	['ɔ:dər], [kɔm'mandʋ]
ordenar (vt)	att beordra	[at be'o:dra]
missão (f)	uppdrag (ett)	['updrag]
secreto	hemlig	['hɛmlig]
batalha (f)	batalj (en)	[ba'talʲ]
batalha (f)	slag (ett)	['slʲag]
combate (m)	kamp (en)	['kamp]
ataque (m)	angrepp (ett)	['anˌgrɛp]
assalto (m)	stormning (en)	['stɔrmnin]
assaltar (vt)	att storma	[at 'stɔrma]
assédio, sítio (m)	belägring (en)	[be'lʲɛgrin]
ofensiva (f)	offensiv (en)	['ɔfɛnˌsi:v]
passar à ofensiva	att angripa	[at 'anˌgripa]
retirada (f)	reträtt (en)	[rɛ'træt]
retirar-se (vr)	att retirera	[at reti'rera]
cerco (m)	omringning (en)	['ɔmˌrinnin]
cercar (vt)	att omringa	[at 'ɔmˌrina]
bombardeio (m)	bombning (en)	['bɔmbnin]
lançar uma bomba	att släppa en bomb	[at 'slʲepa en bɔmb]
bombardear (vt)	att bombardera	[at bɔmba'dera]
explosão (f)	explosion (en)	[ɛksplʲɔ'ɧʋn]

tiro (m)	skott (ett)	['skɔt]
disparar um tiro	att skjuta	[at 'ɧʉːta]
tiroteio (m)	skjutande (ett)	['ɧʉːtandə]

apontar para …	att sikta på …	[at 'sikta pɔ …]
apontar (vt)	att rikta	[at 'rikta]
acertar (vt)	att träffa	[at 'trɛfa]

afundar (um navio)	att sänka	[at 'sɛŋka]
brecha (f)	hål (ett)	['hoːlʲ]
afundar-se (vr)	att sjunka	[at 'ɧuŋka]

frente (m)	front (en)	['frɔnt]
evacuação (f)	evakuering (en)	[ɛvakʉ'eːriŋ]
evacuar (vt)	att evakuera	[at ɛvakʉ'eːra]

trincheira (f)	skyttegrav (en)	['ɧytə‚grav]
arame (m) farpado	taggtråd (en)	['tag‚troːd]
obstáculo (m) anticarro	avspärning (en)	['av‚spɛrniŋ]
torre (f) de vigia	vakttorn (ett)	['vakt‚tuːɳ]

hospital (m)	militärsjukhus (ett)	[mili'tæːrs‚hʉs]
ferir (vt)	att såra	[at 'soːra]
ferida (f)	sår (ett)	['soːr]
ferido (m)	sårad (en)	['soːrad]
ficar ferido	att bli sårad	[at bli 'soːrad]
grave (ferida ~)	allvarlig	[alʲ'vaːʟig]

185. Guerra. Ações militares. Parte 2

cativeiro (m)	fångenskap (en)	['fɔŋen‚skap]
capturar (vt)	att tillfångata	[at tilʲ'fɔŋata]
estar em cativeiro	att vara i fångenskap	[at 'vara i 'fɔŋen‚skap]
ser aprisionado	att bli tagen till fånga	[at bli 'tagen tilʲ 'fɔŋa]

campo (m) de concentração	koncentrationsläger (ett)	[kɔnsentra'ɧʉns‚ʟeːgər]
prisioneiro (m) de guerra	fånge (en)	['fɔŋə]
escapar (vi)	att fly	[at flʲy]

trair (vt)	att förråda	[at fœ:'roːda]
traidor (m)	förrädare (en)	[fœ:'rɛːdarə]
traição (f)	förräderi (ett)	[fœ:rɛ:de'riː]

| fuzilar, executar (vt) | att arkebusera | [at 'arkebʉ‚sera] |
| fuzilamento (m) | arkebusering (en) | ['arkebʉ‚seriŋ] |

equipamento (m)	mundering (en)	[mun'deriŋ]
platina (f)	axelklaff (en)	['aksɛlʲ‚klʲaf]
máscara (f) antigás	gasmask (en)	['gas‚mask]

rádio (m)	fältradio (en)	['fɛlt‚radiʊ]
cifra (f), código (m)	chiffer (ett)	['ɧifer]
conspiração (f)	sekretess (en)	[sɛkre'tɛs]
senha (f)	lösenord (ett)	['lʲøːsən‚uːd]

mina (f)	mina (en)	['mina]
minar (vt)	att minera	[at mi'nera]
campo (m) minado	minfält (ett)	['min͵fɛlⁱt]

alarme (m) aéreo	flyglarm (ett)	['flyg͵lⁱarm]
alarme (m)	alarm (ett)	[a'lⁱarm]
sinal (m)	signal (en)	[sig'nalⁱ]
sinalizador (m)	signalraket (en)	[sig'nalⁱ͵raket]

estado-maior (m)	stab (en)	['stab]
reconhecimento (m)	spaning (en)	['spaniŋ]
situação (f)	situation (en)	[situa'ɧʊn]
relatório (m)	rapport (en)	[ra'pɔ:t]
emboscada (f)	bakhåll (ett)	['bak͵ho:lⁱ]
reforço (m)	förstärkning (en)	[fœ:'ʂtæ:kniŋ]

alvo (m)	mål (ett)	['mo:lⁱ]
campo (m) de tiro	skjutbana (en)	['ɧʉ:t͵bana]
manobras (f pl)	manövrar (pl)	[ma'nœvrar]

pânico (m)	panik (en)	[pa'nik]
devastação (f)	ödeläggelse (en)	['ø:də͵lⁱɛgəlⁱsə]
ruínas (f pl)	ruiner (pl)	[rʉ'i:nər]
destruir (vt)	att ödelägga	[at 'ødə͵lⁱɛga]

sobreviver (vi)	att överleva	[at 'ø:və͵lⁱeva]
desarmar (vt)	att avväpna	[at 'av͵vɛpna]
manusear (vt)	att hantera	[at han'tera]

| Firmes! | Givakt! | [ji'vakt] |
| Descansar! | Lystring - STÄLL! Manöver! | ['lⁱystriŋ - stɛlⁱ], [ma'nøvər] |

façanha (f)	bedrift (en)	[be'drift]
juramento (m)	ed (en)	['ɛd]
jurar (vi)	att svära	[at 'svæ:ra]

condecoração (f)	belöning (en)	[be'lⁱø:niŋ]
condecorar (vt)	att belöna	[at be'lⁱø:na]
medalha (f)	medalj (en)	[me'dalⁱj]
ordem (f)	orden (en)	['ɔ:dən]

vitória (f)	seger (en)	['segər]
derrota (f)	nederlag (ett)	['nedə:͵lⁱag]
armistício (m)	vapenvila (en)	['vapən͵vilⁱa]

bandeira (f)	fana (en)	['fana]
glória (f)	berömmelse (en)	[be'rœməlⁱsə]
desfile (m) militar	parad (en)	[pa'rad]
marchar (vi)	att marschera	[at mar'ʃera]

186. Armas

| arma (f) | vapen (ett) | ['vapən] |
| arma (f) de fogo | skjutvapen (ett) | ['ɧʉ:t͵vapən] |

arma (f) branca	blank vapen (ett)	['bliaŋk 'vapən]
arma (f) química	kemiskt vapen (ett)	['çemiskt 'vapən]
nuclear	kärn-	['çæ:ŋ-]
arma (f) nuclear	kärnvapen (ett)	['çæ:ŋˌvapən]

bomba (f)	bomb (en)	['bɔmb]
bomba (f) atómica	atombomb (en)	[a'tɔmˌbɔmb]

pistola (f)	pistol (en)	[pi'stʊlʲ]
caçadeira (f)	gevär (ett)	[je'væ:r]
pistola-metralhadora (f)	maskinpistol (en)	[ma'ɧi:n pi'stʊlʲ]
metralhadora (f)	maskingevär (ett)	[ma'ɧi:n je'væ:r]

boca (f)	mynning (en)	['mʏniŋ]
cano (m)	lopp (ett)	['lʲɔp]
calibre (m)	kaliber (en)	[ka'libər]

gatilho (m)	avtryckare (en)	['avˌtrʏkarə]
mira (f)	sikte (ett)	['siktə]
carregador (m)	magasin (ett)	[maga'sin]
coronha (f)	kolv (en)	['kɔlʲv]

granada (f) de mão	handgranat (en)	['hand graˌnat]
explosivo (m)	sprängämne (ett)	['sprɛŋˌɛmnə]

bala (f)	kula (en)	['kʉ:lʲa]
cartucho (m)	patron (en)	[pa'trʊn]
carga (f)	laddning (en)	['lʲadniŋ]
munições (f pl)	ammunition (en)	[amʉni'ɧʊn]

bombardeiro (m)	bombplan (ett)	['bɔmbˌplʲan]
avião (m) de caça	jaktplan (ett)	['jaktˌplʲan]
helicóptero (m)	helikopter (en)	[hɛllʲ'kɔptər]

canhão (m) antiaéreo	luftvärnskanon (en)	['lʉftvæ:ŋs ka'nʊn]
tanque (m)	stridsvagn (en)	['stridsˌvagn]
canhão (de um tanque)	kanon (en)	[ka'nʊn]

artilharia (f)	artilleri (ett)	[a:ʈilʲe'ri:]
canhão (m)	kanon (en)	[ka'nʊn]
fazer a pontaria	att rikta in	[at 'rikta in]

obus (m)	projektil (en)	[prʊɧek'tilʲ]
granada (f) de morteiro	granat (en)	[gra'nat]
morteiro (m)	granatkastare (en)	[gra'natˌkastarə]
estilhaço (m)	splitter (ett)	['splitər]

submarino (m)	ubåt (en)	[ʉ:'bo:t]
torpedo (m)	torped (en)	[tɔr'ped]
míssil (m)	robot, missil (en)	['rɔbɔt], [mi'silʲ]

carregar (uma arma)	att ladda	[at 'lʲada]
atirar, disparar (vi)	att skjuta	[at 'ɧʉ:ta]
apontar para ...	att sikta på ...	[at 'sikta pɔ ...]
baioneta (f)	bajonett (en)	[bajʊ'nɛt]
espada (f)	värja (en)	['væ:rja]

sabre (m)	sabel (en)	['sabəlʲ]
lança (f)	spjut (ett)	['spjʉ:t]
arco (m)	båge (en)	['bo:gə]
flecha (f)	pil (en)	['pilʲ]
mosquete (m)	musköt (en)	[mu'skø:t]
besta (f)	armborst (ett)	['arm‚bo:ʂt]

187. Povos da antiguidade

primitivo	ur-	['ʉr-]
pré-histórico	förhistorisk	['førhi‚stʉrisk]
antigo	forntida, antikens	['fʉ:n̩tida], [an'tikəns]

Idade (f) da Pedra	Stenåldern	['sten‚ɔ:lʲdɛ:n̩]
Idade (f) do Bronze	bronsålder (en)	['brɔns‚o:lʲdər]
período (m) glacial	istid (en)	['is‚tid]

tribo (f)	stam (en)	['stam]
canibal (m)	kannibal (en)	[kani'balʲ]
caçador (m)	jägare (en)	['jɛ:garə]
caçar (vi)	att jaga	[at 'jaga]
mamute (m)	mammut (en)	[ma'mut]

caverna (f)	grotta (en)	['grɔta]
fogo (m)	eld (en)	['ɛlʲd]
fogueira (f)	bål (ett)	['bo:lʲ]
pintura (f) rupestre	hällristning (en)	['hɛlʲ‚ristniŋ]

ferramenta (f)	redskap (ett)	['rɛd‚skap]
lança (f)	spjut (ett)	['spjʉ:t]
machado (m) de pedra	stenyxa (en)	['sten‚yksa]
guerrear (vt)	att vara i krig	[at 'vara i ‚krig]
domesticar (vt)	att tämja	[at 'tɛmja]

| ídolo (m) | idol (en) | [i'dɔlʲ] |
| adorar, venerar (vt) | att dyrka | [at 'dyrka] |

| superstição (f) | vidskepelse (en) | ['vid‚ɧɛpəlʲsə] |
| ritual (m) | ritual (en) | [ritu'alʲ] |

| evolução (f) | evolution (en) | [ɛvɔlʉ'ɧʊn] |
| desenvolvimento (m) | utveckling (en) | ['ʉt‚vɛkliŋ] |

| desaparecimento (m) | försvinnande (ett) | [fœ:'ʂvinandə] |
| adaptar-se (vr) | att anpassa sig | [at 'an‚pasa sɛj] |

arqueologia (f)	arkeologi (en)	[‚arkeʊlʲɔ'gi:]
arqueólogo (m)	arkeolog (en)	[‚arkeʊ'lʲɔg]
arqueológico	arkeologisk	[‚arkeʊ'lʲɔgisk]

local (m) das escavações	utgrävningsplats (en)	['ʉt‚grɛvniŋs 'plʲats]
escavações (f pl)	utgrävningar (pl)	['ʉt‚grɛvniŋar]
achado (m)	fynd (ett)	['fʏnd]
fragmento (m)	fragment (ett)	[frag'mɛnt]

188. Idade média

povo (m)	folk (ett)	['folⁱk]
povos (m pl)	folk (pl)	['folⁱk]
tribo (f)	stam (en)	['stam]
tribos (f pl)	stammar (pl)	['stamar]

bárbaros (m pl)	barbarer (pl)	[bar'barər]
gauleses (m pl)	galler (pl)	['galⁱer]
godos (m pl)	goter (pl)	['gutər]
eslavos (m pl)	slavar (pl)	['slⁱavar]
víquingues (m pl)	vikingar (pl)	['vikiŋar]

| romanos (m pl) | romare (pl) | ['rʊmarə] |
| romano | romersk | ['rʊmɛʂk] |

bizantinos (m pl)	bysantiner (pl)	[bysan'tinər]
Bizâncio	Bysans	['bysans]
bizantino	bysantinsk	[bysan'tinsk]

imperador (m)	kejsare (en)	['çejsarə]
líder (m)	hövding (en)	['hœvdiŋ]
poderoso	mäktig, kraftfull	['mɛktig], ['kraft,fulⁱ]
rei (m)	kung (en)	['kuŋ]
governante (m)	härskare (en)	['hæːʂkarə]

cavaleiro (m)	riddare (en)	['ridarə]
senhor feudal (m)	feodalherre (en)	[feʊ'dalⁱ,hærə]
feudal	feodal-	[feʊ'dalⁱ-]
vassalo (m)	vasall (en)	[va'salⁱ]

duque (m)	hertig (en)	['hɛːtig]
conde (m)	greve (en)	['grevə]
barão (m)	baron (en)	[ba'rʊn]
bispo (m)	biskop (en)	['biskɔp]

armadura (f)	rustning (en)	['rustniŋ]
escudo (m)	sköld (en)	['ɧœlⁱd]
espada (f)	svärd (ett)	['svæːd]
viseira (f)	visir (ett)	[vi'sir]
cota (f) de malha	ringbrynja (en)	['riŋ,brʏnja]

| cruzada (f) | korståg (ett) | ['kɔːʂ,toːg] |
| cruzado (m) | korsfarare (en) | ['kɔːʂ,fararə] |

território (m)	territorium (ett)	[tɛri'tʊrium]
atacar (vt)	att angripa	[at 'an,gripa]
conquistar (vt)	att erövra	[at ɛ'rœvra]
ocupar, invadir (vt)	att ockupera	[at ɔkɥp'era]

assédio, sítio (m)	belägring (en)	[be'lⁱɛgriŋ]
sitiado	belägrad	[be'lⁱɛgrad]
assediar, sitiar (vt)	att belägra	[at be'lⁱɛgra]
inquisição (f)	inkvisition (en)	[iŋkvisi'fʊn]
inquisidor (m)	inkvisitor (en)	[iŋkvi'sitʊr]

tortura (f)	tortyr (en)	[tɔ:'tyr]
cruel	brutal	[brʉ'talʲ]
herege (m)	kättare (en)	['ɕætarə]
heresia (f)	kätteri (ett)	[ɕæte'ri:]

navegação (f) marítima	sjöfart (en)	['ɧø:ˌfa:t]
pirata (m)	pirat, sjörövare (en)	[pi'rat], ['ɧø:ˌrø:varə]
pirataria (f)	sjöröveri (ett)	['ɧø:ˌrø:ve'ri:]
abordagem (f)	äntring (en)	['ɛntriŋ]
presa (f), butim (m)	byte (ett)	['bytə]
tesouros (m pl)	skatter (pl)	['skatər]

descobrimento (m)	upptäckt (en)	['upˌtɛkt]
descobrir (novas terras)	att upptäcka	[at 'upˌtɛka]
expedição (f)	expedition (en)	[ɛkspedi'ɧʊn]

mosqueteiro (m)	musketör (en)	[muskə'tø:r]
cardeal (m)	kardinal (en)	[ka:ɖi'nalʲ]
heráldica (f)	heraldik (en)	[heralʲ'dik]
heráldico	heraldisk	[he'ralʲdisk]

189. Líder. Chefe. Autoridades

rei (m)	kung (en)	['kuŋ]
rainha (f)	drottning (en)	['drɔtniŋ]
real	kunglig	['kuŋlig]
reino (m)	kungarike (ett)	['kuŋaˌrikə]

príncipe (m)	prins (en)	['prins]
princesa (f)	prinsessa (en)	[prin'sɛsa]

presidente (m)	president (en)	[prɛsi'dɛnt]
vice-presidente (m)	vicepresident (en)	['visəˌprɛsi'dɛnt]
senador (m)	senator (en)	[se'natʊr]

monarca (m)	monark (en)	[mʊ'nark]
governante (m)	härskare (en)	['hæ:ʂkarə]
ditador (m)	diktator (en)	[dik'tatʊr]
tirano (m)	tyrann (en)	[ty'ran]
magnata (m)	magnat (en)	[mag'nat]

diretor (m)	direktör (en)	[dirɛk'tø:r]
chefe (m)	chef (en)	['ɧef]
dirigente (m)	föreståndare (en)	[førə'stɔndarə]
patrão (m)	boss (en)	['bɔs]
dono (m)	ägare (en)	['ɛ:garə]

líder, chefe (m)	ledare (en)	['lʲedarə]
chefe (~ de delegação)	ledare (en)	['lʲedarə]
autoridades (f pl)	myndigheter (pl)	['mʏndiˌhetər]
superiores (m pl)	överordnade (pl)	['ø:vərˌɔ:ɖnadə]

governador (m)	guvernör (en)	[gʉvɛ:'ŋø:r]
cônsul (m)	konsul (en)	['kɔnsulʲ]

diplomata (m)	diplomat (en)	[dipⁱ'ɔ'mat]
Presidente (m) da Câmara	borgmästare (en)	['bɔrj‚mɛstarə]
xerife (m)	sheriff (en)	[ʃe'rif]

imperador (m)	kejsare (en)	['çejsarə]
czar (m)	tsar (en)	['tsar]
faraó (m)	farao (en)	['faraʊ]
cã (m)	kan (en)	['kan]

190. Estrada. Caminho. Direções

estrada (f)	väg (en)	['vɛ:g]
caminho (m)	väg (en)	['vɛ:g]

rodovia (f)	motorväg (en)	['mʊtʊr‚vɛ:g]
autoestrada (f)	huvudväg (en)	['hʉ:vʉd‚vɛ:g]
estrada (f) nacional	riksväg (en)	['riks‚vɛ:g]

estrada (f) principal	huvudväg (en)	['hʉ:vʉd‚vɛ:g]
caminho (m) de terra batida	byväg (en)	['by‚vɛ:g]

trilha (f)	stig (en)	['stig]
vereda (f)	stig (en)	['stig]

Onde?	Var?	['var]
Para onde?	Vart?	['va:t]
De onde?	Varifrån?	['varifro:n]

direção (f)	riktning (en)	['riktniŋ]
indicar (orientar)	att peka	[at 'peka]

para esquerda	till vänster	[tilʲ 'vɛnstər]
para direita	till höger	[tilʲ 'hø:gər]
em frente	rakt fram	['rakt fram]
para trás	tillbaka	[tilʲ'baka]

curva (f)	kurva, krök (en)	['kurva], ['krø:k]
virar (ex. ~ à direita)	att svänga	[at 'svɛŋa]
dar retorno	att göra en u-sväng	[at 'jø:ra en 'ʉ:‚svɛŋ]

estar visível	att vara synlig	[at 'vara 'synlig]
aparecer (vi)	att visa sig	[at 'visa sɛj]

paragem (pausa)	uppehåll (ett)	['upə‚ho:lʲ]
descansar (vi)	att vila	[at 'vilʲa]
descanso (m)	vila (en)	['vilʲa]

perder-se (vr)	att gå vilse	[at 'go: 'vilʲsə]
conduzir (caminho)	att leda till ...	[at 'lʲeda tilʲ ...]
chegar a ...	att komma ut ...	[at 'kɔma ʉt ...]
trecho (m)	sträckning (en)	['strɛkning]

asfalto (m)	asfalt (en)	['asfalʲt]
lancil (m)	trottoarkant (en)	[trɔtʊ'ar‚kant]

valeta (f)	vägdike (ett)	['vɛ:g,dikə]
tampa (f) de esgoto	manlucka (en)	['man,lʉka]
berma (f) da estrada	vägkant (en)	['vɛ:g,kant]
buraco (m)	grop (en)	['grʊp]
ir (a pé)	att gå	[at 'go:]
ultrapassar (vt)	att passera	[at pa'sera]
passo (m)	steg, fotsteg (ett)	['steg], ['fʊt,steg]
a pé	till fots	[til 'fʊts]
bloquear (vt)	att spärra	[at 'spɛra]
cancela (f)	bom (en)	['bʊm]
beco (m) sem saída	återvändsgränd (en)	['o:tərvɛns,grɛnd]

191. Viloação da lei. Criminosos. Parte 1

bandido (m)	bandit (en)	[ban'dit]
crime (m)	brott (ett)	['brɔt]
criminoso (m)	förbrytare (en)	[før'brytarə]
ladrão (m)	tjuv (en)	['ɕʉ:v]
roubar (vt)	att stjäla	[at 'ɧɛ:lʲa]
furto (m)	tjuveri (ett)	[ɕʉve'ri:]
furto (m)	stöld (en)	['stœlʲd]
raptar (ex. ~ uma criança)	att kidnappa	[at 'kid,napa]
rapto (m)	kidnapping (en)	['kid,napiŋ]
raptor (m)	kidnappare (en)	['kid,naparə]
resgate (m)	lösesumma (en)	['lʲø:sə,suma]
pedir resgate	att kräva lösesumma	[at 'krɛ:va 'lʲø:sə,suma]
roubar (vt)	att råna	[at 'ro:na]
assalto, roubo (m)	rån (ett)	['ro:n]
assaltante (m)	rånare (en)	['ro:narə]
extorquir (vt)	att pressa ut	[at 'prɛsa ʉt]
extorsionário (m)	utpressare (en)	['ʉt,prɛsarə]
extorsão (f)	utpressning (en)	['ʉt,prɛsniŋ]
matar, assassinar (vt)	att mörda	[at 'mø:ɖa]
homicídio (m)	mord (ett)	['mʊ:ɖ]
homicida, assassino (m)	mördare (en)	['mø:ɖarə]
tiro (m)	skott (ett)	['skɔt]
dar um tiro	att skjuta	[at 'ɧʉ:ta]
matar a tiro	att skjuta ner	[at 'ɧʉ:ta ner]
atirar, disparar (vi)	att skjuta	[at 'ɧʉ:ta]
tiroteio (m)	skjutande (ett)	['ɧʉ:tandə]
incidente (m)	händelse (en)	['hɛndəlʲsə]
briga (~ de rua)	slagsmål (ett)	['slʲaks,mo:lʲ]
Socorro!	Hjälp!	['jɛlʲp]

vítima (f)	offer (ett)	['ɔfər]
danificar (vt)	att skada	[at 'skada]
dano (m)	skada (en)	['skada]
cadáver (m)	lik (ett)	['lik]
grave	allvarligt	[alʲ'va:lit]

atacar (vt)	att anfalla	[at 'anfalʲa]
bater (espancar)	att slå	[at 'slʲo:]
espancar (vt)	att prygla	[at 'prʏglʲa]
tirar, roubar (dinheiro)	att beröva	[at be'rø:va]
esfaquear (vt)	att skära ihjäl	[at 'hæ:ra i'jɛlʲ]
mutilar (vt)	att lemlästa	[at 'lem‚lɛsta]
ferir (vt)	att såra	[at 'so:ra]

chantagem (f)	utpressning (en)	['ʉt‚prɛsniŋ]
chantagear (vt)	att utpressa	[at 'ʉt‚prɛsa]
chantagista (m)	utpressare (en)	['ʉt‚prɛsarə]

extorsão (em troca de proteção)	utpressning (en)	['ʉt‚prɛsniŋ]
extorsionário (m)	utpressare (en)	['ʉt‚prɛsarə]
gângster (m)	gangster (en)	['gaŋstər]
máfia (f)	maffia (en)	['mafia]

carteirista (m)	ficktjuv (en)	['fik‚ɕʉ:v]
assaltante, ladrão (m)	inbrottstjuv (en)	['inbrɔts‚ɕʉ:v]
contrabando (m)	smuggling (en)	['smugliŋ]
contrabandista (m)	smugglare (en)	['smuglʲarə]

falsificação (f)	förfalskning (en)	[før'falʲskniŋ]
falsificar (vt)	att förfalska	[at før'falʲska]
falsificado	falsk	['falʲsk]

192. Viloação da lei. Criminosos. Parte 2

violação (f)	våldtäkt (en)	['vo:lʲ‚tɛkt]
violar (vt)	att våldta	[at 'vo:lʲ‚ta]
violador (m)	våldtäktsman (en)	['vo:lʲtɛkts‚man]
maníaco (m)	maniker (en)	['manikər]

prostituta (f)	prostituerad (en)	[prɔstitʉ'ɛrad]
prostituição (f)	prostitution (en)	[prɔstitʉ'hun]
chulo (m)	hallik (en)	['halik]

toxicodependente (m)	narkoman (en)	[narkʉ'man]
traficante (m)	droglangare (en)	['drʉg‚lʲaŋarə]

explodir (vt)	att spränga	[at 'sprɛŋa]
explosão (f)	explosion (en)	[ɛksplʲɔ'hun]
incendiar (vt)	att sätta eld	[at 'sæta ‚ɛlʲd]
incendiário (m)	mordbrännare (en)	['mu:d‚brɛnarə]

terrorismo (m)	terrorism (en)	[tɛrʉ'rism]
terrorista (m)	terrorist (en)	[tɛrʉ'rist]

refém (m)	gisslan (en)	['jisl'an]
enganar (vt)	att bedra	[at be'dra]
engano (m)	bedrägeri (en)	[bedrɛ:ge'ri:]
vigarista (m)	bedragare (en)	[be'dragarə]

subornar (vt)	att muta, att besticka	[at 'mʉ:ta], [at be'stika]
suborno (atividade)	muta (en)	['mʉ:ta]
suborno (dinheiro)	muta (en)	['mʉ:ta]

veneno (m)	gift (en)	['jift]
envenenar (vt)	att förgifta	[at før'jifta]
envenenar-se (vr)	att förgifta sig själv	[at før'jifta sɛj ɧɛl'v]

| suicídio (m) | självmord (ett) | ['ɧɛl'v‚mʉ:d] |
| suicida (m) | självmördare (en) | ['ɧɛl'v‚mø:d̪arə] |

ameaçar (vt)	att hota	[at 'hʉta]
ameaça (f)	hot (ett)	['hʉt]
atentar contra a vida de ...	att begå mordförsök	[at be'go 'mʉ:d̪fœ:‚ʂø:k]
atentado (m)	mordförsök (ett)	['mʉ:d̪fœ:‚ʂø:k]

| roubar (o carro) | att stjäla | [at 'ɧɛ:l'a] |
| desviar (o avião) | att kapa | [at 'kapa] |

| vingança (f) | hämnd (en) | ['hɛmnd] |
| vingar (vt) | att hämnas | [at 'hɛmnas] |

torturar (vt)	att tortera	[at tɔ:'ʈera]
tortura (f)	tortyr (en)	[tɔ:'ʈyr]
atormentar (vt)	att plåga	[at 'pl'o:ga]

pirata (m)	pirat, sjörövare (en)	[pi'rat], ['ɧø:‚rø:varə]
desordeiro (m)	buse (en)	['bʉ:sə]
armado	beväpnad	[be'vɛpnad]
violência (f)	våld (ett)	['vo:l'd]
ilegal	illegal	['il'e‚gal']

| espionagem (f) | spioneri (ett) | [spiʉne'ri:] |
| espionar (vi) | att spionera | [at spiʉ'nera] |

193. Polícia. Lei. Parte 1

| justiça (f) | rättvisa (en) | ['ræt‚visa] |
| tribunal (m) | rättssal (en) | ['ræt‚sal'] |

juiz (m)	domare (en)	['dʉmarə]
jurados (m pl)	jurymedlemmer (pl)	['jʉri‚medle'mər]
tribunal (m) do júri	juryrättegång (en)	['jʉri‚ræte'goŋ]
julgar (vt)	att döma	[at 'dø:ma]

advogado (m)	advokat (en)	[advʉ'kat]
réu (m)	anklagad (en)	['aŋ‚kl'agad]
banco (m) dos réus	anklagades bänk (en)	['aŋ‚kl'agadəs ‚bɛŋk]
acusação (f)	anklagelse (en)	['aŋ‚kl'agəl'sə]

176

acusado (m)	den anklagade	[dɛn 'aŋ,klʲagadə]
sentença (f)	dom (en)	['dɔm]
sentenciar (vt)	att döma	[at 'dø:ma]
culpado (m)	skyldig (en)	['ɧylʲdig]
punir (vt)	att straffa	[at 'strafa]
punição (f)	straff (ett)	['straf]
multa (f)	bot (en)	['bʊt]
prisão (f) perpétua	livstids fängelse (ett)	['livstids 'fɛŋəlʲsə]
pena (f) de morte	dödsstraff (ett)	['dø:d,straf]
cadeira (f) elétrica	elektrisk stol (en)	[ɛ'lʲektrisk ,stʊlʲ]
forca (f)	galge (en)	['galjə]
executar (vt)	att avrätta	[at 'av,ræta]
execução (f)	avrättning (en)	['av,rætniŋ]
prisão (f)	fängelse (ett)	['fɛŋəlʲsə]
cela (f) de prisão	cell (en)	['sɛlʲ]
escolta (f)	eskort (en)	[ɛs'kɔ:t]
guarda (m) prisional	fångvaktare (en)	['fɔŋ,vaktarə]
preso (m)	fånge (en)	['fɔŋə]
algemas (f pl)	handbojor (pl)	['hand,bojʊr]
algemar (vt)	att sätta handbojor	[at 'sæta 'hand,bojʊr]
fuga, evasão (f)	flukt (en)	['flʉkt]
fugir (vi)	att rymma	[at 'rʏma]
desaparecer (vi)	att försvinna	[at fœ:'şvina]
soltar, libertar (vt)	att frige	[at 'frije]
amnistia (f)	amnesti (en)	[amnɛs'ti:]
polícia (instituição)	polis (en)	[pʊ'lis]
polícia (m)	polis (en)	[pʊ'lis]
esquadra (f) de polícia	polisstation (en)	[pʊ'lis,sta'ɧʊn]
cassetete (m)	gummibatong (en)	['gumiba,tʊŋ]
megafone (m)	megafon (en)	[mega'fɔn]
carro (m) de patrulha	patrullbil (en)	[pat'rulʲ,bil]
sirene (f)	siren (en)	[si'ren]
ligar a sirene	att slå på sirenen	[at slʲo: pɔ si'renən]
toque (m) da sirene	siren tjut (ett)	[si'ren ,ɕʉ:t]
cena (f) do crime	brottsplats (en)	['brɔts plʲats]
testemunha (f)	vittne (ett)	['vitnə]
liberdade (f)	frihet (en)	['fri,het]
cúmplice (m)	medskyldig (en)	['mɛd,ɧylʲdig]
escapar (vi)	att fly	[at flʲy]
traço (não deixar ~s)	spår (ett)	['spo:r]

194. Polícia. Lei. Parte 2

procura (f)	undersökning (en)	['undə,sœkniŋ]
procurar (vt)	att söka efter ...	[at 'sø:ka ,ɛftər ...]

suspeita (f)	misstanke (en)	['mis‚taŋkə]
suspeito	misstänksam	['mistɛŋksam]
parar (vt)	att stanna	[at 'stana]
deter (vt)	att anhålla	[at 'an‚ho:lʲa]

caso (criminal)	sak, rättegång (en)	[sak], ['rætə‚goŋ]
investigação (f)	undersökning (en)	['undə‚sœkniŋ]
detetive (m)	detektiv (en)	[detɛk'tiv]
investigador (m)	undersökare (en)	['undə‚sø:karə]
versão (f)	version (en)	[vɛr'ɧʊn]

motivo (m)	motiv (ett)	[mʊ'tiv]
interrogatório (m)	förhör (ett)	[før'hø:r]
interrogar (vt)	att förhöra	[at før'hø:ra]
questionar (vt)	att avhöra	[at 'av‚hø:ra]
verificação (f)	kontroll (en)	[kɔn'trolʲ]

batida (f) policial	razzia (en)	['ratsia]
busca (f)	rannsakan (en)	['ran‚sakan]
perseguição (f)	jakt (en)	['jakt]
perseguir (vt)	att förfölja	[at før'følja]
seguir (vt)	att spåra	[at 'spo:ra]

prisão (f)	arrest (en)	[a'rɛst]
prender (vt)	att arrestera	[at arɛ'stera]
pegar, capturar (vt)	att fånga	[at 'foŋa]
captura (f)	gripande (en)	['gripandə]

documento (m)	dokument (ett)	[dɔku'mɛnt]
prova (f)	bevis (ett)	[be'vis]
provar (vt)	att bevisa	[at be'visa]
pegada (f)	fotspår (ett)	['fʊt‚spo:r]
impressões (f pl) digitais	fingeravtryck (pl)	['fiŋer‚avtrʏk]
prova (f)	bevis (ett)	[be'vis]

álibi (m)	alibi (ett)	['alibi]
inocente	oskyldig	[ʊ:'ɧylʲdig]
injustiça (f)	orättfärdighet (en)	['ʊræt‚fæ:dihet]
injusto	orättfärdig	['ʊræt‚fæ:dig]

criminal	kriminell	[krimi'nɛlʲ]
confiscar (vt)	att konfiskera	[at kɔnfi'skera]
droga (f)	drog, narkotika (en)	['drʊg], [nar'kotika]
arma (f)	vapen (ett)	['vapən]
desarmar (vt)	att avväpna	[at 'av‚vɛpna]
ordenar (vt)	att befalla	[at be'falʲa]
desaparecer (vi)	att försvinna	[at fœ:'ʂvina]

lei (f)	lag (en)	['lʲag]
legal	laglig	['lʲaglig]
ilegal	olovlig	[ʊ:'lʲovlig]

responsabilidade (f)	ansvar (ett)	['an‚svar]
responsável	ansvarig	['an‚svarig]

NATUREZA

A Terra. Parte 1

195. Espaço sideral

cosmos (m)	rymden, kosmos (ett)	[rʏmden], ['kɔsmɔs]
cósmico	rymd-	['rʏmd-]
espaço (m) cósmico	yttre rymd (en)	['ytrə ˌrʏmd]

mundo (m)	värld (en)	['væːɖ]
universo (m)	universum (ett)	[uni'vɛːʂum]
galáxia (f)	galax (en)	[ga'lʲaks]

estrela (f)	stjärna (en)	['ɧæːŋa]
constelação (f)	stjärnbild (en)	['ɧæːŋˌbilʲd]
planeta (m)	planet (en)	[plʲa'net]
satélite (m)	satellit (en)	[satɛ'liːt]

meteorito (m)	meteorit (en)	[meteʊ'rit]
cometa (m)	komet (en)	[kʊ'met]
asteroide (m)	asteroid (en)	[asterʊ'id]

órbita (f)	bana (en)	['bana]
girar (vi)	att rotera	[at rʊ'tera]
atmosfera (f)	atmosfär (en)	[atmʊ'ɔfɔːr]

Sol (m)	Solen	['sʊlʲən]
Sistema (m) Solar	solsystem (ett)	['sʊlʲ ˌsʏ'stem]
eclipse (m) solar	solförmörkelse (en)	['sʊlʲførˈmœːrkəlʲsə]

Terra (f)	Jorden	['jʊːɖən]
Lua (f)	Månen	['moːnən]

Marte (m)	Mars	['maːʂ]
Vénus (f)	Venus	['veːnus]
Júpiter (m)	Jupiter	['jupitər]
Saturno (m)	Saturnus	[sa'tuːŋus]

Mercúrio (m)	Merkurius	[mɛr'kʉrius]
Urano (m)	Uranus	[ʉ'ranus]
Neptuno (m)	Neptunus	[nep'tʉnus]
Plutão (m)	Pluto	['plʉtʊ]

Via Láctea (f)	Vintergatan	['vintəˌgatan]
Ursa Maior (f)	Stora bjornen	['stʊra 'bjuːŋən]
Estrela Polar (f)	Polstjärnan	['pʊlʲˌɧæːŋan]
marciano (m)	marsian (en)	[maːʂi'an]
extraterrestre (m)	utomjording (en)	['ʉtɔmˌjʊːɖisk]

| alienígena (m) | rymdväsen (ett) | ['rʏmd‚vɛsən] |
| disco (m) voador | flygande tefat (ett) | ['flʲygandə 'tefat] |

nave (f) espacial	rymdskepp (ett)	['rʏmd‚ɧɛp]
estação (f) orbital	rymdstation (en)	['rʏmd sta'ɧʊn]
lançamento (m)	start (en)	['staːt̪]

motor (m)	motor (en)	['mʊtʊr]
bocal (m)	dysa (en)	['dysa]
combustível (m)	bränsle (ett)	['brɛnslʲe]

cabine (f)	cockpit, flygdäck (en)	['kɔkpit], ['flʏg‚dɛk]
antena (f)	antenn (en)	[an'tɛn]
vigia (f)	fönster (ett)	['fœnstər]
bateria (f) solar	solbatteri (ett)	['sʊlʲ‚batɛ'riː]
traje (m) espacial	rymddräkt (en)	['rʏmd‚drɛkt]

| imponderabilidade (f) | tyngdlöshet (en) | ['tʏŋdlʲøs‚het] |
| oxigénio (m) | syre, oxygen (ett) | ['syrə], ['oksygən] |

| acoplagem (f) | dockning (en) | ['dɔkniŋ] |
| fazer uma acoplagem | att docka | [at 'dɔka] |

observatório (m)	observatorium (ett)	[ɔbsɛrva'tʊrium]
telescópio (m)	teleskop (ett)	[telʲe'skɔp]
observar (vt)	att observera	[at ɔbsɛr'vera]
explorar (vt)	att utforska	[at 'ʉt‚foːʂka]

196. A Terra

Terra (f)	Jorden	['jʉːd̪ən]
globo terrestre (Terra)	jordklot (ett)	['jʉːd̪‚klʲʉt]
planeta (m)	planet (en)	[plʲa'net]

atmosfera (f)	atmosfär (en)	[atmʊ'sfæːr]
geografia (f)	geografi (en)	[jeʊgra'fiː]
natureza (f)	natur (en)	[na'tʉːr]

globo (mapa esférico)	glob (en)	['glʲʉb]
mapa (m)	karta (en)	['kaːt̪a]
atlas (m)	atlas (en)	['atlʲas]

| Europa (f) | Europa | [eu'rʊpa] |
| Ásia (f) | Asien | ['asiən] |

| África (f) | Afrika | ['afrika] |
| Austrália (f) | Australien | [au'straliən] |

América (f)	Amerika	[a'merika]
América (f) do Norte	Nordamerika	['nuːd̪ a'merika]
América (f) do Sul	Sydamerika	['syd a'merika]

| Antártida (f) | Antarktis | [an'tarktis] |
| Ártico (m) | Arktis | ['arktis] |

197. Pontos cardeais

norte (m)	norr	['nɔr]
para norte	norrut	['nɔrʉt]
no norte	i norr	[i 'nɔr]
do norte	nordlig	['nʊːdlig]
sul (m)	söder (en)	['søːdər]
para sul	söderut	['søːdərʉt]
no sul	i söder	[i 'søːdər]
do sul	syd-, söder	['syd-], ['søːdər]
oeste, ocidente (m)	väster (en)	['vɛstər]
para oeste	västerut	['vɛstərʉt]
no oeste	i väst	[i vɛst]
ocidental	västra	['vɛstra]
leste, oriente (m)	öster (en)	['œstər]
para leste	österut	['œstərʉt]
no leste	i öst	[i 'œst]
oriental	östra	['œstra]

198. Mar. Oceano

mar (m)	hav (ett)	['hav]
oceano (m)	ocean (en)	[ʊsə'an]
golfo (m)	bukt (en)	['bʉkt]
estreito (m)	sund (ett)	['sund]
terra (f) firme	fastland (ett)	['fast,lʲaɳd]
continente (m)	fastland (ett), kontinent (en)	['fast,lʲand], [kɔnti'nɛnt]
ilha (f)	ö (en)	['øː]
península (f)	halvö (en)	['halʲv,øː]
arquipélago (m)	skärgård, arkipelag (en)	['ɧæːr,goːd], [arkipe'lʲag]
baía (f)	bukt (en)	['bʉkt]
porto (m)	hamn (en)	['hamn]
lagoa (f)	lagun (en)	[lʲa'gʉːn]
cabo (m)	udde (en)	['udə]
atol (m)	atoll (en)	[a'tɔlʲ]
recife (m)	rev (ett)	['rev]
coral (m)	korall (en)	[kɔ'ralʲ]
recife (m) de coral	korallrev (ett)	[kɔ'ralʲ,rev]
profundo	djup	['jʉːp]
profundidade (f)	djup (ett)	['jʉːp]
abismo (m)	avgrund (en)	['av,grund]
fossa (f) oceânica	djuphavsgrav (en)	['jʉːphavs,grav]
corrente (f)	ström (en)	['strøːm]
banhar (vt)	att omge	[at 'ɔmje]
litoral (m)	kust (en)	['kust]

costa (f)	kust (en)	['kust]
maré (f) alta	flod (en)	['flʊd]
refluxo (m), maré (f) baixa	ebb (en)	['ɛb]
restinga (f)	sandbank (en)	['sand,baŋk]
fundo (m)	botten (en)	['bɔtən]
onda (f)	våg (en)	['vo:g]
crista (f) da onda	vågkam (en)	['vo:g,kam]
espuma (f)	skum (ett)	['skum]
tempestade (f)	storm (en)	['stɔrm]
furacão (m)	orkan (en)	[ɔr'kan]
tsunami (m)	tsunami (en)	[tsu'nami]
calmaria (f)	stiltje (en)	['stilʲtjə]
calmo	stilla	['stilʲa]
polo (m)	pol (en)	['pʊlʲ]
polar	pol-, polar-	['pʊlʲ-], [pʊ'lʲar-]
latitude (f)	latitud (en)	[lʲati'tʉ:d]
longitude (f)	longitud (en)	[lʲɔŋi'tʉ:d]
paralela (f)	breddgrad (en)	['brɛd,grad]
equador (m)	ekvator (en)	[ɛ'kvatʊr]
céu (m)	himmel (en)	['himəlʲ]
horizonte (m)	horisont (en)	[hʊri'sɔnt]
ar (m)	luft (en)	['lʉft]
farol (m)	fyr (en)	['fyr]
mergulhar (vi)	att dyka	[at 'dyka]
afundar-se (vr)	att sjunka	[at 'ɧuŋka]
tesouros (m pl)	skatter (pl)	['skatər]

199. Nomes de Mares e Oceanos

Oceano (m) Atlântico	Atlanten	[at'lʲantən]
Oceano (m) Índico	Indiska oceanen	['indiska ʊsə'anən]
Oceano (m) Pacífico	Stilla havet	['stilʲa 'havɛt]
Oceano (m) Ártico	Norra ishavet	['nɔra ,is'havɛt]
Mar (m) Negro	Svarta havet	['sva:ʈa 'havɛt]
Mar (m) Vermelho	Röda havet	['rø:da 'havɛt]
Mar (m) Amarelo	Gula havet	['gʉ:lʲa 'havɛt]
Mar (m) Branco	Vita havet	['vita 'havɛt]
Mar (m) Cáspio	Kaspiska havet	['kaspiska 'havɛt]
Mar (m) Morto	Döda havet	['dø:da 'havɛt]
Mar (m) Mediterrâneo	Medelhavet	['medəlʲ,havɛt]
Mar (m) Egeu	Egeiska havet	[ɛ'gejska 'havɛt]
Mar (m) Adriático	Adriatiska havet	[adri'atiska 'havɛt]
Mar (m) Arábico	Arabiska havet	[a'rabiska 'havɛt]
Mar (m) do Japão	Japanska havet	[ja'panska 'havɛt]

| Mar (m) de Bering | Beringshavet | ['berings,havɛt] |
| Mar (m) da China Meridional | Sydkinesiska havet | ['sydɕi‚nesiska 'havɛt] |

Mar (m) de Coral	Korallhavet	[kɔ'ral‚havɛt]
Mar (m) de Tasman	Tasmanhavet	[tas'man‚havɛt]
Mar (m) do Caribe	Karibiska havet	[ka'ribiska 'havɛt]

| Mar (m) de Barents | Barentshavet | ['barɛnts‚havɛt] |
| Mar (m) de Kara | Karahavet | ['kara‚havɛt] |

Mar (m) do Norte	Nordsjön	['nʊːdˌɧøːn]
Mar (m) Báltico	Östersjön	['œstɛːˌɧøːn]
Mar (m) da Noruega	Norska havet	['nɔːʂka 'havɛt]

200. Montanhas

montanha (f)	berg (ett)	['bɛrj]
cordilheira (f)	bergskedja (en)	['bɛrjˌɕedja]
serra (f)	bergsrygg (en)	['bɛrjsˌrʏg]

cume (m)	topp (en)	['tɔp]
pico (m)	tinne (en)	['tinə]
sopé (m)	fot (en)	['fʊt]
declive (m)	sluttning (en)	['slɵːtniŋ]

vulcão (m)	vulkan (en)	[vulʲ'kan]
vulcão (m) ativo	verksam vulkan (en)	['vɛrksam vulʲ'kan]
vulcão (m) extinto	slocknad vulkan (en)	['slʲɔknad vulʲ'kan]

erupção (f)	utbrott (ett)	['ɵtˌbrɔt]
cratera (f)	krater (en)	['kratər]
magma (m)	magma (en)	['magma]
lava (f)	lava (en)	['lʲava]
fundido (lava ~a)	glödgad	['glʲœdgad]

desfiladeiro (m)	kanjon (en)	['kanjɔn]
garganta (f)	klyfta (en)	['klʲyfta]
fenda (f)	skreva (en)	['skreva]
precipício (m)	avgrund (en)	['avˌgrɵnd]

passo, colo (m)	pass (ett)	['pas]
planalto (m)	platå (en)	[plʲa'toː]
falésia (f)	klippa (en)	['klipa]
colina (f)	kulle, backe (en)	['kulʲə], ['bake]

glaciar (m)	glaciär, jökel (en)	[glʲas'jæːr], ['jøːkəlʲ]
queda (f) d'água	vattenfall (ett)	['vatənˌfalʲ]
géiser (m)	gejser (en)	['gɛjsər]
lago (m)	sjö (en)	['ɧøː]

planície (f)	slätt (en)	['slʲæt]
paisagem (f)	landskap (ett)	['lʲaŋˌskap]
eco (m)	eko (ett)	['ɛkʊ]
alpinista (m)	alpinist (en)	['alʲpiˌnist]

escalador (m)	bergsbestigare (en)	['bɛrjs,be'stigarə]
conquistar (vt)	att erövra	[at ɛ'rœvra]
subida, escalada (f)	bestigning (en)	[be'stigniŋ]

201. Nomes de montanhas

Alpes (m pl)	Alperna	['alˡpɛːŋa]
monte Branco (m)	Mont Blanc	[ˌmɔn'blˡaŋ]
Pirineus (m pl)	Pyrenéerna	[pyre'neæːŋa]

Cárpatos (m pl)	Karpaterna	[kar'patɛːŋa]
montes (m pl) Urais	Uralbergen	[ʉ'ralˡˌbɛrjən]
Cáucaso (m)	Kaukasus	['kaukasus]
Elbrus (m)	Elbrus	['ɛlˡbrʉs]

Altai (m)	Altaj	[alˡ'taj]
Tian Shan (m)	Tian Shan	[ti'anˌʃan]
Pamir (m)	Pamir	[pa'mir]
Himalaias (m pl)	Himalaya	[hi'malˡaja]
monte (m) Everest	Everest	[ɛve'rɛst]

| Cordilheira (f) dos Andes | Anderna | ['andɛːŋa] |
| Kilimanjaro (m) | Kilimanjaro | [kiliman'jarʋ] |

202. Rios

rio (m)	älv, flod (en)	['ɛlˡv], ['flˡʉd]
fonte, nascente (f)	källa (en)	['ɕɛlˡa]
leito (m) do rio	flodbädd (en)	['flˡʉdˌbɛd]
bacia (f)	flodbassäng (en)	['flˡʉdˌba'sɛŋ]
desaguar no ...	att mynna ut ...	[at 'mʏna ʉt ...]

| afluente (m) | biflod (en) | ['biˌflˡʉd] |
| margem (do rio) | strand (en) | ['strand] |

corrente (f)	ström (en)	['strøːm]
rio abaixo	nedströms	['nɛdˌstrœms]
rio acima	motströms	['mʉtˌstrœms]

inundação (f)	översvämning (en)	['øːvəˌsvɛmniŋ]
cheia (f)	flöde (ett)	['flˡøːdə]
transbordar (vi)	att flöda över	[at 'flˡøːda ˌøːvər]
inundar (vt)	att översvämma	[at 'øːvəˌsvɛma]

| banco (m) de areia | grund (ett) | ['grʉnd] |
| rápidos (m pl) | forsar (pl) | [fo'ʂar] |

barragem (f)	damm (en)	['dam]
canal (m)	kanal (en)	[ka'nalˡ]
reservatório (m) de água	reservoar (ett)	[resɛrvʋ'aːr]
eclusa (f)	sluss (en)	['slʉːs]
corpo (m) de água	vattensamling (en)	['vatənˌsamliŋ]

pântano (m)	myr, mosse (en)	['myr], ['musə]
tremedal (m)	gungfly (ett)	['guŋ‚fly]
remoinho (m)	strömvirvel (en)	['strø:m‚virvəlı]

arroio, regato (m)	bäck (en)	['bɛk]
potável	dricks-	['driks-]
doce (água)	söt-, färsk-	['sø:t-], ['fæ:ʂk-]

gelo (m)	is (en)	['is]
congelar-se (vr)	att frysa till	[at 'frysa tilı]

203. Nomes de rios

rio Sena (m)	Seine	['sɛ:n]
rio Loire (m)	Loire	[lʲu'a:r]

rio Tamisa (m)	Themsen	['tɛmsən]
rio Reno (m)	Rhen	['ren]
rio Danúbio (m)	Donau	['dɔnau]

rio Volga (m)	Volga	['volʲga]
rio Don (m)	Don	['dɔn]
rio Lena (m)	Lena	['lʲena]

rio Amarelo (m)	Hwang-ho	[huaŋ'hu]
rio Yangtzé (m)	Yangtze	['jɑŋtsə]
rio Mekong (m)	Mekong	[me'kɔŋ]
rio Ganges (m)	Ganges	['gaŋəs]

rio Nilo (m)	Nilen	['nilʲen]
rio Congo (m)	Kongo	['kɔngu]
rio Cubango (m)	Okavango	[ɔka'vangu]
rio Zambeze (m)	Zambezi	[sam'besi]
rio Limpopo (m)	Limpopo	[lim'pɔpɔ]
rio Mississípi (m)	Mississippi	[misi'sipi]

204. Floresta

floresta (f), bosque (m)	skog (en)	['skug]
florestal	skogs-	['skugs-]

mata (f) cerrada	tät skog (en)	['tɛt ‚skug]
arvoredo (m)	lund (en)	['lund]
clareira (f)	glänta (en)	['glʲɛnta]

matagal (m)	snår (ett)	['sno:r]
mato (m)	buskterräng (en)	['busk tɛ'rɛŋ]

vereda (f)	stig (en)	['stig]
ravina (f)	ravin (en)	[ra'vin]
árvore (f)	träd (ett)	['trɛ:d]
folha (f)	löv (ett)	['lʲø:v]

folhagem (f)	löv, lövverk (ett)	['lʉ:v], ['lʉ:værk]
queda (f) das folhas	lövfällning (en)	['lʉ:v,fɛlˈniŋ]
cair (vi)	att falla	[at 'falˈa]
topo (m)	trädtopp (en)	['trɛ:,tɔp]

ramo (m)	gren, kvist (en)	['gren], ['kvist]
galho (m)	gren (en)	['gren]
botão, rebento (m)	knopp (en)	['knɔp]
agulha (f)	nål (en)	['no:lˈ]
pinha (f)	kotte (en)	['kɔtə]

buraco (m) de árvore	trädhål (ett)	['trɛ:d,ho:lˈ]
ninho (m)	bo (ett)	['bʉ]
toca (f)	lya, håla (en)	['lˈya], ['ho:lˈa]

tronco (m)	stam (en)	['stam]
raiz (f)	rot (en)	['rʊt]
casca (f) de árvore	bark (en)	['bark]
musgo (m)	mossa (en)	['mɔsa]

arrancar pela raiz	att rycka upp med rötterna	[at 'rʏka up me 'rœttɛ:ɳa]
cortar (vt)	att fälla	[at 'fɛlˈa]
desflorestar (vt)	att hugga ner	[at 'huga ner]
toco, cepo (m)	stubbe (en)	['stubə]

fogueira (f)	bål (ett)	['bo:lˈ]
incêndio (m) florestal	skogsbrand (en)	['skʊgs,brand]
apagar (vt)	att släcka	[at 'slˈɛka]

guarda-florestal (m)	skogsvakt (en)	['skʊgs,vakt]
proteção (f)	värn, skydd (ett)	['væ:n], [ʃʏd]
proteger (a natureza)	att skydda	[at 'ʃʏda]
caçador (m) furtivo	tjuvskytt (en)	['ɕʉ:v,ʃʏt]
armadilha (f)	sax (en)	['saks]

| colher (cogumelos, bagas) | att plocka | [at 'plˈɔka] |
| perder-se (vr) | att gå vilse | [at 'go: 'vilˈsə] |

205. Recursos naturais

recursos (m pl) naturais	naturresurser (pl)	[na'tʉ:r re'surʂər]
minerais (m pl)	mineraler (pl)	[mine'ralˈər]
depósitos (m pl)	fyndigheter (pl)	['fʏndi,hetər]
jazida (f)	fält (ett)	['fɛlˈt]

extrair (vt)	att utvinna	[at 'ʉt,vina]
extração (f)	utvinning (en)	['ʉt,viniŋ]
minério (m)	malm (en)	['malˈm]
mina (f)	gruva (en)	['grʉva]
poço (m) de mina	gruvschakt (ett)	['grʉ:v,ʃakt]
mineiro (m)	gruvarbetare (en)	['grʉ:v,ar'betarə]

| gás (m) | gas (en) | ['gas] |
| gasoduto (m) | gasledning (en) | ['gas,lˈedniŋ] |

petróleo (m)	olja (en)	['ɔlja]
oleoduto (m)	oljeledning (en)	['ɔljə,lʲednin]
poço (m) de petróleo	oljekälla (en)	['ɔljə,çæla]
torre (f) petrolífera	borrtorn (ett)	['bor,tuːn]
petroleiro (m)	tankfartyg (ett)	['taŋk,faːˈtyg]
areia (f)	sand (en)	['sand]
calcário (m)	kalksten (en)	[kalʲkˌsten]
cascalho (m)	grus (ett)	['grʉːs]
turfa (f)	torv (en)	['tɔrv]
argila (f)	lera (en)	['lʲera]
carvão (m)	kol (ett)	['kɔlʲ]
ferro (m)	järn (ett)	['jæːn]
ouro (m)	guld (ett)	['gulʲd]
prata (f)	silver (ett)	['silʲvər]
níquel (m)	nickel (en)	['nikəlʲ]
cobre (m)	koppar (en)	['kopar]
zinco (m)	zink (en)	['siŋk]
manganês (m)	mangan (en)	[man'gan]
mercúrio (m)	kvicksilver (ett)	['kvikˌsilʲvər]
chumbo (m)	bly (ett)	['blʲy]
mineral (m)	mineral (ett)	[minə'ralʲ]
cristal (m)	kristall (en)	[kri'stalʲ]
mármore (m)	marmor (en)	['marmʊr]
urânio (m)	uran (ett)	[ʉ'ran]

A Terra. Parte 2

206. Tempo

tempo (m)	väder (ett)	['vɛ:dər]
previsão (f) do tempo	väderprognos (en)	['vɛ:dər,prɔg'nɔ:s]
temperatura (f)	temperatur (en)	[tɛmpəra'tʉ:r]
termómetro (m)	termometer (en)	[tɛrmʉ'metər]
barómetro (m)	barometer (en)	[barʉ'metər]
húmido	fuktig	['fu:ktig]
humidade (f)	fuktighet (en)	['fu:ktig,het]
calor (m)	hetta (en)	['hɛta]
cálido	het	['het]
está muito calor	det är hett	[dɛ æ:r 'hɛt]
está calor	det är varmt	[dɛ æ:r varmt]
quente	varm	['varm]
está frio	det är kallt	[dɛ æ:r 'kalʲt]
frio	kall	['kalʲ]
sol (m)	sol (en)	['sʉlʲ]
brilhar (vi)	att skina	[at 'ɧina]
de sol, ensolarado	solig	['sʉlig]
nascer (vi)	att gå upp	[at 'go: 'up]
pôr-se (vr)	att gå ner	[at 'go: ˌner]
nuvem (f)	moln (ett), sky (en)	['mɔlʲn], ['ɧy]
nublado	molnig	['mɔlʲnig]
nuvem (f) preta	regnmoln (ett)	['rɛgn,mɔlʲn]
escuro, cinzento	mörk, mulen	['mœ:rk], ['mʉ:lʲen]
chuva (f)	regn (ett)	['rɛgn]
está a chover	det regnar	[dɛ 'rɛgnar]
chuvoso	regnväders-	['rɛgn,vɛdəʂ-]
chuviscar (vi)	att duggregna	[at 'dug,rɛgna]
chuva (f) torrencial	hällande regn (ett)	['hɛlʲandə 'rɛgn]
chuvada (f)	spöregn (ett)	['spø:,rɛgn]
forte (chuva)	kraftigt, häftigt	['kraftigt], ['hɛftigt]
poça (f)	pöl, vattenpuss (en)	['pø:lʲ], ['vatən,pus]
molhar-se (vr)	att bli våt	[at bli 'vo:t]
nevoeiro (m)	dimma (en)	['dima]
de nevoeiro	dimmig	['dimig]
neve (f)	snö (en)	['snø:]
está a nevar	det snöar	[dɛ 'snø:ar]

207. Tempo extremo. Catástrofes naturais

trovoada (f)	åskväder (ett)	['ɔsk͵vɛdər]
relâmpago (m)	blixt (en)	['blikst]
relampejar (vi)	att blixtra	[at 'blikstra]
trovão (m)	åska (en)	['ɔska]
trovejar (vi)	att åska	[at 'ɔska]
está a trovejar	det åskar	[dɛ 'ɔskar]
granizo (m)	hagel (ett)	['hagəlʲ]
está a cair granizo	det haglar	[dɛ 'haglʲar]
inundar (vt)	att översvämma	[at 'ø:və͵svɛma]
inundação (f)	översvämning (en)	['ø:və͵svɛmniŋ]
terremoto (m)	jordskalv (ett)	['juːd͵skalv]
abalo, tremor (m)	skalv (ett)	['skalʲv]
epicentro (m)	epicentrum (ett)	[ɛpi'sɛntrum]
erupção (f)	utbrott (ett)	['ʉt͵brɔt]
lava (f)	lava (en)	['lʲava]
turbilhão (m)	tromb (en)	['trɔmb]
tornado (m)	tornado (en)	[tʊ'ŋadʊ]
tufão (m)	tyfon (en)	[ty'fɔn]
furacão (m)	orkan (en)	[ɔr'kan]
tempestade (f)	storm (en)	['stɔrm]
tsunami (m)	tsunami (en)	[tsu'nami]
ciclone (m)	cyklon (en)	[tɜy'klʲon]
mau tempo (m)	oväder (ett)	[ʊ'vɛːdər]
incêndio (m)	brand (en)	['brand]
catástrofe (f)	katastrof (en)	[kata'strɔf]
meteorito (m)	meteorit (en)	[meteʊ'rit]
avalanche (f)	lavin (en)	[lʲa'vin]
deslizamento (m) de neve	snöskred, snöras (ett)	['snø:͵skred], ['snø:͵ras]
nevasca (f)	snöstorm (en)	['snø:͵stɔrm]
tempestade (f) de neve	snöstorm (en)	['snø:͵stɔrm]

208. Ruídos. Sons

silêncio (m)	stillhet (en)	['stʏlʲ͵het]
som (m)	ljud (ett)	['jʉ:d]
ruído, barulho (m)	stoj (ett)	['stɔj]
fazer barulho	att stoja	[at 'stoja]
ruidoso, barulhento	stojande	['stojandə]
alto (adv)	högt	['hœgt]
alto (adj)	hög	['hø:g]
constante (ruído, etc.)	konstant	[kɔn'stant]

grito (m)	skrik (ett)	['skrik]
gritar (vi)	att skrika	[at 'skrika]
sussurro (m)	viskning (en)	['viskniŋ]
sussurrar (vt)	att viska	[at 'viska]

| latido (m) | skall (ett) | ['skalʲ] |
| latir (vi) | att skälla | [at 'ɧɛlʲa] |

gemido (m)	stön (ett)	['stø:n]
gemer (vi)	att stöna	[at 'stø:na]
tosse (f)	hosta (en)	['hʊsta]
tossir (vi)	att hosta	[at 'hʊsta]

assobio (m)	vissling (en)	['visliŋ]
assobiar (vi)	att vissla	[at 'vislʲa]
batida (f)	knackning (en)	['knakniŋ]
bater (vi)	att knacka	[at 'knaka]

| estalar (vi) | att spricka | [at 'sprika] |
| estalido (m) | spricka (en) | ['sprika] |

sirene (f)	siren (en)	[si'ren]
apito (m)	vissla (en)	['vislʲa]
apitar (vi)	att tuta	[at 'tʉ:ta]
buzina (f)	tuta (en)	['tʉ:ta]
buzinar (vi)	att tuta	[at 'tʉ:ta]

209. Inverno

inverno (m)	vinter (en)	['vintər]
de inverno	vinter-	['vintər-]
no inverno	på vintern	[pɔ 'vintərn]

neve (f)	snö (en)	['snø:]
está a nevar	det snöar	[dɛ 'snø:ar]
queda (f) de neve	snöfall (ett)	['snø:ˌfalʲ]
amontoado (m) de neve	snödriva (en)	['snø:ˌdriva]

floco (m) de neve	snöflinga (en)	['snø:ˌfliŋa]
bola (f) de neve	snöboll (en)	['snø:ˌbolʲ]
boneco (m) de neve	snögubbe (en)	['snø:ˌgubə]
sincelo (m)	istapp (en)	['isˌtap]

dezembro (m)	december (en)	[de'sɛmbər]
janeiro (m)	januari (en)	['januˌari]
fevereiro (m)	februari (en)	[fɛbru'ari]

| gelo (m) | frost (en) | ['frɔst] |
| gelado, glacial | frostig | ['frɔstig] |

abaixo de zero	under noll	['undə ˌnɔlʲ]
geada (f)	lätt frost (en)	[lʲæt frɔst]
geada (f) branca	rimfrost (en)	['rimˌfrɔst]
frio (m)	kyla (en)	['çylʲa]

está frio	det är kallt	[dɛ æːr 'kalʲt]
casaco (m) de peles	päls (en)	['pɛlʲs]
mitenes (f pl)	vantar (pl)	['vantar]

adoecer (vi)	att bli sjuk	[at bli 'ɧʉːk]
constipação (f)	förkylning (en)	[før'ɕylʲniŋ]
constipar-se (vr)	att bli förkyld	[at bli før'ɕylʲd]

gelo (m)	is (en)	['is]
gelo (m) na estrada	isbeläggning (en)	['is̩be'lʲɛgniŋ]
congelar-se (vr)	att frysa till	[at 'frysa tilʲ]
bloco (m) de gelo	isflak (ett)	['is̩flʲak]

esqui (m)	skidor (pl)	['ɧidʊr]
esquiador (m)	skidåkare (en)	['ɧid̩oːkarə]
esquiar (vi)	att åka skidor	[at 'oːka 'ɧidʊr]
patinar (vi)	att åka skridskor	[at 'oːka 'skri̩skʊr]

Fauna

210. Mamíferos. Predadores

predador (m)	rovdjur (ett)	['rʊvˌjɵːr]
tigre (m)	tiger (en)	['tigər]
leão (m)	lejon (ett)	['lʲejɔn]
lobo (m)	ulv (en)	['ulʲv]
raposa (f)	räv (en)	['rɛːv]
jaguar (m)	jaguar (en)	[jaguar]
leopardo (m)	leopard (en)	[lʲeʊ'paːɖ]
chita (f)	gepard (en)	[je'paːɖ]
pantera (f)	panter (en)	['pantər]
puma (m)	puma (en)	['pɵːma]
leopardo-das-neves (m)	snöleopard (en)	['snøː lʲeʊ'paːɖ]
lince (m)	lodjur (ett), lo (en)	['lʲʊˌjɵːr], ['lʲʊ]
coiote (m)	koyot, prärievarg (en)	[kɔ'jʊt], ['præːrieˌvarj]
chacal (m)	sjakal (en)	[ɧa'kalʲ]
hiena (f)	hyena (en)	[hy'ena]

211. Animais selvagens

animal (m)	djur (ett)	['jɵːr]
besta (f)	best (en), djur (ett)	['bɛst], ['jɵːr]
esquilo (m)	ekorre (en)	['ɛkɔrə]
ouriço (m)	igelkott (en)	['igelʲˌkɔt]
lebre (f)	hare (en)	['harə]
coelho (m)	kanin (en)	[ka'nin]
texugo (m)	grävling (en)	['grɛvliŋ]
guaxinim (m)	tvättbjörn (en)	['tvætˌbjøːn]
hamster (m)	hamster (en)	['hamstər]
marmota (f)	murmeldjur (ett)	['murmelʲˌjɵːr]
toupeira (f)	mullvad (en)	['mulʲˌvad]
rato (m)	mus (en)	['mɵːs]
ratazana (f)	råtta (en)	['rɔta]
morcego (m)	fladdermus (en)	['flʲadərˌmɵːs]
arminho (m)	hermelin (en)	[hɛrme'lin]
zibelina (f)	sobel (en)	['sɔbelʲ]
marta (f)	mård (en)	['mɔːɖ]
doninha (f)	vessla (en)	['vɛslʲa]
vison (m)	mink (en)	['miŋk]

| castor (m) | bäver (en) | ['bɛːvər] |
| lontra (f) | utter (en) | ['ʉːtər] |

cavalo (m)	häst (en)	['hɛst]
alce (m)	älg (en)	['ɛlj]
veado (m)	hjort (en)	['juːt]
camelo (m)	kamel (en)	[ka'melʲ]

bisão (m)	bison (en)	['bisɔn]
auroque (m)	uroxe (en)	['ʉˌroksə]
búfalo (m)	buffel (en)	['bufəlʲ]

zebra (f)	sebra (en)	['sebra]
antílope (m)	antilop (en)	[anti'lʲʊp]
corça (f)	rådjur (ett)	['rɔːjʉːr]
gamo (m)	dovhjort (en)	['dɔvˌjuːt]
camurça (f)	gems (en)	['jɛms]
javali (m)	vildsvin (ett)	['vilʲdˌsvin]

baleia (f)	val (en)	['valʲ]
foca (f)	säl (en)	['sɛːlʲ]
morsa (f)	valross (en)	['valʲˌrɔs]
urso-marinho (m)	pälssäl (en)	['pɛlʲsˌsɛlʲ]
golfinho (m)	delfin (en)	[dɛlʲ'fin]

urso (m)	björn (en)	['bjøːɳ]
urso (m) branco	isbjörn (en)	['isˌbjøːɳ]
panda (m)	panda (en)	['panda]

macaco (em geral)	apa (en)	['apa]
chimpanzé (m)	schimpans (en)	[ɧim'pans]
orangotango (m)	orangutang (en)	[ʊ'raŋgʉˌtaŋ]
gorila (m)	gorilla (en)	[gʊ'rɪlʲa]
macaco (m)	makak (en)	[ma'kak]
gibão (m)	gibbon (en)	[gi'bʊn]

elefante (m)	elefant (en)	[ɛlʲe'fant]
rinoceronte (m)	noshörning (en)	['nʊsˌhøːɳiŋ]
girafa (f)	giraff (en)	[ɧi'raf]
hipopótamo (m)	flodhäst (en)	['flʲʊdˌhɛst]

| canguru (m) | känguru (en) | ['ɕɛngurʊ] |
| coala (m) | koala (en) | [kʊ'alʲa] |

mangusto (m)	mangust, mungo (en)	['mangust], ['muŋgʊ]
chinchila (m)	chinchilla (en)	[ɧin'ɧilʲa]
doninha-fedorenta (f)	skunk (en)	['skuŋk]
porco-espinho (m)	piggsvin (ett)	['pigˌsvin]

212. Animais domésticos

gata (f)	katt (en)	['kat]
gato (m) macho	hankatt (en)	['hanˌkat]
cão (m)	hund (en)	['hund]

cavalo (m)	häst (en)	['hɛst]
garanhão (m)	hingst (en)	['hiŋst]
égua (f)	sto (ett)	['stʊ:]

vaca (f)	ko (en)	['kɔ:]
touro (m)	tjur (en)	['ɕʉ:r]
boi (m)	oxe (en)	['ʊksə]

ovelha (f)	får (ett)	['fo:r]
carneiro (m)	bagge (en)	['bagə]
cabra (f)	get (en)	['jet]
bode (m)	getabock (en)	['jeta̩bɔk]

| burro (m) | åsna (en) | ['ɔsna] |
| mula (f) | mula (en) | ['mʉlʲa] |

porco (m)	svin (ett)	['svin]
leitão (m)	griskulting (en)	['gris̩kulʲtiŋ]
coelho (m)	kanin (en)	[ka'nin]

| galinha (f) | höna (en) | ['hø:na] |
| galo (m) | tupp (en) | ['tup] |

pata (f)	anka (en)	['aŋka]
pato (macho)	andrik, andrake (en)	['andrik], ['andrakə]
ganso (m)	gås (en)	['go:s]

| peru (m) | kalkontupp (en) | [kalʲ'kʊn̩tup] |
| perua (f) | kalkonhöna (en) | [kalʲ'kʊn̩hø:na] |

animais (m pl) domésticos	husdjur (pl)	['hʉs̩jʉ:r]
domesticado	tam	['tam]
domesticar (vt)	att tämja	[at 'tɛmja]
criar (vt)	att avla, att föda upp	[at 'avlʲa], [at 'fø:da up]

quinta (f)	farm, lantgård (en)	[farm], ['lʲant̩go:d]
aves (f pl) domésticas	fjäderfä (ett)	['fjɛ:dər̩fɛ:]
gado (m)	boskap (en)	['bʊskap]
rebanho (m), manada (f)	hjord (en)	['jʊ:d]

estábulo (m)	stall (ett)	['stalʲ]
pocilga (f)	svinstia (en)	['svin̩stia]
estábulo (m)	ladugård (en), kostall (ett)	['lʲadʉ̩go:d], ['kostalʲ]
coelheira (f)	kaninbur (en)	[ka'nin̩bʉ:r]
galinheiro (m)	hönshus (ett)	['hø:ns̩hʉs]

213. Cães. Raças de cães

cão (m)	hund (en)	['hund]
cão pastor (m)	vallhund (en)	['valʲ̩hund]
pastor-alemão (m)	tysk schäferhund (en)	['tʏsk 'ʃɛfər̩hund]
caniche (m)	pudel (en)	['pʉ:dəlʲ]
teckel (m)	tax (en)	['taks]
buldogue (m)	bulldogg (en)	['bulʲ̩dɔg]

boxer (m)	boxare (en)	['bʊksarə]
mastim (m)	mastiff (en)	[mas'tif]
rottweiler (m)	rottweiler (en)	['rɔt‚vejlˈer]
dobermann (m)	dobermann (en)	['dɔbɛrman]

basset (m)	basset (en)	['basɛt]
pastor inglês (m)	bobtail (en)	['bʊbtɛjlˈ]
dálmata (m)	dalmatiner (en)	[dalˈma'tinər]
cocker spaniel (m)	cocker spaniel (en)	['kɔker ‚spanielˈ]

| terra-nova (m) | newfoundland (en) | [nju'faʊnd‚lˈend] |
| são-bernardo (m) | sankt bernhardshund (en) | ['saŋkt 'bɛ:ɳa:dˌs‚hund] |

husky (m)	husky (en)	['haski]
Chow-chow (m)	chow chow (en)	['ʧaʊ ʧaʊ]
spitz alemão (m)	spets (en)	['spets]
carlindogue (m)	mops (en)	['mɔps]

214. Sons produzidos pelos animais

latido (m)	skall (ett)	['skalˈ]
latir (vi)	att skälla	[at 'ɧɛlˈa]
miar (vi)	att jama	[at 'jama]
ronronar (vi)	att spinna	[at 'spina]

mugir (vaca)	att råma	[at 'ro:ma]
bramir (touro)	att ryta	[at 'ryta]
rosnar (vi)	att morra	[at 'mo:ra]

uivo (m)	yl (ett)	['ylˈ]
uivar (vi)	att yla	[at 'ylˈa]
ganir (vi)	att gnälla	[at 'gnɛlˈa]

balir (vi)	att bräka	[at 'brɛ:ka]
grunhir (porco)	att grymta	[at 'grʏmta]
guinchar (vi)	att skrika	[at 'skrika]

coaxar (sapo)	att kväka	[at 'kvɛ:ka]
zumbir (inseto)	att surra	[at 'sura]
estridular, ziziar (vi)	att gnissla	[at 'gnislˈa]

215. Animais jovens

cria (f), filhote (m)	unge (en)	['uŋə]
gatinho (m)	kattunge (en)	['kat‚uŋə]
ratinho (m)	musunge (en)	['mʉ:s‚uŋə]
cãozinho (m)	valp (en)	['valˈp]

filhote (m) de lebre	harunge (en)	['har‚uŋə]
coelhinho (m)	kaninunge (en)	[ka'nin‚uŋə]
lobinho (m)	ulvunge (en)	['ulˈv‚uŋə]
raposinho (m)	rävunge (en)	['rɛ:v‚uŋə]

ursinho (m)	björnunge (en)	['bjø:ɳˌuŋə]
leãozinho (m)	lejonunge (en)	['lʲejɔnˌuŋə]
filhote (m) de tigre	tigerunge (en)	['tigərˌuŋə]
filhote (m) de elefante	elefantunge (en)	[ɛlʲe'fantˌuŋə]

leitão (m)	griskulting (en)	['grisˌkulʲtiŋ]
bezerro (m)	kalv (en)	['kalʲv]
cabrito (m)	killing (en)	['ɕiliŋ]
cordeiro (m)	lamm (ett)	['lʲam]
cria (f) de veado	hjortkalv (en)	['juːtˌkalʲv]
cria (f) de camelo	kamelunge (en)	[ka'melʲˌuŋə]

filhote (m) de serpente	ormunge (en)	['ʊrmˌuŋə]
cria (f) de rã	grodunge (en)	['grʊdˌuŋə]

cria (f) de ave	fågelunge (en)	['foːgəlʲˌuŋə]
pinto (m)	kyckling (en)	['ɕykliŋ]
patinho (m)	ankunge (en)	['aŋkˌuŋə]

216. Pássaros

pássaro (m), ave (f)	fågel (en)	['foːgəlʲ]
pombo (m)	duva (en)	['dʉːva]
pardal (m)	sparv (en)	['sparv]
chapim-real (m)	talgoxe (en)	['talʲʉksə]
pega-rabuda (f)	skata (en)	['skata]

corvo (m)	korp (en)	['kɔrp]
gralha (f) cinzenta	kråka (en)	['kroːka]
gralha-de-nuca-cinzenta (f)	kaja (en)	['kaja]
gralha-calva (f)	råka (en)	['roːka]

pato (m)	anka (en)	['aŋka]
ganso (m)	gås (en)	['goːs]
faisão (m)	fasan (en)	[fa'san]

águia (f)	örn (en)	['øːɳ]
açor (m)	hök (en)	['høːk]
falcão (m)	falk (en)	['falʲk]
abutre (m)	gam (en)	['gam]
condor (m)	kondor (en)	['kɔnˌdor]

cisne (m)	svan (en)	['svan]
grou (m)	trana (en)	['trana]
cegonha (f)	stork (en)	['stɔrk]

papagaio (m)	papegoja (en)	[pape'gɔja]
beija-flor (m)	kolibri (en)	['kɔlibri]
pavão (m)	påfågel (en)	['poːˌfoːgəlʲ]

avestruz (m)	struts (en)	['struts]
garça (f)	häger (en)	['hɛːgər]
flamingo (m)	flamingo (en)	[flʲa'mingɔ]
pelicano (m)	pelikan (en)	[peli'kan]

| rouxinol (m) | näktergal (en) | ['nɛktə,galʲ] |
| andorinha (f) | svala (en) | ['svalʲa] |

tordo-zornal (m)	trast (en)	['trast]
tordo-músico (m)	sångtrast (en)	['sɔŋ,trast]
melro-preto (m)	koltrast (en)	['kɔlʲ,trast]

andorinhão (m)	tornseglare, tornsvala (en)	['tʊːn̪seglarə], ['tʊːn̪svalʲa]
cotovia (f)	lärka (en)	['lʲæːrka]
codorna (f)	vaktel (en)	['vaktəlʲ]

pica-pau (m)	hackspett (en)	['hak,spet]
cuco (m)	gök (en)	['jøːk]
coruja (f)	uggla (en)	['uglʲa]
corujão, bufo (m)	berguv (en)	['bɛrj,ʉːv]
tetraz-grande (m)	tjäder (en)	['ɕɛːdər]
tetraz-lira (m)	orre (en)	['ɔrə]
perdiz-cinzenta (f)	rapphöna (en)	['rap,høːna]

estorninho (m)	stare (en)	['starə]
canário (m)	kanariefågel (en)	[ka'nariə,foːgəlʲ]
galinha-do-mato (f)	järpe (en)	['jæːrpə]
tentilhão (m)	bofink (en)	['bʊ,fiŋk]
dom-fafe (m)	domherre (en)	['dʊmhɛrə]

gaivota (f)	mås (en)	['moːs]
albatroz (m)	albatross (en)	['alʲba,trɔs]
pinguim (m)	pingvin (en)	[piŋ'vin]

217. Pássaros. Canto e sons

cantar (vi)	att sjunga	[at 'ɧuːŋa]
gritar (vi)	att skrika	[at 'skrika]
cantar (o galo)	att gala	[at 'galʲa]
cocorocó (m)	kuckeliku	[kʉkeli'kʉː]

cacarejar (vi)	att kackla	[at 'kaklʲa]
crocitar (vi)	att kraxa	[at 'kraksa]
grasnar (vi)	att snattra	[at 'snatra]
piar (vi)	att pipa	[at 'pipa]
chilrear, gorjear (vi)	att kvittra	[at 'kvitra]

218. Peixes. Animais marinhos

brema (f)	brax (en)	['braks]
carpa (f)	karp (en)	['karp]
perca (f)	ábborre (en)	['abɔrə]
siluro (m)	mal (en)	['malʲ]
lúcio (m)	gädda (en)	['jɛda]

| salmão (m) | lax (en) | ['lʲaks] |
| esturjão (m) | stör (en) | ['støːr] |

arenque (m)	**sill (en)**	['silʲ]
salmão (m)	**atlanterhavslax (en)**	[at'lantərhav,lʲaks]
cavala, sarda (f)	**makrill (en)**	['makrilʲ]
solha (f)	**rödspätta (en)**	['rø:d,spæta]

lúcio perca (m)	**gös (en)**	['jø:s]
bacalhau (m)	**torsk (en)**	['tɔ:şk]
atum (m)	**tonfisk (en)**	['tʊn,fisk]
truta (f)	**öring (en)**	['ø:riŋ]

enguia (f)	**ål (en)**	['o:lʲ]
raia elétrica (f)	**elektrisk rocka (en)**	[ε'lʲektrisk,rɔka]
moreia (f)	**muräna (en)**	[mʉ'rɛna]
piranha (f)	**piraya (en)**	[pi'raja]

tubarão (m)	**haj (en)**	['haj]
golfinho (m)	**delfin (en)**	[dɛlʲ'fin]
baleia (f)	**val (en)**	['valʲ]

caranguejo (m)	**krabba (en)**	['kraba]
medusa, alforreca (f)	**manet, medusa (en)**	[ma'net], [me'dʉsa]
polvo (m)	**bläckfisk (en)**	['blʲɛk,fisk]

estrela-do-mar (f)	**sjöstjärna (en)**	['ɧø:,ɧæ:ɳa]
ouriço-do-mar (m)	**sjöpiggsvin (ett)**	['ɧø:,pigsvin]
cavalo-marinho (m)	**sjöhäst (en)**	['ɧø:,hɛst]

ostra (f)	**ostron (ett)**	['ʊstrʊn]
camarão (m)	**räka (en)**	['rɛ:ka]
lavagante (m)	**hummer (en)**	['humər]
lagosta (f)	**languster (en)**	[lʲaŋ'gustər]

219. Amfíbios. Répteis

serpente, cobra (f)	**orm (en)**	['ʊrm]
venenoso	**giftig**	['jiftig]

víbora (f)	**huggorm (en)**	['hʉg,ʊrm]
cobra-capelo, naja (f)	**kobra (en)**	['kɔbra]
pitão (m)	**pytonorm (en)**	[py'tɔn,ʊrm]
jiboia (f)	**boaorm (en)**	['bʊa,ʊrm]

cobra-de-água (f)	**snok (en)**	['snʊk]
cascavel (f)	**skallerorm (en)**	['skalʲer,ʊrm]
anaconda (f)	**anaconda (en)**	[ana'kɔnda]

lagarto (m)	**ödla (en)**	['ødlʲa]
iguana (f)	**iguana (en)**	[igu'ana]
varano (m)	**varan (en)**	[va'ran]
salamandra (f)	**salamander (en)**	[salʲa'mandər]
camaleão (m)	**kameleont (en)**	[kamelʲe'ɔnt]
escorpião (m)	**skorpion (en)**	[skɔrpi'ʊn]
tartaruga (f)	**sköldpadda (en)**	['ɧœlʲd,pada]
rã (f)	**groda (en)**	['grʊda]

| sapo (m) | padda (en) | ['pada] |
| crocodilo (m) | krokodil (en) | [krɔkɔ'dilʲ] |

220. Insetos

inseto (m)	insekt (en)	['insɛkt]
borboleta (f)	fjäril (en)	['fʲæːrilʲ]
formiga (f)	myra (en)	['myra]
mosca (f)	fluga (en)	['flʉːga]
mosquito (m)	mygga (en)	['mʏga]
escaravelho (m)	skalbagge (en)	['skalʲˌbagə]

vespa (f)	geting (en)	['jɛtiŋ]
abelha (f)	bi (ett)	['bi]
mamangava (f)	humla (en)	['humlʲa]
moscardo (m)	styngfluga (en)	['stʏŋˌflʉːga]

| aranha (f) | spindel (en) | ['spindəlʲ] |
| teia (f) de aranha | spindelnät (ett) | ['spindəlˌnɛːt] |

libélula (f)	trollslända (en)	['trɔlʲˌslʲɛnda]
gafanhoto-do-campo (m)	gräshoppa (en)	['grɛsˌhɔpa]
traça (f)	nattfjäril (en)	['natˌfʲæːrilʲ]

barata (f)	kackerlacka (en)	['kakɛːˌlʲaka]
carraça (f)	fästing (en)	['fɛstiŋ]
pulga (f)	loppa (en)	['lʲɔpa]
borrachudo (m)	knott (ett)	['knot]

gafanhoto (m)	vandringsgräshoppa (en)	['vandriŋˌgrɛs'hɔparə]
caracol (m)	snigel (en)	['snigəlʲ]
grilo (m)	syrsa (en)	['sʏʂa]
pirilampo (m)	lysmask (en)	['lʲʏsˌmask]
joaninha (f)	nyckelpiga (en)	['nʏkəlʲˌpiga]
besouro (m)	ollonborre (en)	['ɔlʲɔnˌbɔrə]

sanguessuga (f)	igel (en)	['iːgəlʲ]
lagarta (f)	fjärilslarv (en)	['fʲæːrilʲsˌlʲarv]
minhoca (f)	daggmask (en)	['dagˌmask]
larva (f)	larv (en)	['lʲarv]

221. Animais. Partes do corpo

bico (m)	näbb (ett)	['nɛb]
asas (f pl)	vingar (pl)	['viŋar]
pata (f)	fot (en)	['fʊt]
plumagem (f)	fjäderdräkt (en)	['fʲɛːdəˌdrɛkt]
pena, pluma (f)	fjäder (en)	['fʲɛːdər]
crista (f)	tofs (en)	['tɔfs]

| brânquias, guelras (f pl) | gälar (pl) | ['jɛːˌlʲar] |
| ovas (f pl) | rom (en), ägg (pl) | ['rɔm], ['ɛg] |

199

larva (f)	larv (en)	['lʲarv]
barbatana (f)	fena (en)	['fena]
escama (f)	fjäll (ett)	['fʲælʲ]

canino (m)	hörntand (en)	['hø:n̩ˌtand]
pata (f)	tass (en)	['tas]
focinho (m)	mule (en)	['mʉlʲe]
boca (f)	gap (ett)	['gap]
cauda (f), rabo (m)	svans (en)	['svans]
bigodes (m pl)	morrhår (ett)	['mɔrˌhɔ:r]

| casco (m) | klöv, hov (en) | ['klø:v], ['hɔ:v] |
| corno (m) | horn (ett) | ['hʊ:n̩] |

carapaça (f)	ryggsköld (en)	['rʏgˌɧœlʲd]
concha (f)	skal (ett)	['skalʲ]
casca (f) de ovo	äggskal (ett)	['ɛgˌskalʲ]

| pelo (m) | päls (en) | ['pɛlʲs] |
| pele (f), couro (m) | skinn (ett) | ['ɧin] |

222. Ações dos animais

| voar (vi) | att flyga | [at 'flʲyga] |
| dar voltas | att kretsa | [at 'krɛtsa] |

| voar (para longe) | att flyga bort | [at 'flʲyga ˌbɔ:t] |
| bater as asas | att flaxa | [at 'flʲaksa] |

| bicar (vi) | att picka | [at 'pika] |
| incubar (vt) | att kläcka ägg | [at 'klʲɛka 'ɛg] |

| sair do ovo | att kläckas | [at 'klʲɛkas] |
| fazer o ninho | att bygga boet | [at 'bʏga 'boət] |

rastejar (vi)	att krypa	[at 'krypa]
picar (vt)	att sticka	[at 'stika]
morder (vt)	att bita	[at 'bita]

cheirar (vt)	att sniffa	[at 'snifa]
latir (vi)	att skälla	[at 'ɧɛlʲa]
silvar (vi)	att väsa	[at 'vɛ:sa]

| assustar (vt) | att skrämma | [at 'skrɛma] |
| atacar (vt) | att överfalla | [at 'ø:vəˌfalʲa] |

roer (vt)	att gnaga	[at 'gnaga]
arranhar (vt)	att klösa	[at 'klʲø:sa]
esconder-se (vr)	att gömma sig	[at 'jœma sɛj]

brincar (vi)	att leka	[at 'lʲeka]
caçar (vi)	att jaga	[at 'jaga]
hibernar (vi)	att gå i dvala	[at 'go: i 'dvala]
extinguir-se (vr)	att dö ut	[at 'dø: ʉt]

223. Animais. Habitats

hábitat	habitat	[habi'tat]
migração (f)	migration (en)	[migra'ʃʉn]
montanha (f)	berg (ett)	['bɛrj]
recife (m)	rev (ett)	['rev]
falésia (f)	klippa (en)	['klipa]
floresta (f)	skog (en)	['skʉg]
selva (f)	djungel (en)	['juŋəlʲ]
savana (f)	savann (en)	[sa'van]
tundra (f)	tundra (en)	['tundra]
estepe (f)	stäpp (en)	['stɛp]
deserto (m)	öken (en)	['ø:kən]
oásis (m)	oas (en)	[ɔ'as]
mar (m)	hav (ett)	['hav]
lago (m)	sjö (en)	['ŋø:]
oceano (m)	ocean (en)	[ʉsə'an]
pântano (m)	träsk (ett), myr (en)	['trɛsk], ['myr]
de água doce	sötvattens-	['sø:t͜vatəns-]
lagoa (f)	damm (en)	['dam]
rio (m)	älv, flod (en)	['ɛlʲv], ['flʲʉd]
toca (f) do urso	ide (ett)	['ide]
ninho (m)	bo (ett)	['bʉ]
buraco (m) de árvore	trädhål (ett)	['trɛ:d͜ho:lʲ]
toca (f)	lya, håla (en)	['lʲya], ['ho:lʲa]
formigueiro (m)	myrstack (en)	['my͜ʂtak]

224. Cuidados com os animais

jardim (m) zoológico	zoo (ett)	['sʉ:]
reserva (f) natural	naturreservat (ett)	[na'tʉ:r resɛr'vat]
viveiro (m)	uppfödare (en)	['up͜fø:darə]
jaula (f) de ar livre	voljär (en)	[vɔ'ljær]
jaula, gaiola (f)	bur (en)	['bʉ:r]
casinha (f) de cão	hundkoja (en)	['hund͜kɔja]
pombal (m)	duvslag (ett)	['dʉv͜slʲag]
aquário (m)	akvarium (ett)	[a'kvarium]
delfinário (m)	delfinarium (ett)	[dɛlʲfi'narium]
criar (vt)	att avla, att föda upp	[at 'avlʲa], [at 'fø:da up]
ninhada (f)	kull (en)	['kulʲ]
domesticar (vt)	att tämja	[at 'tɛmja]
adestrar (vt)	att dressera	[at drɛ'sera]
ração (f)	foder (ett)	['fʉdər]
alimentar (vt)	att utfodra	[at 'ʉt͜fo:dra]

loja (f) de animais	djuraffär (en)	['jʉːra'fæːr]
açaime (m)	munkorg (ett)	['mun,kɔrj]
coleira (f)	halsband (ett)	['halʲs,band]
nome (m)	namn (ett)	['namn]
pedigree (m)	stamtavla (en)	['stam,tavlʲa]

225. Animais. Diversos

alcateia (f)	flock (en)	['flʲɔk]
bando (pássaros)	flock (en)	['flʲɔk]
cardume (peixes)	stim (ett)	['stim]
manada (cavalos)	hjord (en)	['jʉːd]
macho (m)	hane (en)	['hanə]
fêmea (f)	hona (en)	['hʊna]
faminto	hungrig	['huŋrig]
selvagem	vild	['vilʲd]
perigoso	farlig	['faːlʲig]

226. Cavalos

cavalo (m)	häst (en)	['hɛst]
raça (f)	ras (en)	['ras]
potro (m)	föl (ett)	['føːlʲ]
égua (f)	sto (ett)	['stʊː]
mustangue (m)	mustang (en)	[mʉ'staŋ]
pónei (m)	ponny (en)	['pɔni]
cavalo (m) de tiro	kallblodshäst (en)	['kalʲblʲʊd,hɛst]
crina (f)	man (en)	['man]
cauda (f)	svans (en)	['svans]
casco (m)	hov (en)	['hɔːv]
ferradura (f)	hästsko (en)	['hɛst,skʊ]
ferrar (vt)	att sko	[at 'skʊː]
ferreiro (m)	smed (en)	['smed]
sela (f)	sadel (en)	['sadəlʲ]
estribo (m)	stigbygel (en)	['stig,bygəlʲ]
brida (f)	betsel (ett)	['bɛtsəlʲ]
rédeas (f pl)	tömmar (pl)	['tœmar]
chicote (m)	piska (en)	['piska]
cavaleiro (m)	ryttare (en)	['rʏtarə]
colocar sela	att sadla	[at 'sadlʲa]
montar no cavalo	att stiga till häst	[at 'stiga tilʲ 'hɛst]
galope (m)	galopp (en)	[ga'lʲɔp]
galopar (vi)	att galoppera	[at galʲɔ'pera]

trote (m)	trav (ett)	['trav]
a trote	i trav	[i 'trav]
ir a trote	att trava	[at 'trava]
cavalo (m) de corrida	kapplöpningshäst (en)	['kap‚lœpniŋs 'hɛst]
corridas (f pl)	hästkapplöpning (en)	['hɛst‚kap'løpniŋ]
estábulo (m)	stall (ett)	['stalʲ]
alimentar (vt)	att utfodra	[at 'ʉt‚fɔ:dra]
feno (m)	hö (ett)	['hø:]
dar água	att vattna	[at 'vatna]
limpar (vt)	att borsta	[at 'bɔ:ʂta]
carroça (f)	kärra (en)	['ɕæ:ra]
pastar (vi)	att beta	[at 'beta]
relinchar (vi)	att gnägga	[at 'gnɛga]
dar um coice	att sparka bakut	[at 'sparka ‚bakʉt]

Flora

227. Árvores

árvore (f)	träd (ett)	['trɛ:d]
decídua	löv-	['lʲø:v-]
conífera	barr-	['bar-]
perene	eviggrönt	['ɛviˌgrœnt]
macieira (f)	äppelträd (ett)	['ɛpelʲˌtrɛd]
pereira (f)	päronträd (ett)	['pæ:rɔnˌtrɛd]
cerejeira (f)	fågelbärsträd (ett)	['fo:gəlʲbæ:ʂˌtrɛd]
ginjeira (f)	körsbärsträd (ett)	['ɕø:ʂbæ:ʂˌtrɛd]
ameixeira (f)	plommonträd (ett)	['plʲumɔnˌtrɛd]
bétula (f)	björk (en)	['bjœrk]
carvalho (m)	ek (en)	['ɛk]
tília (f)	lind (en)	['lind]
choupo-tremedor (m)	asp (en)	['asp]
bordo (m)	lönn (en)	['lʲøn]
espruce-europeu (m)	gran (en)	['gran]
pinheiro (m)	tall (en)	['talʲ]
alerce, lariço (m)	lärk (en)	['lʲæ:rk]
abeto (m)	silvergran (en)	['silʲverˌgran]
cedro (m)	ceder (en)	['sedər]
choupo, álamo (m)	poppel (en)	['pɔpəlʲ]
tramazeira (f)	rönn (en)	['rœn]
salgueiro (m)	pil (en)	['pilʲ]
amieiro (m)	al (en)	['alʲ]
faia (f)	bok (en)	['buk]
ulmeiro (m)	alm (en)	['alʲm]
freixo (m)	ask (en)	['ask]
castanheiro (m)	kastanjeträd (ett)	[ka'stanjəˌtrɛd]
magnólia (f)	magnolia (en)	[maŋ'nulia]
palmeira (f)	palm (en)	['palʲm]
cipreste (m)	cypress (en)	[sʏ'prɛs]
mangue (m)	mangroveträd (ett)	[maŋ'rɔvəˌtrɛd]
embondeiro, baobá (m)	apbrödsträd (ett)	['apbrødsˌtrɛd]
eucalipto (m)	eukalyptus (en)	[euka'lʲyptus]
sequoia (f)	sequoia (en)	[sek'vɔja]

228. Arbustos

arbusto (m)	buske (en)	['buskə]
arbusto (m), moita (f)	buske (en)	['buskə]

| videira (f) | vinranka (en) | ['vin‚raŋka] |
| vinhedo (m) | vingård (en) | ['vin‚goːd] |

framboeseira (f)	hallonsnår (ett)	['halʲɔn‚snoːr]
groselheira-preta (f)	svarta vinbär (ett)	['svaːʈa 'vinbæːr]
groselheira-vermelha (f)	röd vinbärsbuske (en)	['røːd 'vinbæːʂ‚buskə]
groselheira (f) espinhosa	krusbärsbuske (en)	['kruːsbæːʂ‚buskə]

acácia (f)	akacia (en)	[a'kasia]
bérberis (f)	berberis (en)	['bɛrberis]
jasmim (m)	jasmin (en)	[has'min]

junípero (m)	en (en)	['en]
roseira (f)	rosenbuske (en)	['rusən‚buskə]
roseira (f) brava	stenros, hundros (en)	['stenrus], ['hundrus]

229. Cogumelos

cogumelo (m)	svamp (en)	['svamp]
cogumelo (m) comestível	matsvamp (en)	['mat‚svamp]
cogumelo (m) venenoso	giftig svamp (en)	['jiftig ‚svamp]
chapéu (m)	hatt (en)	['hat]
pé, caule (m)	fot (en)	['fut]

boleto (m)	stensopp (en)	['sten‚sɔp]
boleto (m) alaranjado	aspsopp (en)	['asp‚sɔp]
míscaro (m) das bétulas	björksopp (en)	['bjœrk‚sɔp]
cantarela (f)	kantarell (en)	[kanta'rɛlʲ]
rússula (f)	kremla (en)	['krɛmlʲa]

morchella (f)	murkla (en)	['mu.ɾklʲa]
agário-das-moscas (m)	flugsvamp (en)	['fluːg‚svamp]
cicuta (f) verde	lömsk flugsvamp (en)	['lʲømsk 'fluːg‚svamp]

230. Frutos. Bagas

fruta (f)	frukt (en)	['frukt]
frutas (f pl)	frukter (pl)	['fruktər]
maçã (f)	äpple (ett)	['ɛplʲe]
pera (f)	päron (ett)	['pæːrɔn]
ameixa (f)	plommon (ett)	['plʲumɔn]

morango (m)	jordgubbe (en)	['juːd‚gubə]
ginja (f)	körsbär (ett)	['çøːʂ‚bæːr]
cereja (f)	fågelbär (ett)	['foːgəlʲ‚bæːr]
uva (f)	druva (en)	['druːva]

framboesa (f)	hallon (ett)	['halʲɔn]
groselha (f) preta	svarta vinbär (ett)	['svaːʈa 'vinbæːr]
groselha (f) vermelha	röda vinbär (ett)	['røːda 'vinbæːr]
groselha (f) espinhosa	krusbär (ett)	['kruːs‚bæːr]
oxicoco (m)	tranbär (ett)	['tran‚bæːr]

205

laranja (f)	apelsin (en)	[apɛlʲ'sin]
tangerina (f)	mandarin (en)	[manda'rin]
ananás (m)	ananas (en)	['ananas]
banana (f)	banan (en)	['banan]
tâmara (f)	dadel (en)	['dadəlʲ]

limão (m)	citron (en)	[si'trʊn]
damasco (m)	aprikos (en)	[apri'kʊs]
pêssego (m)	persika (en)	['pɛʂika]
kiwi (m)	kiwi (en)	['kivi]
toranja (f)	grapefrukt (en)	['grɛjp‚frʉkt]

baga (f)	bär (ett)	['bæːr]
bagas (f pl)	bär (pl)	['bæːr]
arando (m) vermelho	lingon (ett)	['liŋɔn]
morango-silvestre (m)	skogssmultron (ett)	['skʊgs‚smulʲtrɔːn]
mirtilo (m)	blåbär (ett)	['blʲoː‚bæːr]

231. Flores. Plantas

| flor (f) | blomma (en) | ['blʲʉma] |
| ramo (m) de flores | bukett (en) | [bʉ'kɛt] |

rosa (f)	ros (en)	['rʊs]
tulipa (f)	tulpan (en)	[tulʲ'pan]
cravo (m)	nejlika (en)	['nɛjlika]
gladíolo (m)	gladiolus (en)	[glʲadi'olʉːs]

centáurea (f)	blåklint (en)	['blʲoː‚klint]
campânula (f)	blåklocka (en)	['blʲoː‚klʲɔka]
dente-de-leão (m)	maskros (en)	['maskrʊs]
camomila (f)	kamomill (en)	[kamɔ'milʲ]

aloé (m)	aloe (en)	['alʲʉe]
cato (m)	kaktus (en)	['kaktus]
fícus (m)	fikus (en)	['fikus]

lírio (m)	lilja (en)	['lilja]
gerânio (m)	geranium (en)	[je'ranium]
jacinto (m)	hyacint (en)	[hya'sint]

mimosa (f)	mimosa (en)	[mi'mɔːsa]
narciso (m)	narciss (en)	[nar'sis]
capuchinha (f)	blomsterkrasse (en)	['blʲomstər‚krase]

orquídea (f)	orkidé (en)	[ɔrki'deː]
peónia (f)	pion (en)	[pi'ʊn]
violeta (f)	viol (en)	[vi'ʊlʲ]

amor-perfeito (m)	styvmorsviol (en)	['styvmʊrs vi'ʊlʲ]
não-me-esqueças (m)	förgätmigej (en)	[fø‚rʲæt mi 'gej]
margarida (f)	tusensköna (en)	['tʉːsən‚ɧøːna]
papoula (f)	vallmo (en)	['valʲmʊ]
cânhamo (m)	hampa (en)	['hampa]

Português	Sueco	Pronúncia
hortelã (f)	mynta (en)	['mʏnta]
lírio-do-vale (m)	liljekonvalje (en)	['lilje kʊn 'valjə]
campânula-branca (f)	snödropp (en)	['snø:ˌdrop]
urtiga (f)	nässla (en)	['nɛslʲa]
azeda (f)	syra (en)	['syra]
nenúfar (m)	näckros (en)	['nɛkrʊs]
feto (m), samambaia (f)	ormbunke (en)	['ʊrmˌbuŋkə]
líquen (m)	lav (en)	['lʲav]
estufa (f)	drivhus (ett)	['drivˌhʉs]
relvado (m)	gräsplan, gräsmatta (en)	['grɛsˌplan], ['grɛsˌmata]
canteiro (m) de flores	blomsterrabatt (en)	['blʲomstərˌrabat]
planta (f)	växt (en)	['vɛkst]
erva (f)	gräs (ett)	['grɛ:s]
folha (f) de erva	grässtrå (ett)	['grɛ:sˌstro:]
folha (f)	löv (ett)	['lʲø:v]
pétala (f)	kronblad (ett)	['kronˌblʲad]
talo (m)	stjälk (en)	['ɧɛlʲk]
tubérculo (m)	rotknöl (en)	['rʊtˌknø:lʲ]
broto, rebento (m)	ung planta (en)	['uŋ 'planta]
espinho (m)	törne (ett)	['tø:ŋə]
florescer (vi)	att blomma	[at 'blʲʉma]
murchar (vi)	att vissna	[at 'visna]
cheiro (m)	lukt (en)	['lʉkt]
cortar (flores)	att skära av	[at 'ɧæ:ra av]
colher (uma flor)	att plocka	[at 'plʲoka]

232. Cereais, grãos

Português	Sueco	Pronúncia
grão (m)	korn, spannmål (ett)	['kʊ:ŋ], ['spanˌmo:lʲ]
cereais (plantas)	spannmål (ett)	['spanˌmo:lʲ]
espiga (f)	ax (ett)	['aks]
trigo (m)	vete (ett)	['vetə]
centeio (m)	råg (en)	['ro:g]
aveia (f)	havre (en)	['havrə]
milho-miúdo (m)	hirs (en)	['hyʂ]
cevada (f)	korn (ett)	['kʊ:ŋ]
milho (m)	majs (en)	['majs]
arroz (m)	ris (ett)	['ris]
trigo-sarraceno (m)	bovete (ett)	['bʊˌvetə]
ervilha (f)	ärt (en)	['æ:t]
feijão (m)	böna (en)	['bøna]
soja (f)	soja (en)	['soja]
lentilha (f)	lins (en)	['lins]
fava (f)	bönor (pl)	['bønʊr]

233. Vegetais. Verduras

legumes (m pl)	grönsaker (pl)	['grø:n͵sakər]
verduras (f pl)	grönsaker (pl)	['grø:n͵sakər]
tomate (m)	tomat (en)	[tʊ'mat]
pepino (m)	gurka (en)	['gurka]
cenoura (f)	morot (en)	['mʊ͵rʊt]
batata (f)	potatis (en)	[pʊ'tatis]
cebola (f)	lök (en)	['lʲø:k]
alho (m)	vitlök (en)	['vit͵lʲø:k]
couve (f)	kål (en)	['ko:lʲ]
couve-flor (f)	blomkål (en)	['blʲʊm͵ko:lʲ]
couve-de-bruxelas (f)	brysselkål (en)	['brʏsɛlʲ͵ko:lʲ]
brócolos (m pl)	broccoli (en)	['brɔkɔli]
beterraba (f)	rödbeta (en)	['rø:d͵beta]
beringela (f)	aubergine (en)	[ɔbɛr'ʒin]
curgete (f)	squash, zucchini (en)	['skvɔ:ɕ], [su'kini]
abóbora (f)	pumpa (en)	['pumpa]
nabo (m)	rova (en)	['rʊva]
salsa (f)	persilja (en)	[pɛ'ʂilja]
funcho, endro (m)	dill (en)	['dilʲ]
alface (f)	sallad (en)	['salʲad]
aipo (m)	selleri (en)	['sɛlʲeri]
espargo (m)	sparris (en)	['sparis]
espinafre (m)	spenat (en)	[spe'nat]
ervilha (f)	ärter (pl)	['æ:ʈər]
fava (f)	bönor (pl)	['bønʊr]
milho (m)	majs (en)	['majs]
feijão (m)	böna (en)	['bøna]
pimentão (m)	peppar (en)	['pɛpar]
rabanete (m)	rädisa (en)	['rɛ:disa]
alcachofra (f)	kronärtskocka (en)	['krʊnæ:ʈ͵skɔka]

GEOGRAFIA REGIONAL

Países. Nacionalidades

234. Europa Ocidental

Europa (f)	Europa	[eu'rʊpa]
União (f) Europeia	Europeiska unionen	[eurʊ'peiska un'jʊnən]
europeu (m)	europé (en)	[eurʊ'peː]
europeu	europeisk	[eurʊ'peisk]
Áustria (f)	Österrike	['œstɛˌrikə]
austríaco (m)	österrikare (en)	['œstɛˌriːkarə]
austríaca (f)	österrikiska (en)	['œstɛˌriːkiska]
austríaco	österrikisk	['œstɛˌriːkisk]
Grã-Bretanha (f)	Storbritannien	['stʊrˌbri'taniən]
Inglaterra (f)	England	['ɛŋlʲand]
inglês (m)	britt (en)	['brit]
inglesa (f)	britt (en)	['brit]
inglês	engelsk, britisk	['ɛŋɛlʲsk], ['britisk]
Bélgica (f)	Belgien	['bɛlʲgiən]
belga (m)	belgare (en)	['bɛlʲgarə]
belga (f)	belgiska (en)	['bɛlʲgiska]
belga	belgisk	['bɛlʲgisk]
Alemanha (f)	Tyskland	['tʏsklʲand]
alemão (m)	tysk (en)	['tʏsk]
alemã (f)	tyska (en)	['tʏska]
alemão	tysk	['tʏsk]
Países (m pl) Baixos	Nederländerna	['nedɛːˌlʲɛndɛːɳa]
Holanda (f)	Holland	['hɔlʲand]
holandês (m)	holländare (en)	['hɔˌlʲɛndarə]
holandesa (f)	holländska (en)	['hɔˌlʲɛnska]
holandês	holländsk	['hɔˌlʲɛnsk]
Grécia (f)	Grekland	['greklʲand]
grego (m)	grek (en)	['grek]
grega (f)	grekiska (en)	['grekiska]
grego	grekisk	['grekisk]
Dinamarca (f)	Danmark	['daŋmark]
dinamarquês (m)	dansk (en)	['daŋsk]
dinamarquesa (f)	danska (en)	['daŋska]
dinamarquês	dansk	['daŋsk]
Irlanda (f)	Irland	['ilʲand]
irlandês (m)	irer (en)	['irər]

irlandesa (f)	iriska (en)	['iriska]
irlandês	irisk	['irisk]
Islândia (f)	Island	['isl'and]
islandês (m)	islänning (en)	['is,l'εniɲ]
islandesa (f)	isländska (en)	['is,l'εɳska]
islandês	isländsk	['is,l'εɳsk]
Espanha (f)	Spanien	['spaniən]
espanhol (m)	spanjor (en)	['spanˌjuːr]
espanhola (f)	spanjorska (en)	['spanˌjuːʂka]
espanhol	spansk	['spansk]
Itália (f)	Italien	[i'taliən]
italiano (m)	italienare (en)	[ita'ljεnarə]
italiana (f)	italienska (en)	[ita'ljεnska]
italiano	italiensk	[ita'ljεnsk]
Chipre (m)	Cypern	['sypɛːɳ]
cipriota (m)	cypriot (en)	[sypri'ʊt]
cipriota (f)	cypriotiska (en)	[sypri'ʊtiska]
cipriota	cypriotisk	[sypri'ʊtisk]
Malta (f)	Malta	['mal'ta]
maltês (m)	maltesare (en)	[mal'i'tesarə]
maltesa (f)	maltesiska (en)	[mal'i'tesiska]
maltês	maltesisk	[mal'i'tesisk]
Noruega (f)	Norge	['nɔrjə]
norueguês (m)	norrman (en)	['nɔrman]
norueguesa (f)	norska (en)	['nɔːʂka]
norueguês	norsk	['nɔːʂk]
Portugal (m)	Portugal	['pɔːʈugal']
português (m)	portugis (en)	[pɔːʈu'giːs]
portuguesa (f)	portugisiska (en)	[pɔːʈu'giːsiska]
português	portugisisk	[pɔːʈu'giːsisk]
Finlândia (f)	Finland	['finl'and]
finlandês (m)	finne (en)	['finə]
finlandesa (f)	finska (en)	['finska]
finlandês	finsk	['finsk]
França (f)	Frankrike	['fraɲkrikə]
francês (m)	fransman (en)	['fransˌman]
francesa (f)	fransyska (en)	['fransʏska]
francês	fransk	['fransk]
Suécia (f)	Sverige	['svɛrijə]
sueco (m)	svensk (en)	['svɛnsk]
sueca (f)	svenska (en)	['svɛnska]
sueco	svensk	['svɛnsk]
Suíça (f)	Schweiz	['ʃvɛjts]
suíço (m)	schweizare (en)	['ʃvɛjtsarə]
suíça (f)	schweiziska (en)	['ʃvɛjtsiska]

suíço	schweizisk	['ʃvɛjtsisk]
Escócia (f)	Skottland	['skɔtlˈand]
escocês (m)	skotte (en)	['skɔtə]
escocesa (f)	skotska (en)	['skɔtska]
escocês	skotsk	['skɔtsk]

Vaticano (m)	Vatikanstaten	[vati'kanˌstatən]
Liechtenstein (m)	Liechtenstein	['lihtənstajn]
Luxemburgo (m)	Luxemburg	['lʉksəmˌburj]
Mónaco (m)	Monaco	['mɔnakɔ]

235. Europa Central e de Leste

Albânia (f)	Albanien	[alˈbaniən]
albanês (m)	alban (en)	[alˈban]
albanesa (f)	albanska (en)	[alˈbanska]
albanês	albansk	[alˈbansk]

Bulgária (f)	Bulgarien	[bʉlˈgariən]
búlgaro (m)	bulgar (en)	[bʉlˈgar]
búlgara (f)	bulgariska (en)	[bʉlˈgariska]
búlgaro	bulgarisk	[bʉlˈgarisk]

Hungria (f)	Ungern	['uŋɛːŋ]
húngaro (m)	ungrare (en)	['uŋrarə]
húngara (f)	ungerska (en)	['uŋɛʂka]
húngaro	ungersk	['uŋɛʂk]

Letónia (f)	Lettland	['lˈetlˈand]
letão (m)	lett (on)	['lˈet]
letã (f)	lettiska (en)	['lˈetlskʉ]
letão	lettisk	['lˈetisk]

Lituânia (f)	Litauen	[li'tauən]
lituano (m)	litauer (en)	[li'tauər]
lituana (f)	litauiska (en)	[li'tauiska]
lituano	litauisk	[li'tauisk]

Polónia (f)	Polen	['polˈen]
polaco (m)	polack (en)	[pɔ'lˈak]
polaca (f)	polska (en)	['polˈska]
polaco	polsk	['polˈsk]

Roménia (f)	Rumänien	[rʉ'mɛ:niən]
romeno (m)	rumän (en)	[rʉ'mɛ:n]
romena (f)	rumänska (en)	[rʉ'mɛ:nska]
romeno	rumänsk	[rʉ'mɛ:nsk]

Sérvia (f)	Serbien	['sɛrbiən]
sérvio (m)	serb (en)	['sɛrb]
sérvia (f)	serbiska (en)	['sɛrbiska]
sérvio	serbisk	['sɛrbisk]
Eslováquia (f)	Slovakien	[slˈo'vakiən]
eslovaco (m)	slovak (en)	[slˈo'vak]

| eslovaca (f) | slovakiska (en) | [sljɔ'vakiska] |
| eslovaco | slovakisk | [sljɔ'vakisk] |

Croácia (f)	Kroatien	[kruˈatiən]
croata (m)	kroat (en)	[kruˈat]
croata (f)	kroatiska (en)	[kruˈatiska]
croata	kroatisk	[kruˈatisk]

República (f) Checa	Tjeckien	[ˈɕɛkiən]
checo (m)	tjeck (en)	[ˈɕɛk]
checa (f)	tjeckiska (en)	[ˈɕɛkiska]
checo	tjeckisk	[ˈɕɛkisk]

Estónia (f)	Estland	[ˈɛstljand]
estónio (m)	estländare (en)	[ˈɛst,ljɛndarə]
estónia (f)	estländska (en)	[ˈɛst,ljɛŋska]
estónio	estnisk	[ˈɛstnisk]

Bósnia e Herzegovina (f)	Bosnien-Hercegovina	[ˈbɔsniən hɛrsəgɔ'vina]
Macedónia (f)	Makedonien	[makeˈduniən]
Eslovénia (f)	Slovenien	[sljɔ'veniən]
Montenegro (m)	Montenegro	[ˈmɔntə,nɛgru]

236. Países da ex-URSS

Azerbaijão (m)	Azerbajdzjan	[asɛrbaj'dʒjan]
azeri (m)	azerbajdzjan (en)	[asɛrbaj'dʒjan]
azeri (f)	azerbajdzjanska (en)	[asɛrbaj'dʒjanska]
azeri, azerbaijano	azerbajdzjansk	[asɛrbaj'dʒjansk]

Arménia (f)	Armenien	[arˈmeniən]
arménio (m)	armenier (en)	[arˈmeniɛr]
arménia (f)	armeniska (en)	[arˈmeniska]
arménio	armenisk	[arˈmenisk]

Bielorrússia (f)	Vitryssland	[ˈvit,rʏsljand]
bielorrusso (m)	vitryss (en)	[ˈvit,rʏs]
bielorrussa (f)	vitryska (en)	[ˈvit,rʏska]
bielorrusso	vitrysk	[ˈvit,rʏsk]

Geórgia (f)	Georgien	[jeˈɔrgiən]
georgiano (m)	georgier (en)	[jeˈɔrgiər]
georgiana (f)	georgiska (en)	[jeˈɔrgiska]
georgiano	georgisk	[jeˈɔrgisk]

Cazaquistão (m)	Kazakstan	[kaˈsak,stan]
cazaque (m)	kazakstanier (en)	[kasakˈstaniər]
cazaque (f)	kazakiska (en)	[kaˈsakiska]
cazaque	kazakisk	[kaˈsakisk]

Quirguistão (m)	Kirgizistan	[kirˈgisi,stan]
quirguiz (m)	kirgiz (en)	[kirˈgis]
quirguiz (f)	kirgiziska (en)	[kirˈgisiska]
quirguiz	kirgizisk	[kirˈgisisk]

Moldávia (f)	Moldavien	[mʊlʲ'daviən]
moldavo (m)	moldav (en)	[mʊlʲ'dav]
moldava (f)	moldaviska (en)	[mʊlʲ'daviska]
moldavo	moldavisk	[mʊlʲ'davisk]

Rússia (f)	Ryssland	['rʏslʲand]
russo (m)	ryss (en)	['rʏs]
russa (f)	ryska (en)	['rʏska]
russo	rysk	['rʏsk]

Tajiquistão (m)	Tadzjikistan	[ta'dʒiki͵stan]
tajique (m)	tadzjik (en)	[ta'dʒik]
tajique (f)	tadzjikiska (en)	[ta'dʒikiska]
tajique	tadzjikisk	[ta'dʒikisk]

Turquemenistão (m)	Turkmenistan	[turk'meni͵stan]
turcomeno (m)	turkmen (en)	[turk'mən]
turcomena (f)	turkmenska (en)	[turk'mɛnska]
turcomeno	turkmensk	[turk'mɛnsk]

Uzbequistão (f)	Uzbekistan	[us'beki͵stan]
uzbeque (m)	uzbek (en)	[us'bek]
uzbeque (f)	uzbekiska (en)	[us'bekiska]
uzbeque	uzbekisk	[us'bekisk]

Ucrânia (f)	Ukraina	[u'krajna]
ucraniano (m)	ukrainare (en)	[u'krajnarə]
ucraniana (f)	ukrainska (en)	[u'krajnska]
ucraniano	ukrainsk	[u'krajnsk]

237. Asia

| Ásia (f) | Asien | ['asiən] |
| asiático | asiatisk | [asi'atisk] |

Vietname (m)	Vietnam	['vjɛtnam]
vietnamita (m)	vietnames (en)	[vjɛtna'mes]
vietnamita (f)	vietnamesiska (en)	[vjɛtna'mesiska]
vietnamita	vietnamesisk	[vjɛtna'mesisk]

Índia (f)	Indien	['indiən]
indiano (m)	indier (en)	['indiər]
indiana (f)	indiska (en)	['indiska]
indiano	indisk	['indisk]

Israel (m)	Israel	['israelʲ]
israelita (m)	israel (en)	[isra'elʲ]
israelita (f)	israeliska (en)	[isra'eliska]
israelita	israelisk	[isra'elisk]

judeu (m)	jude (en)	['jʉdə]
judia (f)	judinna (en)	[jʉ'dina]
judeu	judisk	['jʉdisk]
China (f)	Kina	['çina]

chinês (m)	kines (en)	[ɕi'nes]
chinesa (f)	kinesiska (en)	[ɕi'nesiska]
chinês	kinesisk	[ɕi'nesisk]
coreano (m)	korean (en)	[kʊre'an]
coreana (f)	koreanska (en)	[kʊre'anska]
coreano	koreansk	[kʊre'ansk]
Líbano (m)	Libanon	['libanɔn]
libanês (m)	libanes (en)	[liba'nes]
libanesa (f)	libanesiska (en)	[liba'nesiska]
libanês	libanesisk	[liba'nesisk]
Mongólia (f)	Mongoliet	[mʊngʊ'liet]
mongol (m)	mongol (en)	[mʊn'gʊlʲ]
mongol (f)	mongoliska (en)	[mʊn'gʊliska]
mongol	mongolisk	[mʊn'gʊlisk]
Malásia (f)	Malaysia	[ma'lʲajsia]
malaio (m)	malaysier (en)	[ma'lʲajsiər]
malaia (f)	malajiska (en)	[ma'lʲajiska]
malaio	malaysisk	[ma'lʲajsisk]
Paquistão (m)	Pakistan	['paki‚stan]
paquistanês (m)	pakistanier (en)	[paki'staniər]
paquistanesa (f)	pakistanska (en)	[paki'stanska]
paquistanês	pakistansk	[paki'stansk]
Arábia (f) Saudita	Saudiarabien	['saudi a'rabiən]
árabe (m)	arab (en)	[a'rab]
árabe (f)	arabiska (en)	[a'rabiska]
árabe	arabisk	[a'rabisk]
Tailândia (f)	Thailand	['tajlʲand]
tailandês (m)	thailändare (en)	[taj'lʲɛndarə]
tailandesa (f)	thailändska (en)	['taj‚lʲɛndska]
tailandês	thailändsk	[taj'lʲɛŋsk]
Taiwan (m)	Taiwan	[taj'van]
taiwanês (m)	taiwanes (en)	[tajva'nes]
taiwanesa (f)	taiwanesiska (en)	[tajva'nesiska]
taiwanês	taiwanesisk	[tajva'nesisk]
Turquia (f)	Turkiet	[turkiet]
turco (m)	turk (en)	['turk]
turca (f)	turkiska (en)	['turkiska]
turco	turkisk	['turkisk]
Japão (m)	Japan	['japan]
japonês (m)	japan (en)	[ja'pan]
japonesa (f)	japanska (en)	[ja'panska]
japonês	japansk	[ja'pansk]
Afeganistão (m)	Afghanistan	[af'gani‚stan]
Bangladesh (m)	Bangladesh	[banglʲa'dɛʃ]
Indonésia (f)	Indonesien	[indʊ'nesiən]

Jordânia (f)	Jordanien	[ju:'daniən]
Iraque (m)	Irak	[i'rak]
Irão (m)	Iran	[i'ran]
Camboja (f)	Kambodja	[kam'bɔdja]
Kuwait (m)	Kuwait	[kʉ'vajt]

Laos (m)	Laos	['lʲaɔs]
Myanmar (m), Birmânia (f)	Myanmar	['mjanmar]
Nepal (m)	Nepal	[ne'palʲ]
Emirados Árabes Unidos	Förenade arabrepubliken	[fø'renadə a'rab repub'likən]

Síria (f)	Syrien	['syriən]
Palestina (f)	Palestina	[palʲe'stina]
Coreia do Sul (f)	Sydkorea	['syd͵kʉ'rea]
Coreia do Norte (f)	Nordkorea	['nu:d͵ kʉ'rea]

238. América do Norte

Estados Unidos da América	Amerikas Förenta Stater	[a'mɛrikas fø'rɛnta 'statər]
americano (m)	amerikan (en)	[ameri'kan]
americana (f)	amerikanska (en)	[ameri'kanska]
americano	amerikansk	[ameri'kansk]

Canadá (m)	Kanada	['kanada]
canadiano (m)	kanadensare (en)	[kana'dɛnsarə]
canadiana (f)	kanadensiska (en)	[kana'dɛnsiska]
canadiano	kanadensisk	[kana'dɛnsisk]

México (m)	Mexiko	['mɛksikɔ]
mexicano (m)	mexikan (en)	[mɛksi'kan]
mexicana (f)	mexikanska (en)	[mɛksi'kanska]
mexicano	mexikansk	[mɛksi'kansk]

239. América Central do Sul

Argentina (f)	Argentina	[argɛn'tina]
argentino (m)	argentinare (en)	[argɛn'tinarə]
argentina (f)	argentinska (en)	[argɛn'tinska]
argentino	argentinsk	[argɛn'tinsk]

Brasil (m)	Brasilien	[bra'siliən]
brasileiro (m)	brasilianare (en)	[brasili'anarə]
brasileira (f)	brasilianska (en)	[brasili'anska]
brasileiro	brasiliansk	[brasili'ansk]

Colômbia (f)	Colombia	[kɔ'lʲʉmbia]
colombiano (m)	colombian (en)	[kɔlʲʉmbi'an]
colombiana (f)	colombianska (en)	[kɔlʲʉmbi'anska]
colombiano	colombiansk	[kɔlʲʉmbi'ansk]

Cuba (f)	Kuba	['kʉ:ba]
cubano (m)	kuban (en)	[kʉ'ban]

| cubana (f) | kubanska (en) | [kʉ'banska] |
| cubano | kubansk | [kʉ'bansk] |

Chile (m)	Chile	['ɕi:lʲe]
chileno (m)	chilenare (en)	[ɕi'lʲenarə]
chilena (f)	chilenska (en)	[ɕi'lʲenska]
chileno	chilensk	[ɕi'lʲensk]

Bolívia (f)	Bolivia	[bʊ'livia]
Venezuela (f)	Venezuela	[venesu'ɛlʲa]
Paraguai (m)	Paraguay	[parag'waj]
Peru (m)	Peru	[pɛ'rʉ]

Suriname (m)	Surinam	['sʉri‚nam]
Uruguai (m)	Uruguay	[ʉrug'waj]
Equador (m)	Ecuador	[ɛkva'dʊr]

Bahamas (f pl)	Bahamas	[ba'hamas]
Haiti (m)	Haiti	[ha'iti]
República (f) Dominicana	Dominikanska republiken	[domini'kanska repu'blikən]
Panamá (m)	Panama	['panama]
Jamaica (f)	Jamaica	[ja'majka]

240. Africa

Egito (m)	Egypten	[e'jyptən]
egípcio (m)	egyptier (en)	[e'jyptiər]
egípcia (f)	egyptiska (en)	[e'jyptiska]
egípcio	egyptisk	[e'jyptisk]

Marrocos	Marocko	[ma'rɔkʊ]
marroquino (m)	marockan (en)	[marʊ'kan]
marroquina (f)	marockanska (en)	[marʊ'kanska]
marroquino	marockansk	[marʊ'kansk]

Tunísia (f)	Tunisien	[tʉ'nisiən]
tunisino (m)	tunisier (en)	[tʉ'nisiər]
tunisina (f)	tunisiska (en)	[tʉ'nisiska]
tunisino	tunisisk	[tʉ'nisisk]

Gana (f)	Ghana	['gana]
Zanzibar (m)	Zanzibar	['sansibar]
Quénia (f)	Kenya	['kenja]
Líbia (f)	Libyen	['libiən]
Madagáscar (m)	Madagaskar	[mada'gaskar]

Namíbia (f)	Namibia	[na'mibia]
Senegal (m)	Senegal	[sene'galʲ]
Tanzânia (f)	Tanzania	[tansa'nija]
África do Sul (f)	Republiken Sydafrika	[repu'bliken 'syd‚afrika]

africano (m)	afrikan (en)	[afri'kan]
africana (f)	afrikanska (en)	[afri'kanska]
africano	afrikansk	[afri'kansk]

241. Austrália. Oceania

Austrália (f)	Australien	[au'straliən]
australiano (m)	australier (en)	[au'straliər]
australiana (f)	australiska (en)	[au'straliska]
australiano	australisk	[au'stralisk]
Nova Zelândia (f)	Nya Zeeland	['nya 'se:lʲand]
neozelandês (m)	nyzeeländare (en)	[ny'se:lʲɛndarə]
neozelandesa (f)	nyzeeländska (en)	[ny'se:lʲɛŋska]
neozelandês	nyzeeländsk	[ny'se:lʲɛŋsk]
Tasmânia (f)	Tasmanien	[tas'maniən]
Polinésia Francesa (f)	Franska Polynesien	['franska polʲy'nesiən]

242. Cidades

Amesterdão	Amsterdam	['amstə,dam]
Ancara	Ankara	['aŋkara]
Atenas	Aten	[a'ten]
Bagdade	Bagdad	['bagdad]
Banguecoque	Bangkok	['baŋkɔk]
Barcelona	Barcelona	[barsə'lʲɔna]
Beirute	Beirut	['bejrut]
Berlim	Berlin	[bɛr'lin]
Bombaim	Bombay	[bɔm'bɛj]
Bona	Bonn	['bɔn]
Bordéus	Bordeaux	[bɔ'dɔ:]
Bratislava	Bratislava	[brati'slʲava]
Bruxelas	Bryssel	['brysəlʲ]
Bucareste	Bukarest	['bukarɛst]
Budapeste	Budapest	['budapɛst]
Cairo	Kairo	['kajrʊ]
Calcutá	Kalkutta	[kalʲ'kʉta]
Chicago	Chicago	[ɕi'kagʊ]
Cidade do México	Mexico City	['mɛksikɔ 'siti]
Copenhaga	Köpenhamn	['ɕø:pɛn,hamn]
Dar es Salaam	Dar es-Salaam	[dar ɛs sa'lʲam]
Deli	New Delhi	[nju 'dɛlʲi]
Dubai	Dubai	[dʉ'baj]
Dublin, Dublim	Dublin	['dablin]
Düsseldorf	Düsseldorf	['dʉsəlʲ,dɔrf]
Estocolmo	Stockholm	['stɔkɔlʲm]
Florença	Florens	['flʲørɛns]
Frankfurt	Frankfurt	['fraŋkfʉ:t]
Genebra	Genève	[ʒe'nɛv]
Haia	Haag	['ha:g]
Hamburgo	Hamburg	['hambʉrj]

| Hanói | Hanoi | ['ha'nɔj] |
| Havana | Havanna | [ha'vana] |

Helsínquia	Helsingfors	['hɛlˈsiŋ,fɔːʂ]
Hiroshima	Hiroshima	[hirɔˈʃima]
Hong Kong	Hongkong	['hɔŋˌkɔŋ]
Istambul	Istanbul	['istambɵlˈ]
Jerusalém	Jerusalem	[je'rɵsalˈem]
Kiev	Kiev	['kiev]
Kuala Lumpur	Kuala Lumpur	[ku'alˈa 'lɵmpɵːr]
Lisboa	Lissabon	['lisabɔn]
Londres	London	['lˈɔndɔn]
Los Angeles	Los Angeles	[lˈɔs 'aŋəlˈes]
Lion	Lion	[li'ɔn]

Madrid	Madrid	[ma'drid]
Marselha	Marseille	[ma'ʂɛj]
Miami	Miami	[ma'jami]
Montreal	Montreal	[mɔntre'ɔlˈ]
Moscovo	Moskva	[mɔ'skva]
Munique	München	['mɵnɧən]

Nairóbi	Nairobi	[naj'rɔːbi]
Nápoles	Neapel	[ne'apəlˈ]
Nice	Nice	['nis]
Nova York	New York	[nju 'jork]

Oslo	Oslo	['ʊslˈɵ]
Ottawa	Ottawa	['ɔtava]
Paris	Paris	[pa'ris]
Pequim	Peking	['pekiŋ]
Praga	Prag	['prag]

Rio de Janeiro	Rio de Janeiro	['riɵ de ʃa'nɛjrɵ]
Roma	Rom	['rɔm]
São Petersburgo	Sankt Petersburg	['saŋkt 'peteʂˌburj]
Seul	Söul	[sœulˈ]
Singapura	Singapore	['siŋapʊr]
Sydney	Sydney	['sidni]

Taipé	Taipei	[taj'pɛj]
Tóquio	Tokyo	['tɔkiɵ]
Toronto	Toronto	[tɔ'rɔntʊ]
Varsóvia	Warszawa	[va:'ʂava]
Veneza	Venedig	[ve'nedig]
Viena	Wien	['veːn]

| Washington | Washington | ['wɔʃiŋtɔn] |
| Xangai | Shanghai | [ʃan'haj] |

243. Política. Governo. Parte 1

| política (f) | politik (en) | [pʊli'tik] |
| político | politisk | [pʊ'litisk] |

político (m)	politiker (en)	[pʊ'litikər]
estado (m)	stat (en)	['stat]
cidadão (m)	medborgare (en)	['mɛd‚bɔrjarə]
cidadania (f)	medborgarskap (ett)	[mɛd'bɔrja‚skap]
brasão (m) de armas	riksvapen (ett)	['riks‚vapən]
hino (m) nacional	nationalhymn (en)	[natʃʊ'nalʲ‚hʏmn]
governo (m)	regering (en)	[re'jeriŋ]
Chefe (m) de Estado	statschef (en)	['stats‚ʃef]
parlamento (m)	parlament (ett)	[parla'mɛnt]
partido (m)	parti (ett)	[pa:'ʈi:]
capitalismo (m)	kapitalism (en)	[kapita'lism]
capitalista	kapitalistisk	[kapita'listisk]
socialismo (m)	socialism (en)	[sɔsia'lism]
socialista	socialistisk	[sɔsia'listisk]
comunismo (m)	kommunism (en)	[kɔmu'nism]
comunista	kommunistisk	[kɔmu'nistisk]
comunista (m)	kommunist (en)	[kɔmu'nist]
democracia (f)	demokrati (en)	[demʊkra'ti:]
democrata (m)	demokrat (en)	[demʊ'krat]
democrático	demokratisk	[demʊ'kratisk]
Partido (m) Democrático	Demokratiska partiet	[demɔ'kratiska pa:'ʈi:et]
liberal (m)	liberal (en)	[libə'ralʲ]
liberal	liberal-	[libə'ralʲ-]
conservador (m)	konservativ (en)	[kɔn'sɛrva‚tiv]
conservador	konservativ	[kɔn'sɛrva‚tiv]
república (f)	republik (en)	[repu'blik]
republicano (m)	republikan (en)	[republi'kan]
Partido (m) Republicano	republikanskt parti (ett)	[republi'kansk pa:'ʈi:]
eleições (f pl)	val (ett)	['valʲ]
eleger (vt)	att välja	[at 'vɛlja]
eleitor (m)	väljare (en)	['vɛljarə]
campanha (f) eleitoral	valkampanj (en)	['valʲkam‚panʲ]
votação (f)	omröstning (en)	['ɔm‚rœstniŋ]
votar (vi)	att rösta	[at 'rœsta]
direito (m) de voto	rösträtt (en)	['rœst‚ræt]
candidato (m)	kandidat (en)	[kandi'dat]
candidatar-se (vi)	att kandidera	[at kandi'dera]
campanha (f)	kampanj (en)	[kam'panʲ]
da oposição	oppositions-	[ɔpɔsi'ʃʊns-]
oposição (f)	opposition (en)	[ɔpɔsi'ʃʊn]
visita (f)	besök (ett)	[be'sø:k]
visita (f) oficial	officiellt besök (ett)	[ɔfi'sjɛlʲt be'sø:k]

internacional	internationell	['intɛːŋatɧʊˌnɛlʲ]
negociações (f pl)	förhandlingar (pl)	[før'handliŋar]
negociar (vi)	att förhandla	[at før'handlʲa]

244. Política. Governo. Parte 2

sociedade (f)	samhälle (ett)	['samˌhɛlʲe]
constituição (f)	konstitution (en)	[kɔnstitu'ɧʊn]
poder (ir para o ~)	makt (en)	['makt]
corrupção (f)	korruption (en)	[kɔrup'ɧʊn]

| lei (f) | lag (en) | ['lʲag] |
| legal | laglig | ['lʲaglig] |

| justiça (f) | rättvisa (en) | ['rætˌvisa] |
| justo | rättvis, rättfärdig | ['rætvis], ['rætˌfæːdig] |

comité (m)	kommitté (en)	[kɔmi'teː]
projeto-lei (m)	lagförslag (ett)	['lagˌfœː'slag]
orçamento (m)	budget (en)	['budjet]
política (f)	policy (en)	['pɔlisi]
reforma (f)	reform (en)	[re'fɔrm]
radical	radikal	[radi'kalʲ]

força (f)	kraft (en)	['kraft]
poderoso	mäktig, kraftfull	['mɛktig], ['kraftˌfulʲ]
partidário (m)	anhängare (en)	['anˌhɛːŋarə]
influência (f)	inflytande (ett)	['inˌflʲytandə]

regime (m)	regim (en)	[re'ɧim]
conflito (m)	konflikt (en)	[kɔn'flikt]
conspiração (f)	sammansvärning (en)	['samansˌvæːŋiŋ]
provocação (f)	provokation (en)	[prɔvʊka'ɧʊn]

derrubar (vt)	att störta	[at 'støːʈa]
derrube (m), queda (f)	störtande (ett)	['støːʈandə]
revolução (f)	revolution (en)	[revʊlʉ'ɧʊn]

| golpe (m) de Estado | statskupp (en) | ['statsˌkup] |
| golpe (m) militar | militärkupp (en) | [mili'tæːrˌkup] |

crise (f)	kris (en)	['kris]
recessão (f) económica	ekonomisk nedgång (en)	[ɛkʉ'nɔmisk 'nedˌgɔŋ]
manifestante (m)	demonstrant (en)	[demɔn'strant]
manifestação (f)	demonstration (en)	[demɔnstra'ɧʊn]
lei (f) marcial	krigstillstånd (ett)	['krigsˌtilʲ'stɔnd]
base (f) militar	militärbas (en)	[mili'tæːrˌbas]

| estabilidade (f) | stabilitet (en) | [stabili'tet] |
| estável | stabil | [sta'bilʲ] |

exploração (f)	utsugning (en)	['ʉtˌsʉgniŋ]
explorar (vt)	att utnyttja	[at 'ʉtˌnytja]
racismo (m)	rasism (en)	[ra'sism]

racista (m)	rasist (en)	[ra'sist]
fascismo (m)	fascism (en)	[fa'çism]
fascista (m)	fascist (en)	[fa'çist]

245. Países. Diversos

estrangeiro (m)	utlänning (en)	['ʉt̞l̩ɛniŋ]
estrangeiro	utländsk	['ʉt̞l̩ɛŋsk]
no estrangeiro	utomlands	['ʉtɔm̩l̩ands]

emigrante (m)	emigrant (en)	[ɛmi'grant]
emigração (f)	emigration (en)	[ɛmigra'ɧʉn]
emigrar (vi)	att emigrera	[at ɛmi'grera]

Ocidente (m)	Västen	['vɛstən]
Oriente (m)	Östen	['œstən]
Extremo Oriente (m)	Fjärran Östern	['fʲæːran 'œstɛːŋ]
civilização (f)	civilisation (en)	[sivilisa'ɧʉn]
humanidade (f)	mänsklighet (en)	['mɛnsklig̞het]
mundo (m)	värld (en)	['væːd̞]
paz (f)	fred (en)	['fred]
mundial	världs-	['væːd̞s-]

pátria (f)	hemland (ett)	['hɛm̩l̩and]
povo (m)	folk (ett)	['fɔl̩k]
população (f)	befolkning (en)	[be'fɔl̩kniŋ]
gente (f)	folk (ett)	['fɔl̩k]
nação (f)	nation (en)	[nat'ɧʉn]
geração (f)	generation (en)	[jenera'ɧʉn]
território (m)	territorium (ett)	[tɛri'tʉrium]
região (f)	region (en)	[regi'ʔ̞ʲn]
estado (m)	delstat (en)	['dɛl̩ˌstat]

tradição (f)	tradition (en)	[tradi'ɧʉn]
costume (m)	sedvänja (en)	['sed̞ˌvɛnja]
ecologia (f)	ekologi (en)	[ɛkʉl̩ʲo'giː]

índio (m)	indian (en)	[indi'an]
cigano (m)	zigenare (en)	[si'jenarə]
cigana (f)	zigenska (en)	[si'jenska]
cigano	zigensk	[si'jensk]

império (m)	kejsardöme, rike (ett)	['çɛjsardømə], ['rikə]
colónia (f)	koloni (en)	[kʉl̩ʲo'niː]
escravidão (f)	slaveri (ett)	[sl̩ʲave'riː]
invasão (f)	invasion (en)	[inva'ɧʉn]
fome (f)	hungersnöd (en)	['huŋɛʂˌnøːd]

246. Grupos religiosos mais importantes. Confissões

| religião (f) | religion (en) | [reli'jʉn] |
| religioso | religiös | [reli'ɧøːs] |

crença (f)	tro (en)	['trʊ]
crer (vt)	att tro	[at 'trʊ]
crente (m)	troende (en)	['trʊəndə]
ateísmo (m)	ateism (en)	[ate'ism]
ateu (m)	ateist (en)	[ate'ist]
cristianismo (m)	kristendom (en)	['kristən‚dʊm]
cristão (m)	kristen (en)	['kristən]
cristão	kristen	['kristən]
catolicismo (m)	katolicism (en)	[katʊli'sism]
católico (m)	katolik (en)	[katʊ'lik]
católico	katolsk	[ka'tʊlˡsk]
protestantismo (m)	protestantism (en)	[prʊtɛstan'tism]
Igreja (f) Protestante	den protestantiska kyrkan	[dɛn prʊtɛ'stantiska 'ҫyrkan]
protestante (m)	protestant (en)	[prʊtɛ'stant]
ortodoxia (f)	ortodoxi (en)	[ɔ:ʈɔdɔ'ksi:]
Igreja (f) Ortodoxa	den ortodoxa kyrkan	[dɛn ɔ:ʈɔ'dɔ:ksa 'ҫyrkan]
ortodoxo (m)	ortodox (en)	[ɔ:ʈɔ'dɔ:ks]
presbiterianismo (m)	presbyterianism (en)	[prɛsbyteria'nism]
Igreja (f) Presbiteriana	den presbyterianska kyrkan	[dɛn prɛsbyteri'anska 'ҫyrkan]
presbiteriano (m)	presbyter (en)	[prɛ'sbytər]
Igreja (f) Luterana	lutherdom (en)	['lʉtərdʊm]
luterano (m)	lutheran (en)	[lʉte'ran]
Igreja (f) Batista	baptism (en)	[bap'tism]
batista (m)	baptist (en)	[bap'tist]
Igreja (f) Anglicana	den anglikanska kyrkan	[dɛn aŋli'kanska 'ҫyrkan]
anglicano (m)	anglikan (en)	['aŋli‚kan]
mormonismo (m)	mormonism (en)	[mɔrmʊ'nism]
mórmon (m)	mormon (en)	[mɔr'mʊn]
Judaísmo (m)	judendom (en)	['jʉdən‚dʊm]
judeu (m)	jude (en)	['jʉdə]
budismo (m)	Buddism (en)	[bu'dism]
budista (m)	buddist (en)	[bu'dist]
hinduísmo (m)	hinduism (en)	[hindʉ'i:sm]
hindu (m)	hindu (en)	[hin'dʉ:]
Islão (m)	islam (en)	[is'lˡam]
muçulmano (m)	muselman (en)	[mʉsɛlˡ'man]
muçulmano	muselmansk	[mʉsɛlˡ'mansk]
Xiismo (m)	shiism (en)	[ʃi'ism]
xiita (m)	shiit (en)	[ʃi'it]
sunismo (m)	sunnism (en)	[su'ni:sm]
sunita (m)	sunnit (en)	[su'nit]

247. Religiões. Padres

padre (m)	präst (en)	['prɛst]
Papa (m)	Påven	['poːvən]

monge (m)	munk (en)	['muŋk]
freira (f)	nunna (en)	['nuna]
pastor (m)	pastor (en)	['pastʊr]

abade (m)	abbé (en)	[a'beː]
vigário (m)	kyrkoherde (en)	['ɕyrkʊˌhɛːɖə]
bispo (m)	biskop (en)	['biskɔp]
cardeal (m)	kardinal (en)	[kaːɖi'nalʲ]

pregador (m)	predikant (en)	[predi'kant]
sermão (m)	predikan (en)	[pre'dikan]
paroquianos (pl)	sockenbor (pl)	['sɔkənˌbʊr]

crente (m)	troende (en)	['trʊəndə]
ateu (m)	ateist (en)	[ate'ist]

248. Fé. Cristianismo. Islão

Adão	Adam	['adam]
Eva	Eva	['ɛva]

Deus (m)	Gud	['ɡʉːd]
Senhor (m)	Herren	['hɛrən]
Todo Poderoso (m)	Den Allsmäktige	[dɛn 'alʲsmɛktigə]

pecado (m)	synd (en)	['sʏnd]
pecar (vi)	att synda	[at 'sʏnda]
pecador (m)	syndare (en)	['sʏndarə]
pecadora (f)	synderska (en)	['sʏndɛʂka]

inferno (m)	helvete (ett)	['hɛlʲvetə]
paraíso (m)	paradis (ett)	['paraˌdis]

Jesus	Jesus	['jesus]
Jesus Cristo	Jesus Kristus	['jesus ˌkristus]

Espírito (m) Santo	Den Helige Ande	[dɛn 'helige ˌandə]
Salvador (m)	Frälsaren	['frɛlʲsarən]
Virgem Maria (f)	Jungfru Maria	['juɳfrʉ ma'ria]

Diabo (m)	Djävul (en)	['jɛːvulʲ]
diabólico	djävulsk	['jɛːvulʲsk]
Satanás (m)	Satan	['satan]
satânico	satanisk	[sa'tanisk]

anjo (m)	ängel (en)	['ɛŋəlʲ]
anjo (m) da guarda	skyddsängel (en)	['ɧʏdsˌɛŋəlʲ]
angélico	änglalik	['ɛŋlʲalik]

apóstolo (m)	apostel (en)	[a'pɔstəlʲ]
arcanjo (m)	ärkeängel (en)	['æ:rkə,ɛŋəlʲ]
anticristo (m)	Antikrist (en)	['anti,krist]

Igreja (f)	Kyrkan	['ɕyrkan]
Bíblia (f)	bibel (en)	['bibəlʲ]
bíblico	biblisk	['biblisk]

Velho Testamento (m)	Gamla Testamentet	['gamlʲa tɛsta'mɛntət]
Novo Testamento (m)	Nya Testamentet	['nya tɛsta'mɛntət]
Evangelho (m)	evangelium (ett)	[ɛva'ŋe:lium]
Sagradas Escrituras (f pl)	Den Heliga Skrift	[dɛn 'heliga ,skrift]
Céu (m)	Himmelen, Guds rike	['himelʲən], ['guds 'rikə]

mandamento (m)	bud (ett)	['bʉ:d]
profeta (m)	profet (en)	[prʊ'fet]
profecia (f)	profetia (en)	[prʊfe'tsia]

Alá	Allah	['alʲa]
Maomé	Muhammed	[mʉ'hamed]
Corão, Alcorão (m)	Koranen	[kʊ'ranən]

mesquita (f)	moské (en)	[mʊs'ke:]
mulá (m)	mullah (en)	[mu'lʲa:]
oração (f)	bön (en)	['bø:n]
rezar, orar (vi)	att be	[at 'be:]

peregrinação (f)	pilgrimsresa (en)	['pilʲrim,resa]
peregrino (m)	pilgrim (en)	['pilʲrim]
Meca (f)	Mecka	['meka]

igreja (f)	kyrka (en)	['ɕyrka]
templo (m)	tempel (ett)	['tɛmpəlʲ]
catedral (f)	katedral (en)	[katɛ'dralʲ]
gótico	gotisk	['gʊtisk]
sinagoga (f)	synagoga (en)	['syna,gɔga]
mesquita (f)	moské (en)	[mʊs'ke:]

capela (f)	kapell (ett)	[ka'pɛlʲ]
abadia (f)	abbedi (ett)	['abədi:]
convento (m)	kloster (ett)	['klʲɔstər]
mosteiro (m)	kloster (ett)	['klʲɔstər]

sino (m)	klocka (en)	['klʲɔka]
campanário (m)	klocktorn (ett)	['klʲɔk,tʉ:n]
repicar (vi)	att ringa	[at 'riŋa]

cruz (f)	kors (ett)	['kɔ:ʂ]
cúpula (f)	kupol (en)	[kʉ'pɔ:lʲ]
ícone (m)	ikon (en)	[i'kon]

alma (f)	själ (en)	['ɧɛ:lʲ]
destino (m)	öde (ett)	['ø:də]
mal (m)	ondska (en)	['ʊŋ,ska]
bem (m)	godhet (en)	['gʊd,het]
vampiro (m)	vampyr (en)	[vam'pyr]

bruxa (f)	häxa (en)	['hɛ:ksa]
demónio (m)	demon (en)	[de'mɔn]
espírito (m)	ande (en)	['andə]
redenção (f)	förlossning (en)	[fœ:'lɔsniŋ]
redimir (vt)	att sona	[at 'sʊna]
missa (f)	gudstjänst (en)	['gu:d,ɕɛnst]
celebrar a missa	att hålla gudstjänst	[at 'ho:lʲa 'gu:d,ɕɛnst]
confissão (f)	bikt, bekännelse (en)	[bikt], [be'ɕɛ:ŋəlʲsə]
confessar-se (vr)	att skrifta	[at 'skrifta]
santo (m)	helgon (ett)	['hɛlʲgɔn]
sagrado	helig	['hɛlig]
água (f) benta	vigvatten (ett)	['vig,vatən]
ritual (m)	ritual (en)	[ritu'alʲ]
ritual	rituell	[ritu'ɛlʲ]
sacrifício (m)	blot (ett)	['blʲʊt]
superstição (f)	vidskepelse (en)	['vid,ɧɛpəlʲsə]
supersticioso	vidskeplig	['vid,ɧɛplig]
vida (f) depois da morte	livet efter detta	['livet ,ɛftə 'deta]
vida (f) eterna	det eviga livet	[dɛ 'eviga ,livet]

TEMAS DIVERSOS

249. Várias palavras úteis

ajuda (f)	hjälp (en)	['jɛlʲp]
barreira (f)	hinder (ett)	['hindər]
base (f)	bas (en)	['baṣ]
categoria (f)	kategori (en)	[kategɔ'riː]
causa (f)	orsak (en)	['ʊːṣak]
coincidência (f)	sammanfall (ett)	['sam͵anfalʲ]
coisa (f)	sak (en), ting (ett)	['sak], ['tiŋ]
começo (m)	början (en)	['bœrjan]
cómodo (ex. poltrona ~a)	bekväm	[bɛk'vɛːm]
comparação (f)	jämförelse (en)	['jɛm͵førəlʲsə]
compensação (f)	kompensation (en)	[kɔmpɛnsa'ɧʊn]
crescimento (m)	växt (en)	['vɛkst]
desenvolvimento (m)	utveckling (en)	['ʉt͵vɛkliŋ]
diferença (f)	skillnad (en)	['ɧilʲnad]
efeito (m)	effekt (en)	[ɛ'fɛkt]
elemento (m)	element (ett)	[ɛlʲe'mɛnt]
equilíbrio (m)	balans (en)	[ba'lʲans]
erro (m)	fel (ett)	['felʲ]
esforço (m)	ansträngning (en)	['an͵strɛŋniŋ]
estilo (m)	stil (en)	['stilʲ]
exemplo (m)	exempel (ett)	[ɛk'sɛmpəlʲ]
facto (m)	faktum (ett)	['faktum]
fim (m)	slut (ett)	['slʉːt]
forma (f)	form (en)	['fɔrm]
frequente	frekvent	[frɛ'kvɛnt]
fundo (ex. ~ verde)	bakgrund (en)	['bak͵grʉnd]
género (tipo)	slag (ett), sort (en)	['slʲag], ['sɔːt]
grau (m)	grad (en)	['grad]
ideal (m)	ideal (ett)	[ide'alʲ]
labirinto (m)	labyrint (en)	[lʲaby'rint]
modo (m)	sätt (ett)	['sæt]
momento (m)	moment (ett)	[mʊ'mɛnt]
objeto (m)	objekt, ting (ett)	[ɔb'jɛkt], ['tiŋ]
obstáculo (m)	hinder (ett)	['hindər]
original (m)	original (ett)	[ɔrigi'nalʲ]
padrão	standard-	['standaːd̪-]
padrão (m)	standard (en)	['standaːd̪]
paragem (pausa)	uppehåll (ett), vila (en)	['ʉpə'hoːlʲ], ['vilʲa]
parte (f)	del (en)	['delʲ]

partícula (f)	partikel (en)	[pa:'ʈi:kəlʲ]
pausa (f)	paus (en)	['paus]
posição (f)	position (en)	[pʊsi'fjʊn]
princípio (m)	princip (en)	[prin'sip]

problema (m)	problem (ett)	[prɔ'blʲem]
processo (m)	process (en)	[prʊ'sɛs]
progresso (m)	framsteg (ett)	['fram,steg]
propriedade (f)	egenskap (en)	['ɛgɛn,skap]

reação (f)	reaktion (en)	[reak'fjʊn]
risco (m)	risk (en)	['risk]
ritmo (m)	tempo (ett)	['tɛmpʊ]
segredo (m)	hemlighet (en)	['hɛmlig,het]
série (f)	serie (en)	['seriə]

sistema (m)	system (ett)	[sʏ'stem]
situação (f)	situation (en)	[sitʉa'fjʊn]
solução (f)	lösning (en)	['lʲœsniŋ]
tabela (f)	tabell (en)	[ta'bɛlʲ]
termo (ex. ~ técnico)	term (en)	['tɛrm]

tipo (m)	typ (en)	['typ]
urgente	brådskande	['brɔ,skandə]
urgentemente	brådskande	['brɔ,skandə]
utilidade (f)	nytta (en)	['nʏta]

variante (f)	variant (en)	[vari'ant]
variedade (f)	val (ett)	['valʲ]
verdade (f)	sanning (en)	['saniŋ]
vez (f)	tur (en)	['tʉ:r]
zona (f)	zon (en)	['sʊn]

250. Modificadores. Adjetivos. Parte 1

aberto	öppen	['øpən]
afiado	skarp	['skarp]
agradável	trevlig	['trɛvlig]
agradecido	tacksam, tacknämlig	['taksam], ['tak'nɛmlig]
alegre	glad, munter	['glʲad], ['muntər]

alto (ex. voz ~a)	hög	['hø:g]
amargo	bitter	['bitər]
amplo	rymlig	['rʏmlig]
antigo	forntida, antikens	['fu:n̩,tida], [an'tikəns]
apertado (sapatos ~s)	snäv, trång	['snɛv], ['trɔn]

apropriado	lämplig	['lʲɛmplig]
arriscado	riskabel	[ris'kabəlʲ]
artificial	konstgjord	['kɔnstjʉːd]
azedo	syr	['syr]

baixo (voz ~a)	låg, lågmäld	['lʲo:g], ['lʲo:gmɛlʲd]
barato	billig	['bilig]

| belo | vacker | ['vakər] |
| bom | bra | ['brɔ:] |

bondoso	god	['gʊd]
bonito	vacker	['vakər]
bronzeado	solbränd	['sʊlˌbrɛnd]
burro, estúpido	dum	['dum]
calmo	lugn	['lʉgn]

cansado	trött	['trœt]
cansativo	tröttande	['trœtandə]
carinhoso	omtänksam	['ɔmˌtɛŋksam]
caro	dyr	['dyr]
cego	blind	['blind]

central	central	[sɛn'tralʲ]
cerrado (ex. nevoeiro ~)	tjock	['çøk]
cheio (ex. copo ~)	full	['fulʲ]
civil	civil	[si'vilʲ]

clandestino	hemlig	['hɛmlig]
claro	ljus	['jʉ:s]
claro (explicação ~a)	klar	['klʲar]
compatível	förenlig	[fø'rɛnlig]

comum, normal	vanlig	['vanlig]
congelado	fryst	['frʏst]
conjunto	gemensam	[je'mɛnsam]
considerável	betydande	[be'tydandə]
contente	nöjd, tillfreds	['nœjd], ['tilʲfrɛds]

contínuo	långvarig	['lʲɔŋˌvarig]
contrário (ex. o efeito ~)	motsatt	['mʊtˌsat]
correto (resposta ~a)	riktig	['riktig]
cru (não cozinhado)	rå	['ro:]
curto	kort	['kɔ:t]

de curta duração	kortvarig	['kɔ:tˌvarig]
de sol, ensolarado	solig	['sʊlig]
de trás	bak-, bakre	[bak-], ['bakrə]
denso (fumo, etc.)	tät	['tɛt]
desanuviado	molnfri	['mɔlʲnˌfri:]

descuidado	slarvig	['slʲarvig]
diferente	olik	[ʊ:'lik]
difícil	svår	['svo:r]
difícil, complexo	komplicerad	[kɔmpli'serad]
direito	höger	['hø:gər]

distante	fjärran	['fʲæ:ran]
diverso	olika	[ʊ:'lika]
doce (açucarado)	söt	['sø:t]
doce (água)	söt-, färsk-	['sø:t-], ['fæ:ʂk-]
doente	sjuk	['ɧʉ:k]
duro (material ~)	hård	['ho:d]
educado	hövlig, artig	['hœvlig], ['a:tig]

228

| encantador | snäll | ['snɛlʲ] |
| enigmático | mystisk | ['mystisk] |

enorme	enorm	[ɛ'nɔrm]
escuro (quarto ~)	mörk	['mœ:rk]
especial	speciell	[spesi'ɛlʲ]
esquerdo	vänster	['vɛnstər]
estrangeiro	utländsk	['ʉt,lʲɛŋsk]

estreito	smal	['smalʲ]
exato	precis, exakt	[prɛ'sis], [ɛk'sakt]
excelente	utmärkt	['ʉt,mæ:rkt]
excessivo	överdriven	['ø:və,driven]
externo	yttre	['ytrə]

fácil	lätt, enkel	['lʲæt], ['ɛŋkəlʲ]
faminto	hungrig	['huŋrig]
fechado	stängd	['stɛŋd]
feliz	lycklig	['lʲyklig]
fértil (terreno ~)	fruktbar	['frʉkt,bar]

forte (pessoa ~)	stark	['stark]
fraco (luz ~a)	svag	['svag]
frágil	skör, bräcklig	['ɧø:r], ['brɛklig]
fresco	kylig	['cylig]
fresco (pão ~)	färsk	['fæ:ʂk]

frio	kall	['kalʲ]
gordo	fet	['fet]
gostoso	läcker	['lʲɛkər]
grande	stor	['stʊr]

gratuito, grátis	gratis	['gratis]
grosso (camada ~a)	tjock	['çøk]
hostil	fientlig	['fjɛntlig]
húmido	fuktig	['fu:ktig]

251. Modificadores. Adjetivos. Parte 2

igual	samma, lika	['sama], ['lika]
imóvel	orörlig	[ʊ'rø:ɭig]
importante	viktig	['viktig]
impossível	omöjlig	[ʊ'mœjlig]
incompreensível	obegriplig	['ʊbe,gripling]

indigente	utfattig	['ʉt,fatig]
indispensável	nödvändig	['nø:d,vɛndig]
inexperiente	oerfaren	['ʊer,farən]
infantil	barnslig	['ba:nʃlig]

ininterrupto	oavbruten	[ʊ'av,brʉ:tən]
insignificante	obetydlig	['ʊbe,tʏdlig]
inteiro (completo)	hel	['helʲ]
inteligente	klok	['klʲʊk]

229

interno	inre	['inrə]
jovem	ung	['uŋ]
largo (caminho ~)	bred	['bred]
legal	laglig	['lᵗaglig]
leve	lätt	['lᵗæt]

limitado	begränsad	[be'grɛnsad]
limpo	ren	['ren]
líquido	flytande	['flᵗytandə]
liso	glatt	['glᵗat]
liso (superfície ~a)	jämn	['jɛmn]

livre	fri	['fri:]
longo (ex. cabelos ~s)	lång	['lᵗɔŋ]
maduro (ex. fruto ~)	mogen	['muɡən]
magro	mager	['maɡər]
magro (pessoa)	benig, mager	['benig], ['maɡər]

mais próximo	närmast	['næ:rmast]
mais recente	förra	['fœ:ra]
mate, baço	matt	['mat]
mau	dålig	['do:lig]
meticuloso	noggrann	['nuɡran]

míope	närsynt	['næ:ˌsʏnt]
mole	mjuk	['mju:k]
molhado	våt	['vo:t]
moreno	mörkhyad	['mœ:rkˌhyad]
morto	död	['dø:d]

não difícil	lätt	['lᵗæt]
não é clara	oklar	[u:'klᵗar]
não muito grande	liten, inte stor	['litən], [ˌintə 'stur]
natal (país ~)	hem-, födelse-	['hɛm-], ['fødəlᵗsə-]
necessário	nödvändig	['nø:dˌvɛndig]

negativo	negativ	['negaˌtiv]
nervoso	nervös	[nɛr'vø:s]
normal	normal	[nɔr'malᵗ]
novo	ny	['ny]
o mais importante	viktigaste	['viktigastə]

obrigatório	obligatorisk	[ɔbliga'turisk]
original	original	[ɔrigi'nalᵗ]
passado	förra	['fœ:ra]
pequeno	liten, små	['litən], ['smo:]
perigoso	farlig	['fa:lig]

permanente	fast, permanent	['fast], [pɛrma'nɛnt]
perto	nära	['næ:ra]
pesado	tung	['tuŋ]
pessoal	personlig	[pɛ'ʂunlig]
plano (ex. ecrã ~ a)	flat	['flᵗat]

pobre	fattig	['fatig]
pontual	punktlig	['puŋktlig]

possível	möjlig	['mœjlig]
pouco fundo	grund	['grund]
presente (ex. momento ~)	nuvarande	['nʉː,varandə]

prévio	föregående	['førə,goːəndə]
primeiro (principal)	huvud-	['hʉːvʉd-]
principal	huvud-	['hʉːvʉd-]
privado	privat	[pri'vat]

provável	sannolik	[sanʊ'lik]
próximo	nära	['næːra]
público	offentlig	[ɔ'fɛntlig]
quente (cálido)	het, varm	['het], ['varm]

quente (morno)	varm	['varm]
rápido	snabb	['snab]
raro	sällsynt	['sɛlʲsʏnt]
remoto, longínquo	fjärran	['fʲæːran]
reto	rak, rakt	['rak], ['rakt]

salgado	salt	['salʲt]
satisfeito	belåten	[be'lʲoːtən]
seco	torr	['tɔr]
seguinte	nästa	['nɛsta]
seguro	säker	['sɛːkər]

similar	lik	['lik]
simples	enkel	['ɛŋkəlʲ]
soberbo	utmärkt	['ʉt,mæːrkt]
sólido	solid, hållbar	[sɔ'lid], ['hoːlʲ,bar]
sombrio	mörk	['mœːrk]

sujo	smutsig	['ɜmutɕig]
superior	högst	['hœgst]
suplementar	ytterligare	['ytə,ligarə]
terno, afetuoso	öm	['øːm]

tranquilo	lugn	['lʉgn]
transparente	genomskinlig	['jenɔm,ɧinlig]
triste (pessoa)	sorgmodig	['sɔrj,mʊdig]
triste (um ar ~)	trist	['trist]
último	sista	['sista]

único	unik	[u'nik]
usado	begagnad, secondhand	['be,gagnad], ['sekond,hɛnd]
vazio (meio ~)	tom	['tɔm]
velho	gammal	['gamalʲ]
vizinho	grann-	['gran-]

500 VERBOS PRINCIPAIS

252. Verbos A-B

aborrecer-se (vr)	att ha tråkigt	[at ha 'tro:kit]
abraçar (vt)	att omfamna	[at 'ɔm͵famna]
abrir (~ a janela)	att öppna	[at 'øpna]
acalmar (vt)	att lugna	[at 'lʉgna]
acariciar (vt)	att stryka	[at 'stryka]
acenar (vt)	att vinka	[at 'viŋka]
acender (~ uma fogueira)	att tända	[at 'tɛnda]
achar (vt)	att tro	[at 'trʊ]
acompanhar (vt)	att följa	[at 'følja]
aconselhar (vt)	att råda	[at 'ro:da]
acordar (despertar)	att väcka	[at 'vɛka]
acrescentar (vt)	att tillfoga	[at 'tilⱼ͵foga]
acusar (vt)	att anklaga	[at 'aŋ͵klⱼaga]
adestrar (vt)	att dressera	[at drɛ'sera]
adivinhar (vt)	att gissa	[at 'jisa]
admirar (vt)	att beundra	[at be'undra]
advertir (vt)	att varna	[at 'va:ɳa]
afirmar (vt)	att påstå	[at 'pɔ͵stɔ:]
afogar-se (pessoa)	att drunkna	[at 'drʉŋkna]
afugentar (vt)	att jaga bort	[at 'jaga bo:t]
agir (vi)	att handla	[at 'handlⱼa]
agitar, sacudir (objeto)	att rista	[at 'rista]
agradecer (vt)	att tacka	[at 'taka]
ajudar (vt)	att hjälpa	[at 'jɛlⱼpa]
alcançar (objetivos)	att uppnå	[at 'upno:]
alimentar (dar comida)	att mata	[at 'mata]
almoçar (vi)	att äta lunch	[at 'ɛ:ta ͵lʉnɕ]
alugar (~ o barco, etc.)	att hyra	[at 'hyra]
alugar (~ um apartamento)	att hyra	[at 'hyra]
amar (pessoa)	att älska	[at 'ɛlⱼska]
amarrar (vt)	att binda	[at 'binda]
ameaçar (vt)	att hota	[at 'hʊta]
amputar (vt)	att amputera	[at ampʉ'tera]
anotar (escrever)	att notera	[at nʊ'tera]
anular, cancelar (vt)	att inställa, att annullera	[at in'stɛlⱼa], [at anʉ'lⱼera]
apagar (com apagador, etc.)	att radera ut	[at ra'dera ʉt]
apagar (um incêndio)	att släcka	[at 'slⱼɛka]
apaixonar-se de ...	att förälska sig	[at fø'rɛlⱼska sɛj]

aparecer (vi)	att dyka upp	[at 'dyka up]
aplaudir (vi)	att applådera	[at aplⁱoː'dera]
apoiar (vt)	att stödja	[at 'stœdja]
apontar para ...	att sikta på ...	[at 'sikta pɔ ...]
apresentar (alguém a alguém)	att presentera	[at presən'tera]
apresentar (Gostaria de ~)	att presentera	[at presən'tera]
apressar (vt)	att skynda	[at 'ɧynda]
apressar-se (vr)	att skynda sig	[at 'ɧynda sɛj]
aproximar-se (vr)	att närma sig	[at 'næːrma sɛj]
aquecer (vt)	att värma	[at 'væːrma]
arrancar (vt)	att riva av	[at 'riva av]
arranhar (gato, etc.)	att klösa	[at 'klⁱøːsa]
arrepender-se (vr)	att beklaga	[at be'klⁱaga]
arriscar (vt)	att riskera	[at ris'kera]
arrumar, limpar (vt)	att städa	[at 'stɛda]
aspirar a ...	att aspirera	[at aspi'rera]
assinar (vt)	att underteckna	[at 'undə̩tɛkna]
assistir (vt)	att assistera	[at asi'stera]
atacar (vt)	att angripa	[at 'aṇgripa]
atar (vt)	att binda fast	[at 'binda fast]
atirar (vi)	att skjuta	[at 'ɧɯːta]
atracar (vi)	att förtöja	[at fœ'ʈœːja]
aumentar (vi)	att öka	[at 'øːka]
aumentar (vt)	att öka	[at 'øːka]
avançar (sb. trabalhos, etc.)	att gå framåt	[at 'goː 'framoːt]
avistar (vt)	att markå	[at 'mooːrkɑ]
baixar (guindaste)	att sänka	[at 'sɛŋka]
barbear-se (vr)	att raka sig	[at 'raka sɛj]
basear-se em ...	att vara baserat på ...	[at 'vara ba'serat pɔ ...]
bastar (vi)	att vara nog	[at 'vara ̩noːg]
bater (espancar)	att slå	[at 'slⁱoː]
bater (vi)	att knacka	[at 'knaka]
bater-se (vr)	att slåss	[at 'slⁱos]
beber, tomar (vt)	att dricka	[at 'drika]
brilhar (vi)	att skina	[at 'ɧina]
brincar, jogar (crianças)	att leka	[at 'lⁱeka]
buscar (vt)	att söka ...	[at 'søːka ...]

253. Verbos C-D

caçar (vi)	att jaga	[at 'jaga]
calar-se (parar de falar)	att tystna	[at 'tʏsna]
calcular (vt)	att räkna	[at 'rɛkna]
carregar (o caminhão)	att lasta	[at 'lⁱasta]
carregar (uma arma)	att ladda	[at 'lⁱada]

casar-se (vr)	att gifta sig	[at 'jifta sɛj]
causar (vt)	att vara orsak	[at 'vara 'ʊ:ʂak]
cavar (vt)	att gräva	[at 'grɛ:va]

ceder (não resistir)	att ge efter	[at je: 'ɛftər]
cegar, ofuscar (vt)	att blända	[at 'blʲɛnda]
censurar (vt)	att förebrå	[at 'førəbro:]
cessar (vt)	att sluta	[at 'slʉ:ta]

chamar (~ por socorro)	att tillkalla	[at 'tilʲˌkalʲa]
chamar (dizer em voz alta o nome)	att kalla	[at 'kalʲa]
chegar (a algum lugar)	att nå	[at 'no:]
chegar (sb. comboio, etc.)	att ankomma	[at 'aŋˌkɔma]

cheirar (tem o cheiro)	att lukta	[at 'lʉkta]
cheirar (uma flor)	att lukta	[at 'lʉkta]
chorar (vi)	att gråta	[at 'gro:ta]
citar (vt)	att citera	[at si'tera]

colher (flores)	att plocka	[at 'plʲɔka]
colocar (vt)	att lägga	[at 'lʲɛga]
combater (vi, vt)	att kämpa	[at 'ɕɛmpa]
começar (vt)	att börja	[at 'bœrja]

comer (vt)	att äta	[at 'ɛ:ta]
comparar (vt)	att jämföra	[at 'jɛmˌføra]
compensar (vt)	att kompensera	[at kɔmpen'sera]
competir (vi)	att konkurrera	[at kɔŋku'rera]

complicar (vt)	att komplicera	[at komplʲi'sera]
compor (vt)	att komponera	[at kompʊ'nera]
comportar-se (vr)	att uppföra sig	[at 'upˌføra sɛj]
comprar (vt)	att köpa	[at 'ɕø:pa]

compreender (vt)	att förstå	[at fœ:'ʂto:]
comprometer (vt)	att komprometter a	[at kɔmprʊme'tera]
concentrar-se (vr)	att koncentrera sig	[at kɔnsən'trera sɛj]
concordar (dizer "sim")	att samtycka	[at 'samˌtʏka]

condecorar (dar medalha)	att belöna	[at be'lʲø:na]
conduzir (~ o carro)	att köra bil	[at 'ɕø:ra ˌbilʲ]
confessar-se (criminoso)	att erkänna	[at ɛ:'ɕɛna]
confiar (vt)	att lita på	[at 'lita pɔ]

confundir (equivocar-se)	att förväxla	[at før'vɛkslʲa]
conhecer (vt)	att känna	[at 'ɕɛna]
conhecer-se (vr)	att göra bekantskap med	[at 'jø:ra be'kantˌskap me]
consertar (vt)	att bringa ordning	[at 'briŋa 'ɔ:dniŋ]

consultar ...	att konsultera	[at kɔnsulʲ'tera]
contagiar-se com ...	att bli smittad	[at bli 'smitad]
contar (vt)	att berätta	[at be'rɛta]
contar com ...	att räkna med ...	[at 'rɛkna me ...]
continuar (vt)	att fortsätta	[at 'fʊtˌsɛta]
contratar (vt)	att anställa	[at 'anˌstɛlʲa]

controlar (vt)	att kontrollera	[at kɔntrɔ'lʲera]
convencer (vt)	att överbevisa	[at 'øːvəˌbe'visa]
convidar (vt)	att inbjuda, att invitera	[at in'bjʉːda], [at invi'tera]

cooperar (vi)	att samarbeta	[at 'samarˌbeta]
coordenar (vt)	att koordinera	[at kʋɔdi'nera]
corar (vi)	att rodna	[at 'rɔdna]
correr (vi)	att löpa, att springa	[at 'lʲøːpa], [at 'sprinja]
corrigir (vt)	att rätta	[at 'ræta]

cortar (com um machado)	att hugga av	[at 'huga av]
cortar (vt)	att skära av	[at 'ʃæːra av]
cozinhar (vt)	att laga	[at 'lʲaga]
crer (pensar)	att tro	[at 'trʋ]
criar (vt)	att skapa	[at 'skapa]

cultivar (vt)	att odla	[at 'ʋdlʲa]
cuspir (vi)	att spotta	[at 'spɔta]
custar (vt)	att kosta	[at 'kɔsta]
dar (vt)	att ge	[at jeː]

dar banho, lavar (vt)	att bada	[at 'bada]
datar (vi)	att datera sig	[at da'tera sɛj]
decidir (vt)	att besluta	[at be'slʉːta]
decorar (enfeitar)	att pryda	[at 'pryda]
dedicar (vt)	att tillägna	[at 'tilʲˌɛgna]

defender (vt)	att försvara	[at fœː'ʂvara]
defender-se (vr)	att försvara sig	[at fœː'ʂvara sɛj]
deixar (~ a mulher)	att efterlämna	[at 'ɛftəˌlʲɛmna]
deixar (esquecer)	att lämna	[at 'lʲɛmna]

deixar (permitir)	att tillåta	[at 'tilʲoːta]
deixar cair (vt)	att tappa	[at 'tapa]
denominar (vt)	att kalla	[at 'kalʲa]
denunciar (vt)	att ange	[at 'aŋnə]
depender de ... (vi)	att bero på ...	[at be'rʋ pɔ ...]

derramar (vt)	att spilla	[at 'spilʲa]
derramar-se (vr)	att spillas ut	[at 'spilʲas ʉt]
desaparecer (vi)	att försvinna	[at fœː'ʂvina]
desatar (vt)	att lösa upp	[at 'lʲøːsa up]
desatracar (vi)	att kasta loss	[at 'kasta 'lʲɔs]

descansar (um pouco)	att vila	[at 'vilʲa]
descer (para baixo)	att gå ned	[at 'goː ˌned]
descobrir (novas terras)	att upptäcka	[at 'upˌtɛka]
descolar (avião)	att lyfta	[at 'lʲyfta]

desculpar (vt)	att ursäkta	[at 'ʉːˌsɛkta]
desculpar-se (vr)	att ursäkta sig	[at 'ʉːˌsɛkta sɛj]
desejar (vt)	att önska	[at 'ønska]
desempenhar (vt)	att spela	[at 'spelʲa]

| desligar (vt) | att släcka | [at 'slʲɛka] |
| desprezar (vt) | att förakta | [at fø'rakta] |

destruir (documentos, etc.)	att förstöra	[at 'fœ:ˌʂtø:ra]
dever (vi)	att måste	[at 'mo:stə]
devolver (vt)	att skicka tillbaka	[at 'ɧika tilʲ'baka]

direcionar (vt)	att visa vägen	[at 'visa 'vɛ:gən]
dirigir (~ uma empresa)	att styra, att leda	[at 'styra], [at 'lʲeda]
dirigir-se	att tilltala	[at 'tilʲˌtalʲa]
(a um auditório, etc.)		
discutir (notícias, etc.)	att diskutera	[at disku'tera]

distribuir (folhetos, etc.)	att dela ut	[at 'delʲa ʉt]
distribuir (vt)	att dela ut	[at 'delʲa ʉt]
divertir (vt)	att underhålla	[at 'undəˌho:lʲa]
divertir-se (vr)	att ha roligt	[at ha 'rʊlit]

dividir (mat.)	att dividera	[at divi'dera]
dizer (vt)	att säga	[at 'sɛ:ja]
dobrar (vt)	att fördubbla	[at fœ:'dublʲa]
duvidar (vt)	att tvivla	[at 'tvivlʲa]

254. Verbos E-J

elaborar (uma lista)	att sammanställa	[at 'samanˌstɛlʲa]
elevar-se acima de ...	att höja sig	[at 'hø:ja sɛj]
eliminar (um obstáculo)	att undanröja	[at 'undanˌrø:ja]
embrulhar (com papel)	att packa in	[at 'paka in]

emergir (submarino)	att dyka upp	[at 'dyka up]
emitir (vt)	att sprida	[at 'sprida]
empreender (vt)	att företa	[at 'føreˌta]
empurrar (vt)	att knuffa, att skjuta	[at 'knufa], [at 'ɧʉ:ta]

encabeçar (vt)	att leda	[at 'lʲeda]
encher (~ a garrafa, etc.)	att fylla	[at 'fylʲa]
encontrar (achar)	att finna	[at 'fina]
enganar (vt)	att fuska	[at 'fʉska]

ensinar (vt)	att undervisa	[at 'undəˌvisa]
entrar (na sala, etc.)	att komma in	[at 'kɔma 'in]
enviar (uma carta)	att skicka	[at 'ɧika]
equipar (vt)	att utrusta	[at 'ʉtˌrusta]

errar (vi)	att göra fel	[at 'jø:ra ˌfelʲ]
escolher (vt)	att välja	[at 'vɛlja]
esconder (vt)	att gömma	[at 'jœma]
escrever (vt)	att skriva	[at 'skriva]

escutar (vt)	att lyssna	[at 'lʲysna]
escutar atrás da porta	att tjuvlyssna	[at 'ɕʉ:vˌlʲysna]
esmagar (um inseto, etc.)	att krossa	[at 'krɔsa]
esperar (contar com)	att förvänta	[at før'vɛnta]

| esperar (o autocarro, etc.) | att vänta | [at 'vɛnta] |
| esperar (ter esperança) | att hoppas | [at 'hɔpas] |

espreitar (vi)	att kika, att titta	[at 'çika], [at 'tita]
esquecer (vt)	att glömma	[at 'glˡœma]
estar	att ligga	[at 'liga]

estar convencido	att vara övertygad	[at 'vara 'ø:vəˌtygad]
estar deitado	att ligga	[at 'liga]
estar perplexo	att vara förvirrad	[at 'vara før'virad]

estar sentado	att sitta	[at 'sita]
estremecer (vi)	att rysa	[at 'rysa]
estudar (vt)	att studera	[at stu'dera]
evitar (vt)	att undgå	[at 'undˌgo:]

examinar (vt)	att undersöka	[at 'undəˌşø:ka]
exigir (vt)	att kräva	[at 'krɛ:va]
existir (vi)	att existera	[at ɛksi'stera]
explicar (vt)	att förklara	[at før'klˡara]

expressar (vt)	att uttrycka	[at 'ʉtˌtryka]
expulsar (vt)	att utesluta	[at 'ʉtəˌslʉ:ta]
facilitar (vt)	att lätta	[at 'lˡæta]
falar com ...	att tala med ...	[at 'talˡa me ...]

faltar a ...	att missa	[at 'misa]
fascinar (vt)	att charmera	[at 'ʃarˌmera]
fatigar (vt)	att trötta	[at 'trœta]
fazer (vt)	att göra	[at 'jø:ra]

fazer lembrar	att påminna	[at 'poˌmina]
fazer piadas	att skämta, att skoja	[at 'ɧɛmta], [at 'skɔja]
fazer uma tentativa	att försöka	[at fœ:'şø:ka]
fechar (vt)	att stänga	[at 'stɛŋa]
felicitar (dar os parabéns)	att gratulera	[at gratʉ'lˡera]

ficar cansado	att bli trött	[at bli 'trœt]
ficar em silêncio	att tiga	[at 'tiga]
ficar pensativo	att grubbla	[at 'grublˡa]
forçar (vt)	att tvinga	[at 'tviŋa]
formar (vt)	att bilda, att forma	[at 'bilˡda], [at 'forma]

fotografar (vt)	att fotografera	[at fʉtʉgra'fera]
gabar-se (vr)	att skryta	[at 'skryta]
garantir (vt)	att garantera	[at garan'tera]
gostar (apreciar)	att gilla	[at 'jilˡa]

gostar (vt)	att tycka om	[at 'tyka ɔm]
gritar (vi)	att skrika	[at 'skrika]
guardar (cartas, etc.)	att behålla	[at be'ho:lˡa]
guardar (no armário, etc.)	att lägga undan	[at 'lˡɛga 'undan]
guerrear (vt)	att vara i krig	[at 'vara i ˌkrig]

herdar (vt)	att ärva	[at 'æ:rva]
iluminar (vt)	att belysa	[at be'lˡysa]
imaginar (vt)	att föreställa sig	[at 'førəˌstɛlˡa sɛj]
imitar (vt)	att imitera	[at imi'tera]
implorar (vt)	att bönfalla	[at 'bønˌfalˡa]

importar (vt)	att importera	[at impɔ:'ʈera]
indicar (orientar)	att peka	[at 'peka]
indignar-se (vr)	att bli indignerad	[at bli indi'nʲerad]

infetar, contagiar (vt)	att smitta	[at 'smita]
influenciar (vt)	att påverka	[at 'poˌvɛrka]
informar (fazer saber)	att meddela	[at 'meˌdelʲa]
informar (vt)	att informera	[at infor'mera]

informar-se (~ sobre)	att få veta	[at fo: 'veta]
inscrever (na lista)	att skriva in	[at 'skriva in]
inserir (vt)	att sätta in	[at 'sæta in]
insinuar (vt)	att insinuera	[at insinʉ'era]

insistir (vi)	att insistera	[at insi'stera]
inspirar (vt)	att inspirera	[at inspi'rera]
instruir (vt)	att instruera	[at instrʉ'era]
insultar (vt)	att förolämpa	[at 'førʉˌlʲɛmpa]

interessar (vt)	att intressera	[at intrɛ'sera]
interessar-se (vr)	att intressera sig	[at intrɛ'sera sɛj]
intervir (vi)	att intervenera	[at intərve'nera]
invejar (vt)	att avundas	[at 'avundas]

inventar (vt)	att uppfinna	[at 'upˌfina]
ir (a pé)	att gå	[at 'go:]
ir (de carro, etc.)	att åka	[at 'o:ka]
ir nadar	att bada	[at 'bada]

ir para a cama	att gå till sängs	[at 'go: tilʲ 'sɛŋs]
irritar (vt)	att irritera	[at iri'tera]
irritar-se (vr)	att bli irriterad	[at bli iri'terad]
isolar (vt)	att isolera	[at isʉ'lʲera]

jantar (vi)	att äta kvällsmat	[at 'ɛ:ta 'kvɛlʲsˌmat]
jogar, atirar (vt)	att kasta	[at 'kasta]
juntar, unir (vt)	att förena	[at 'førena]
juntar-se a ...	att ansluta sig till ...	[at 'anˌslʉ:ta sɛj tilʲ ...]

255. Verbos L-P

lançar (novo projeto)	att starta	[at sta:ʈa]
lavar (vt)	att tvätta	[at 'tvæta]
lavar a roupa	att tvätta	[at 'tvæta]
lavar-se (vr)	att tvätta sig	[at 'tvæta sɛj]

lembrar (vt)	att minnas	[at 'minas]
ler (vt)	att läsa	[at 'lʲɛ:sa]
levantar-se (vr)	att gå upp	[at 'go: 'up]
levar (ex. leva isso daqui)	att ta bort	[at ta 'bɔ:ʈ]

libertar (cidade, etc.)	att befria	[at be'fria]
ligar (o radio, etc.)	att slå på	[at 'slʲo: po]
limitar (vt)	att begränsa	[at be'grɛnsa]

| limpar (eliminar sujeira) | att rensa | [at 'rɛnsa] |
| limpar (vt) | att rengöra | [at rɛn'jø:ra] |

lisonjear (vt)	att smickra	[at 'smikra]
livrar-se de ...	att bli kvitt ...	[at bli 'kvit ...]
lutar (combater)	att kämpa	[at 'ɕɛmpa]
lutar (desp.)	att brottas	[at 'brɔtas]
marcar (com lápis, etc.)	att markera	[at mar'kera]

matar (vt)	att döda, att mörda	[at 'dø:da], [at 'mø:ɖa]
memorizar (vt)	att memorera	[at memɔ'rera]
mencionar (vt)	att omnämna	[at 'ɔm,nɛmna]
mentir (vi)	att ljuga	[at 'jʉ:ga]

merecer (vt)	att förtjäna	[at fœ:'ɕɛ:na]
mergulhar (vi)	att dyka	[at 'dyka]
misturar (combinar)	att blanda	[at 'blʲanda]
morar (vt)	att bo	[at 'bʊ:]

mostrar (vt)	att visa	[at 'visa]
mover (arredar)	att flytta	[at 'flʲyta]
mudar (modificar)	att ändra	[at 'ɛndra]
multiplicar (vt)	att multiplicera	[at mulʲtipli'sera]

nadar (vi)	att simma	[at 'sima]
negar (vt)	att förneka	[at fœ:'ɳeka]
negociar (vi)	att förhandla	[at før'handlʲa]
nomear (função)	att utnämna	[at 'ʉt,nɛmna]

obedecer (vt)	att underordna sig	[at 'undər,ɔ:ɖna sɛj]
objetar (vt)	att invända	[at 'in,vɛnda]
observar (vt)	att observera	[at ɔbsɛr'vera]
ofender (vt)	att förnärma	[at fœ:'ɳæ:rma]

olhar (vt)	att se	[at 'se:]
omitir (vt)	att utelämna	[at 'ʉte,lʲɛmna]
ordenar (mil.)	att beordra	[at be'o:ɖra]
organizar (evento, etc.)	att arrangera	[at aran'ʃera]

ousar (vt)	att våga	[at 'vo:ga]
ouvir (vt)	att höra	[at 'hø:ra]
pagar (vt)	att betala	[at be'talʲa]
parar (para descansar)	att stanna	[at 'stana]
parecer-se (vr)	att likna	[at 'likna]

participar (vi)	att delta	[at 'dɛlʲta]
partir (~ para o estrangeiro)	att avresa	[at 'av,resa]
passar (vt)	att passera	[at pa'sera]
passar a ferro	att stryka	[at 'stryka]

pecar (vi)	att synda	[at 'synda]
pedir (comida)	att beställa	[at be'stɛlʲa]
pedir (um favor, etc.)	att be	[at 'be:]
pegar (tomar com a mão)	att fånga	[at 'fɔŋa]
pegar (tomar)	att ta	[at ta]
pendurar (cortinas, etc.)	att hänga	[at 'hɛŋa]

penetrar (vt)	att tränga in	[at 'trɛŋa in]
pensar (vt)	att tänka	[at 'tɛŋka]
pentear-se (vr)	att kamma	[at 'kama]

perceber (ver)	att märka	[at 'mæ:rka]
perder (o guarda-chuva, etc.)	att mista	[at 'mista]
perdoar (vt)	att förlåta	[at 'fœ:ˌlʲo:ta]
permitir (vt)	att tillåta	[at 'tilʲo:ta]

pertencer a ...	att tillhöra ...	[at 'tilʲˌhø:ra ...]
perturbar (vt)	att störa	[at 'stø:ra]
pesar (ter o peso)	att väga	[at 'vɛ:ga]
pescar (vt)	att fiska	[at 'fiska]

planear (vt)	att planera	[at plʲa'nera]
poder (vi)	att kunna	[at 'kuna]
pôr (posicionar)	att placera	[at plʲa'sera]
possuir (vt)	att besitta, att äga	[at be'sita], [at 'ɛ:ga]

predominar (vi, vt)	att dominera	[at dɔmi'nera]
preferir (vt)	att föredra	[at 'førədra]
preocupar (vt)	att bekymra, att oroa	[at be'çymra], [at 'u:rʊa]
preocupar-se (vr)	att bekymra sig	[at be'çymra sɛj]
preocupar-se (vr)	att vara orolig	[at 'vara ʊ:'rʊlig]

preparar (vt)	att förbereda	[at 'førbeˌreda]
preservar (ex. ~ a paz)	att bevara	[at be'vara]
prever (vt)	att förutse	[at 'førʉtˌse]
privar (vt)	att beröva	[at be'rø:va]

proibir (vt)	att förbjuda	[at før'bjʉ:da]
projetar, criar (vt)	att projektera	[at prʊfjɛk'tera]
prometer (vt)	att lova	[at 'lʲova]
pronunciar (vt)	att uttala	[at 'ʉtˌtalʲa]

propor (vt)	att föreslå	[at 'førəˌslʲo:]
proteger (a natureza)	att skydda	[at 'ɦʏda]
protestar (vi)	att protestera	[at prʊtə'stera]
provar (~ a teoria, etc.)	att bevisa	[at be'visa]

provocar (vt)	att provocera	[at prʊvʊ'sera]
publicitar (vt)	att reklamera	[at rɛklʲa'mera]
punir, castigar (vt)	att straffa	[at 'strafa]
puxar (vt)	att dra	[at 'dra]

256. Verbos Q-Z

quebrar (vt)	att bryta	[at 'bryta]
queimar (vt)	att bränna	[at 'brɛna]
queixar-se (vr)	att klaga	[at 'klʲaga]
querer (desejar)	att vilja	[at 'vilja]

rachar-se (vr)	att spricka	[at 'sprika]
realizar (vt)	att realisera	[at reali'sera]

| recomendar (vt) | att rekommendera | [at rekɔmən'dera] |
| reconhecer (identificar) | att känna igen | [at 'ɕɛna 'ijɛn] |

reconhecer (o erro)	att erkänna	[at ɛ:'ɕɛna]
recordar, lembrar (vt)	att minnas	[at 'minas]
recuperar-se (vr)	att återhämta sig	[at 'o:terˌhɛmta sɛj]
recusar (vt)	att avslå	[at 'avˌslʲo:]

reduzir (vt)	att minska	[at 'minska]
refazer (vt)	att göra om	[at 'jø:ra ɔm]
reforçar (vt)	att stärka	[at 'stærka]
refrear (vt)	att avhålla	[at 'avˌho:lʲa]

regar (plantas)	att vattna	[at 'vatna]
remover (~ uma mancha)	att ta bort	[at ta 'bɔ:t]
reparar (vt)	at reparere	[at repa'rera]
repetir (dizer outra vez)	att upprepa	[at 'uprepa]

reportar (vt)	att rapportera	[at rapo'tera]
repreender (vt)	att skälla	[at 'ɧɛlʲa]
reservar (~ um quarto)	att reservera	[at resɛr'vera]
resolver (o conflito)	att lösa	[at 'lʲø:sa]
resolver (um problema)	att lösa	[at 'lʲø:sa]

respirar (vi)	att andas	[at 'andas]
responder (vt)	att svara	[at 'svara]
rezar, orar (vi)	att be	[at 'be:]
rir (vi)	att skratta	[at 'skrata]

romper-se (corda, etc.)	att gå sönder	[at 'go: 'sœndər]
roubar (vt)	att stjäla	[at 'ɧɛ:lʲa]
caber (vt)	att veta	[at 'veta]
sair (~ de casa)	att gå ut	[at 'go: ʉt]

sair (livro)	att komma ut	[at 'kɔma ʉt]
salvar (vt)	att rädda	[at 'rɛda]
satisfazer (vt)	att tillfredsställa	[at 'tilʲfredˌstɛlʲa]
saudar (vt)	att hälsa	[at 'hɛlʲsa]
secar (vt)	att torka	[at 'tɔrka]

seguir ...	att följa efter ...	[at 'følja 'ɛfter ...]
selecionar (vt)	att välja ut	[at 'vɛlja ʉt]
semear (vt)	att så	[at so:]
sentar-se (vr)	att sätta sig	[at 'sæta sɛj]

sentenciar (vt)	att döma	[at 'dø:ma]
sentir (~ perigo)	att känna	[at 'ɕɛna]
ser diferente	att skilja sig från ...	[at 'ɧilja sɛj frɔn ...]

ser indispensável	att vara nödvändig	[at 'vara 'nø:dˌvɛndig]
ser necessário	att vara behövd	[at 'vara be'hø:vd]
ser preservado	att bevaras	[at be'varas]
ser, estar	att vara	[at 'vara]

| servir (restaurant, etc.) | att betjäna | [at be'ɕɛ:na] |
| servir (roupa) | att passa | [at 'pasa] |

significar (palavra, etc.)	att betyda	[at be'tyda]
significar (vt)	att betyda	[at be'tyda]
simplificar (vt)	att förenkla	[at fø'rɛŋklʲa]
sobrestimar (vt)	att övervärdera	[at 'øːvævæˌdera]
sofrer (vt)	att lida	[at 'lida]
sonhar (vi)	att drömma	[at 'drœma]
sonhar (vt)	att drömma	[at 'drœma]
soprar (vi)	att blåsa	[at 'blʲoːsa]
sorrir (vi)	att småle	[at 'smoːlʲe]
subestimar (vt)	att underskatta	[at 'undəˌskata]
sublinhar (vt)	att understryka	[at 'undəˌstryka]
sujar-se (vr)	att smutsa ned sig	[at 'smutsa ned sɛj]
supor (vt)	att anta, att förmoda	[at 'anta], [at før'mʊda]
suportar (as dores)	att tåla	[at 'toːlʲa]
surpreender (vt)	att förvåna	[at før'voːna]
surpreender-se (vr)	att bli förvånad	[at bli før'voːnad]
suspeitar (vt)	att misstänka	[at 'misˌtɛŋka]
suspirar (vi)	att sucka	[at 'suka]
tentar (vt)	att pröva	[at 'prøːva]
ter (vt)	att ha	[at 'ha]
ter medo	att frukta	[at 'frukta]
terminar (vt)	att sluta	[at 'slʉːta]
tirar (vt)	att ta ned	[at ta ned]
tirar cópias	att kopiera	[at kɔ'pjera]
tirar uma conclusão	att dra en slutsats	[at 'dra en 'slʉːtsats]
tocar (com as mãos)	att röra	[at 'røːra]
tomar emprestado	att låna	[at 'lʲoːna]
tomar nota	att skriva ner	[at 'skriva ner]
tomar o pequeno-almoço	att äta frukost	[at 'ɛːta 'frʉːkɔst]
tornar-se (ex. ~ conhecido)	att bli	[at 'bli]
trabalhar (vi)	att arbeta	[at 'arˌbeta]
traduzir (vt)	att översätta	[at 'øːvəˌsæta]
transformar (vt)	att transformera	[at trasfor'mera]
tratar (a doença)	att behandla	[at be'handlʲa]
trazer (vt)	att föra med sig	[at 'føra me sɛj]
treinar (pessoa)	att träna	[at 'trɛːna]
treinar-se (vr)	att träna	[at 'trɛːna]
tremer (de frio)	att skälva	[at 'ɧɛlʲva]
trocar (vt)	att utväxla	[at 'ʉtˌvɛksla]
trocar, mudar (vt)	att växla	[at 'vɛkslʲa]
usar (uma palavra, etc.)	att använda	[at 'anˌvɛnda]
utilizar (vt)	att använda	[at 'anˌvɛnda]
vacinar (vt)	att vaksinera	[at vaksi'nera]
vender (vt)	att sälja	[at 'sɛlja]
verter (encher)	att hälla upp	[at 'hɛlʲa up]
vingar (vt)	att hämnas	[at 'hɛmnas]

virar (ex. ~ à direita)	att svänga	[at 'svɛŋa]
virar (pedra, etc.)	att vända	[at 'vɛnda]
virar as costas	att vända sig bort	[at 'vɛnda sɛj 'bɔ:t]
viver (vi)	att leva	[at 'lⁱeva]
voar (vi)	att flyga	[at 'flⁱyga]
voltar (vi)	att komma tillbaka	[at 'kɔma tilⁱ'baka]
votar (vi)	att rösta	[at 'rœsta]
zangar (vt)	att göra arg	[at 'jø:ra arj]
zangar-se com ...	att vara vred på ...	[at 'vara vred pɔ ...]
zombar (vt)	att håna	[at 'ho:na]

243

www.ingramcontent.com/pod-product-compliance
Lightning Source LLC
Chambersburg PA
CBHW071329090426
42738CB00012B/2829